高等医药卫生院校创新教材

供康复治疗类专业使用

康复心理学

主　编　郭志华

主　审　刘松怀

副主编　朱红华　王　娜

编　者　（以姓氏汉语拼音为序）

刁　倩　北京小汤山医院

杜巧新　中国听力语言康复研究中心

郭志华　中国康复研究中心

梁桂铭　广东省工伤康复医院

梁志锋　中国康复研究中心

刘文贞　山东医学高等专科学校

王　娜　中国听力语言康复研究中心

曾妍妍　深圳市康宁医院

朱红华　珠海市卫生学校

科学出版社

北　京

内 容 简 介

为了贯彻落实国务院《国家职业教育改革实施方案》以及教育部《关于进一步推进职业教育信息化发展的指导意见》，科学出版社组织编写了本书。全书共12章，内容包括绪论、心理学基础、病残后的心理变化过程、康复心理评估、医患关系与康复心理、康复心理治疗技术、应激相关障碍的心理康复、心理生理障碍的心理康复、肢体功能障碍的心理康复、感觉器官功能障碍的心理康复、精神障碍的心理康复和特殊儿童的心理康复。本书体现了康复心理学的理论、方法和技术，包括案例、链接、医者仁心、自测题等模块，另外还配有实训指导。本书不仅注重学生技能培养、思维方式训练，还有助于提高学生解决临床实际问题的能力。

本书可供康复治疗类专业使用，也可作为从事临床康复工作人员的参考书。

图书在版编目（CIP）数据

康复心理学/郭志华主编. —北京：科学出版社，2022.12
高等医药卫生院校创新教材
ISBN 978-7-03-073756-4

Ⅰ. 康… Ⅱ. 郭… Ⅲ. 康复医学-精神疗法-医学院校-教材 Ⅳ. R493

中国版本图书馆CIP数据核字（2022）第212808号

责任编辑：张立丽 / 责任校对：杨 赛
责任印制：李 彤 / 封面设计：涿州锦晖

科学出版社 出版
北京东黄城根北街16号
邮政编码：100717
http://www.sciencep.com
保定市中画美凯印刷有限公司印刷
科学出版社发行 各地新华书店经销
*
2022年12月第 一 版 开本：850×1168 1/16
2025年 6 月第四次印刷 印张：9
字数：269 000
定价：39.80元
（如有印装质量问题，我社负责调换）

前　言

党的二十大报告指出“人民健康是民族昌盛和国家强盛的重要标志。把保障人民健康放在优先发展的战略位置，完善人民健康促进政策。”贯彻落实党的二十大决策部署，积极推动健康事业发展，离不开人才队伍建设。“培养造就大批德才兼备的高素质人才，是国家和民族长远发展大计。”

康复的三项基本原则，即功能训练、全面康复、重返社会，每一项都离不开心理康复的参与。心理康复对于促进康复对象恢复功能，成为独立自主的个体，平等参与社会生活具有重要意义。康复治疗技术专业的学生学习康复心理学，有助于他们建立整体康复的意识，同时这也是现代生物-心理-社会医学模式的要求。

全书内容包括绪论、心理学基础、病残后的心理变化过程、康复心理评估、医患关系与康复心理、康复心理治疗技术、应激相关障碍的心理康复、心理生理障碍的心理康复、肢体功能障碍的心理康复、感觉器官功能障碍的心理康复、精神障碍的心理康复和特殊儿童的心理康复，努力体现康复心理学的理论、方法和技术。本书紧紧围绕学生工作岗位能力的需求，坚持先进性、科学性和适教性，便于老师教和学生学。本书注重体现职业教育培养理念，设有案例、链接、医者仁心、自测题等模块，并配有实训指导。本书不仅注重学生技能培养、思维方式训练，还有助于提高学生解决临床实际问题的能力。

本书的编者是来自临床和教学一线的精神科医生、心理治疗师和康复心理学教师，在此，对于大家的辛苦付出表示感谢。另外，特别感谢中国康复研究中心心理科刘松怀主任对全书的建议、指导及审稿。由于编者水平有限，书中可能存在不足之处，恳请各位读者在使用过程中提出宝贵意见，以便改进和完善。

编　者

2023年12月

配 套 资 源

欢迎登录“中科云教育”平台，免费数字化课程等你来！

“中科云教育”平台数字化课程登录路径

电脑端

- 第一步：打开网址 http://www.coursegate.cn/short/B43ZS.action
- 第二步：注册、登录
- 第三步：点击上方导航栏“课程”，在右侧搜索栏搜索对应课程，开始学习

手机端

- 第一步：打开微信“扫一扫”，扫描下方二维码

- 第二步：注册、登录
- 第三步：用微信扫描上方二维码，进入课程，开始学习

PPT课件，请在数字化课程中各章节里下载！

目 录

第 1 章 绪论 ……1
第 1 节 康复心理学概述 ……1
第 2 节 康复心理学的研究对象、内容及方法 ……4
第 2 章 心理学基础 ……8
第 1 节 心理现象及其本质 ……8
第 2 节 认识过程 ……10
第 3 节 情绪与情感过程 ……18
第 4 节 意志活动 ……20
第 5 节 人格 ……22
第 3 章 病残后的心理变化过程 ……31
第 1 节 病残后的心理阶段和心理防御机制 ……31
第 2 节 影响康复者心理状况的主要因素 ……33
第 4 章 康复心理评估 ……35
第 1 节 康复心理评估概述 ……35
第 2 节 心理测验 ……38
第 5 章 医患关系与康复心理 ……47
第 1 节 医患关系及其影响因素 ……47
第 2 节 康复过程中的治疗关系 ……50
第 3 节 康复治疗中的心理问题 ……52
第 6 章 康复心理治疗技术 ……54
第 1 节 康复心理治疗概述 ……54
第 2 节 常用的心理治疗技术 ……57
第 7 章 应激相关障碍的心理康复 ……65
第 1 节 应激 ……65
第 2 节 急性应激反应的心理康复 ……70
第 3 节 创伤后应激障碍的心理康复 ……71
第 4 节 适应障碍的心理康复 ……73
第 8 章 心理生理障碍的心理康复 ……76
第 1 节 心理生理障碍概述 ……76
第 2 节 常见心理生理障碍的心理康复 ……79
第 9 章 肢体功能障碍的心理康复 ……87
第 1 节 脑卒中患者的心理康复 ……87
第 2 节 脊髓损伤患者的心理康复 ……91
第 3 节 截肢患者的心理康复 ……94
第 10 章 感觉器官功能障碍的心理康复 ……98
第 1 节 视觉障碍者的心理康复 ……98
第 2 节 听觉障碍者的心理康复 ……102
第 11 章 精神障碍的心理康复 ……106
第 1 节 心理异常概述 ……106
第 2 节 精神病性障碍的心理康复 ……108
第 3 节 抑郁障碍的心理康复 ……110
第 4 节 焦虑障碍的心理康复 ……111
第 5 节 强迫障碍的心理康复 ……112
第 6 节 恐惧症的心理康复 ……114
第 7 节 人格障碍的心理康复 ……115
第 8 节 器质性精神障碍的心理康复 ……118
第 9 节 网络游戏障碍的心理康复 ……120
第 12 章 特殊儿童的心理康复 ……124
第 1 节 概述 ……124
第 2 节 常见特殊儿童的心理康复 ……126
实训指导 ……131
实训指导 1 心理测验 ……131
实训指导 2 心理治疗技术 ……131
实训指导 3 冠心病患者的心理康复 ……132
实训指导 4 脊髓损伤患者的心理康复 ……133
主要参考文献 ……134
自测题选择题参考答案 ……135

第1章 绪论

康复心理学是康复医学和心理学的交叉学科。康复心理学把心理学的理论和方法应用于康复领域，研究和解决康复实践中的心理行为问题，主要包括伤病残患者的心理行为特点和心理康复的理论及技术。康复心理学有助于康复对象适应伤病与残疾现实，挖掘潜能，重新回归社会，是现代生物-心理-社会医学模式发展的需要。

第1节　康复心理学概述

案例 1-1

孙某，男，26 岁，消防员，在一次火灾抢救中由于遭遇燃气爆炸失去了右腿，当时他目睹了两名战友牺牲。在康复过程中，孙某的身体状况越来越稳定，精神状态却越来越糟糕。最近他睡觉时频繁惊醒，火场里的画面一遍遍在他眼前闪现，表现为肌肉紧张、恐惧、叹气，对战友的牺牲感到自责。这些心理问题使他不能参加活动，不愿接触人，做事时注意力无法集中，体会不到生活的乐趣。

问题： 1. 孙某是否已经完全康复？

2. 心理康复的意义是什么？

一、康复心理学的概念

心理康复是指运用系统的心理学理论和方法，对患者由损伤、残疾和障碍引起的心理问题进行干预，以提高其心理健康水平。

康复心理学是研究残疾人和疾病人群的心理活动、现象和规律的科学。目的是解决康复对象的各种心理障碍，帮助他们最大限度获得健康、功能和社会角色，适应现实，发挥潜能，重新回归社会。同时，康复心理学还探索伤、病、残与社会的相互影响，心理状态与躯体功能的相互作用等。

二、康复心理学的发展

康复心理学起源于现代心理学，伴随康复医学的出现而发展，医学模式的转变则加快了这一学科的临床应用。

（一）现代心理学的诞生和发展

19 世纪之前，心理学一直隶属于哲学的范畴。1879 年，德国医学博士冯特在莱比锡大学建立了世界上第一个心理实验室，用自然科学方法研究感觉、知觉等基本心理现象。他创办了刊登心理学实验成果的杂志《哲学研究》，出版了第一部科学心理学专著《生理心理学纲要》。这使得心理学从哲学中脱离出来，成为一门独立的科学。随后，欧洲和北美相继建立心理学系和心理学实验室。20 世纪以后，西方相继出现许多心理学派，各家学说竞相争鸣。重要的有，奥地利维也纳精神科医生弗洛伊德创立了精神分析学派，强调无意识的欲望或动机是支配人类行为的根源。美国心理学家华生创立了行为主义学派，主张心理学研究行为，反对研究意识。美国心理学家马斯洛创立了人本主义学派，该学派的代表罗杰斯创立了以人为中心疗法，认为心理障碍的原因是个体的需要没有得到充分满足，自我实现受阻，潜能未得以充分发挥。埃利斯和贝克是认知学派的代表，认为人们的不良情绪主要是由于错误的或非适应性的信念所致，因此要通过认知重建增强患者的心理应对能力。与此同时，生理心理学、发展心理学、社会心理学、神经心理学等也得到了快速的发展。中华人民共和国成立之前，南京高等师范学校等大学已设立了心理学课程，中华人民共和国成立之后，北京师范大学等大学设立心理学部，培养心理学人才，并在基础理论研究和应用研究方面取得许多进展。

链接

冯 特 简 介

威廉·冯特（Wilhelm Wundt，1832—1920），德国生理学家、心理学家、哲学家，被公认为是实验心理学之父。冯特出生在德国一个牧师家庭，1855 年在海德堡大学获得医学博士学位。他先后在海德堡大学和莱比锡大学任教，学识渊博，著述甚丰。他的研究领域涉及哲学、心理学、生理学、物理学、逻辑学、语言学、伦理学、宗教等。冯特主张将实验法与内省法结合起来研究人的直接经验，增强了心理学研究的科学性。

（二）康复心理学的建立和发展

第二次世界大战使成千上万士兵和平民的身体被摧残，同时也使他们的精神遭受打击，一系列心理、社会问题由此产生。为了使他们在躯体、心理和职业等方面得到全面康复，尽快回归家庭和社会，美国政府建立了许多康复中心，康复医学得到迅速发展。在躯体康复的同时，战争所导致的情感创伤，需要心理学工作者进行治疗，逐渐出现了专门的心理康复工作人员和相关机构。后来产生了康复心理学的组织，如美国心理学会成立了“失能的心理因素全国理事会”，后来发展成为美国心理学会的康复心理学部。康复心理学部的目标是：①鼓励会员推广和交流与康复有关的心理学学术成果和资料；②召集与心理学问题有关的同道们更好地为康复患者服务；③发展康复患者与其组织的联系；④与其他有共同目标的组织合作；⑤向群众宣传康复患者的心理和社会因素；⑥向立法与管理机构解释康复工作的心理和社会因素的重要性和康复心理学的价值；⑦促使康复心理学成为一个独立的职业专科；⑧努力为康复心理学家们创造合适的训练标准和方案。心理学家、社会学家、教育学家和精神病学家的相继加入，有力地推动了康复心理学的发展。随着社会的发展，心理康复服务已逐渐从机构走向社区和家庭。

20 世纪 40 年代末至 50 年代初，我国心理学家黄嘉音教授在精神科尝试运用心理学原理对患者的病因进行分析和解释，并进行了支持疗法的实践。中华人民共和国成立后，老一代医学心理学工作者创立的对神经衰弱的“快速综合治疗方法”受到学术界和社会的重视。20 世纪 80 年代后，随着改革开放和经济社会的快速发展，高等医学院校纷纷设立康复医学、医学心理学等课程，全国各省市也建立了一些康复医院、康复病房。随着国内外学术交流的增多以及医学模式的转变，国外成熟的心理评估方法和心理治疗技术如情绪测验、智力测验、精神分析疗法、行为疗法、认知疗法等，被国内学者所接受，并应用于患者的康复过程中。1993 年，中国康复医学会成立了康复心理学专业委员会，推动了我国的康复心理工作。2008 年汶川地震后，心理康复进一步得到了社会和政府的关注与重视。但目前我国心理康复专业人员数量不足，缺乏完善的专业教育标准和资格认证制度，职业化程度还有待加强。

（三）医学模式的转变和康复心理学的应用

医学模式是人们对健康和疾病总体的认识和本质的概括，体现了一定时期内医学发展的指导思想，是一种哲学观在医学上的反映。随着生产力和科学技术的发展，人类对健康和疾病的思考也发生了相应的改变。医学模式在历史上历经几次重要的演变。

1. 神灵主义医学模式　在原始社会，生产力发展水平低下，科学知识贫乏，科学思想尚未树立，人们认为生命和健康由神灵主宰，相信“天命”，疾病和灾祸是天谴神罚。当时治疗疾病的主要方法是求神问卜、祈祷或者巫医巫术，无从谈及对疾病病因的自然主义认识。

2. 自然哲学医学模式 随着社会生产力的发展，人类逐渐认识自然现象，并努力用自然主义的观点解释疾病的原因。具有代表性的学说，有我国的“阴阳五行”学说和西方希波克拉底的“体液”学说。这些认识具有朴素的唯物论、辩证法和整体观的特点，至今仍有一定的指导意义，但缺乏实证科学的证据支持，大多为假说。

3. 生物医学模式 16～17 世纪，欧洲文艺复兴运动推动了科学的进步，生物学家、医学家提出了进化论、血液循环说和细胞学说，发现了微生物等致病因子。这些科学事实使人们对疾病有了较为正确的认识，从生物学角度明确了疾病原因，形成了生物医学模式。在此模式下，解剖学、生理学、微生物学和免疫学等生物医学体系形成，消毒、麻醉和手术技术出现，各种药物研制成功，并在细胞和分子水平对疾病有了更深入的认识。人类在认识疾病和治疗疾病方面取得了巨大的进步。但是，这一模式将人体视为机器，把器官视为零件，“头痛治头，脚痛治脚”，是一种机械的唯物论，且未考虑心理、社会因素对躯体健康的影响。

4. 生物-心理-社会医学模式 随着时代的不断发展，疾病谱和死亡谱发生了根本变化，心血管病、脑血管病和恶性肿瘤等替代了传染性疾病，成为人类健康的主要危害，而这些疾病与心理因素、社会因素、个人行为、生活方式等密切相关。1977 年，美国医生恩格尔在《科学》杂志上发表文章《需要新的医学模型：对生物医学的挑战》，批评了生物医学模式的“还原论”和“心身二元论”的局限，并提出了“生物-心理-社会医学模式”的概念。

随着生物-心理-社会医学模式的转变和“整体观”的理念日益深入人心，心理康复已成为伤病残全面康复的重要组成部分，康复心理学的理论和技术在临床中得到越来越广泛的应用。

三、康复心理学在康复医学中的意义

康复医学是一门年轻的学科，与预防、保健、医疗共同组成一个完整的健康体系，让人类的生命与健康上了一个更新、更高的台阶。康复的三项基本原则，即功能训练、全面康复、重返社会，每一项都离不开心理康复的参与。心理康复对于促进康复对象恢复功能，成为独立自主的个体，平等参与社会生活具有重要意义。

（一）促进躯体康复

患者在患有躯体疾病和功能障碍的同时，往往伴有不同程度的心理行为障碍，可能导致患者参与康复治疗的主动性、积极性下降，注意力不集中，或者根本无法配合康复师。这些都会影响患者康复的效果，甚至会加重疾病和功能障碍。康复师通过心理治疗、物理治疗或者药物治疗实施的心理康复，有助于患者躯体康复目标的实现。

（二）促进精神康复

智力残疾、精神障碍患者是康复心理学的重要研究对象，躯体疾病患者也可能合并严重程度不等的认知障碍或精神卫生问题。康复心理学为精神康复提供了一系列的理论和方法，促进了精神康复的发展。

（三）提高社会功能

个体的社会功能包括生活能力、学习能力、工作能力和社交能力。其中，生活能力又包括了个体的日常生活能力和家庭生活能力。患者在这些能力的恢复过程中可能存在一些心理障碍，需要通过心理康复予以消除，提高其社会适应能力，助其重返家庭和社区。

（四）推动职业康复

患者功能康复的终极目标是实现重新就业。但由于病残之后患者的活动能力和学习能力受限，或者人格的改变导致其与同事的合作性差，难于坚持完成一项任务，最终影响了患者的工作能力。因此，需要对患者进行职业心理评估与咨询，根据其心理特征及能力，选择适合的工作。同时对患者进行认知和行为矫正，培养其乐观、耐心、宽容和合作的品质，以便更好地适应工作。

医者仁心

“双心医学”的积极倡导者胡大一

在G672次列车行进途中，一名男性乘客突发心肌梗死，生命危急。幸运的是，国内著名心血管内科专家胡大一，也在这列火车上，因为救治及时，男乘客得以在最短时间内获救。胡大一是我国医学教育家，曾经担任北京大学人民医院心脏中心主任。他在国内最早提出“双心医学”的概念，把精神心理的评估和干预有机融入心内科的医疗实践。为践行这一理念，他开设“双心门诊”，积极推动心脏疾病的预防与康复事业。

第2节　康复心理学的研究对象、内容及方法

一、康复心理学的研究对象

康复心理学的研究对象较为广泛，包括残疾人、老年患者、儿童患者、伴有功能障碍的各类慢性病患者和精神障碍患者等。

（一）残疾人

残疾分为六类，包括视力残疾、听力残疾、言语残疾、智力残疾、肢体残疾和精神残疾。由于生理缺陷或功能障碍，残疾人可能会出现各种心理行为问题而影响到康复的进程，因此需要心理上的支持和社会的帮助。他们是康复心理学的主要研究对象。

（二）老年患者

我国已步入老龄化社会，随着老年人的数量在社会中的比例日渐增高，老年人的心理问题也呈增长态势。老年人由于生理功能的下降或社会角色的转变，容易产生失落、孤单、自卑的情绪。伴有残疾或慢性病的老年人，更容易出现焦虑或抑郁等心理障碍，还有的老年人出现了记忆力等认知能力的下降。心理康复对于老年人生理和心理功能的恢复具有重要的作用。

（三）儿童患者

随着社会的进步，残疾儿童的康复得到人们广泛的重视。这些儿童在身心发展上存在缺陷，如智力、听力、视力受损或肢体残疾、情绪行为障碍、自闭症（孤独症）等。他们在言语、社交、运动、情绪情感等方面的发展受限，影响了其心理健康。残疾儿童的心理健康已成为重要的研究课题，临床应根据儿童的心理生理特点，采取针对性的心理康复措施，最大程度促进儿童的身心发展。

（四）慢性病患者

常见的慢性病主要有心脑血管疾病、癌症、糖尿病、慢性呼吸系统疾病等，其中心脑血管疾病包含高血压、脑卒中和冠心病等。慢性病会造成肢体或内脏器官的功能障碍，影响患者劳动能力和生活质量，再加之社会和家庭环境的不良因素，容易给患者带来心理压力。心理健康状态与生理健康状态密切相关，躯体健康状况越差，心理问题的发生率就越高。慢性病人群中有一半的人存在不同程度的心理问题。如果这些心理问题不消除，就会影响各种康复措施的实施和整个康复治疗的效果。因此，慢性病患者也成为康复心理学的研究对象。

（五）精神障碍患者

精神障碍是在各种生物、心理、社会环境等因素的影响下，人的大脑发生病理生理变化使其功能损害，导致其认知、情感、行为等精神活动出现异常的总称。常见的有情感障碍、精神分裂症、脑器质性精神障碍等。由于精神障碍容易反复发作，通常除了药物治疗，还需配合心理康复，增强患者的抗压能力，最大程度上减少复发。为了防止精神障碍患者社会功能的衰退，还要积极开展生活技能、基本职业技能、人际交往能力的康复训练，促使患者早日回归社会。

二、康复心理学的研究内容

康复心理学主要研究康复中的心理现象和规律，应激与残疾的关系，心理社会因素与躯体功能的关系，以及各种心理行为治疗技术的应用等。

（一）研究应激与残疾的关系

康复心理学主要研究伤残引起的应激反应，包括急性应激障碍、创伤后应激障碍、适应障碍，以及这些反应对于康复的影响。通过改变不良行为模式和反应模式，增强个体的社会适应性和心理承受力，减少心理残疾的发生。

（二）研究康复中的心理规律

康复心理学研究康复对象在康复过程中的心理现象和问题，总结规律，为心理康复提供科学依据，充分调动康复对象训练的积极性，推动其功能的康复。

（三）研究康复心理的评估

采用心理评估的方法，特别是心理测验对康复对象的心理状态进行评定，为制订心理康复计划提供依据，同时对心理康复的效果进行客观的评价。

（四）研究心理治疗在康复中的应用

患者在康复过程中可能出现各种心理行为问题，影响其康复的主观能动性和治疗效果。针对其心理问题，应采取适当的心理治疗，促进其心理和生理功能的康复。目前常用的心理治疗方法有支持性心理治疗、认知疗法、行为疗法等。

（五）研究为康复者的家属提供心理援助

家属在照料康复者的过程中面临着各种各样的精神压力，可能会出现焦虑抑郁的情绪。家属在与康复者的沟通方面也可能存在障碍，双方之间甚至可能产生矛盾和冲突。通过研究家属的心理压力，以及家属与康复者的交流模式，改善家庭成员的互动关系，促进患者的康复。

三、康复心理学的研究方法

康复医学领域内的各种心理现象是康复心理学的研究对象，其主观性较强，因此需要采取科学的方法，尽可能揭示客观规律，得出可检验的结论。

（一）观察法

观察法是指在自然状态下或加以控制的条件下对人的外在行为进行观察和记录。观察法是所有科学研究的基本手段，也是心理学研究的重要方法之一。例如，应用单面镜观察患者在自然条件或控制条件下的表现，或者应用录像来记录儿童的行为。观察法的优点是简便、易行，可获得许多基本的、真实的资料；不足之处是对人的内在心理活动很难把握，推断时带有偶然性和主观性，有时观察还受到许多条件的限制。

（二）实验法

实验法是实验者在对条件进行控制的状态下，观察、测量并记录个体行为改变的一种研究方法。实验法是科学研究中采用最普遍、最基本的方法之一，心理学的实验既可以在实验室中进行，也可以在自然生活条件下，结合经常性的业务工作开展。例如，应用遥控埋藏电极的技术，可以观察动物在自由活动的情况下接受各种刺激时所引起的电反应和内脏活动的情况。这是一种实验室实验法，可以严格控制外界条件，具有很大的主动性和可重复性。研究如何分配认知训练的时间对记忆恢复有利，可以选定记忆力水平上相等的两个组用同样的材料来训练，一组用集中训练的方式进行康复，另一组用分散训练的方式进行康复，经过一定的时间来比较两个组记忆成绩的差异。这是一种自然实验法，具有实验法和观察法的优点，既能主动地创造条件，又能在比较自然的状态下进行，获得的结果更符合实际。

（三）调查法

调查法是以间接的方式（借助于问卷或向当事人询问等）对被试的心理、态度、意见或行为进行研究的一种方法。用口头提问进行的调查叫访谈法。用问卷的方式提问，让被试回答，叫问卷法。使用访谈法时，事先要列好问题的提纲。使用问卷法时，要按照科学的程序制定好问卷。调查法的优点是相对容易开展，并可以扩大信息的来源，还可验证不同信息的可靠性和有效性；缺点是被调查者记忆不够准确等原因可能使调查结果的可靠性受到影响。

（四）测验法

测验法是利用心理评估工具（心理测验或评定量表）对人的特定心理品质（能力、性格、态度、情绪等）进行研究的方法。例如，测量智力水平的韦克斯勒成人智力量表（Wechsler Adult Intelligence Scale，WAIS）、斯坦福-比奈智力量表（Stanford-Binet Intelligence Scale），测量人格的明尼苏达多相人格调查表（Minnesota Multiphasic Personality Inventory，MMPI）、艾森克人格问卷（Eysenck Personality Questionnaire，EPQ）以及各种症状评定量表。测验法具有数量化、标准化和客观化的优点，所得结果比较可信、有效；但测验本身也存在一定误差。心理测验是限制使用的工具，测验者在使用前要经过严格的培训，并且心理测验的结果要谨慎解释，不能轻易做出因果推论，最好与其他方法所得到的资料相互印证。

（五）个案法

个案法是对某心理现象的特例或临床案例进行专门研究以得出一般规律的研究方法，是历史上采用最早的方法。这种方法要对某一个体在较长时间内连续进行调查和了解，收集全面的资料，从而研究其心理发展变化的过程。资料的内容包括个案的基本信息、家庭背景、成长经历、社会关系、问题发展史以及重要的生活事件等。还可借助个案的日记、周记、作文或照片等文件来了解个案的情形。个案法在心理学的临床实践中特别重要，比如用个案法研究儿童心理发展，在现代心理学中曾起到重要作用。在培训临床心理学工作者时也常常需要借助于个案法。个案法的优点是能充分包含个案信息，可以发现某种理论的例外情况，个案的详细描述更生动，被接受程度高；缺点在于研究对象是独特个体的独特事件，具有选择偏差，所得结论不能轻易向外推广。

自 测 题

选择题

A 型题

1. 康复心理学的医学模式为
   A. 神灵主义医学模式
   B. 自然哲学医学模式
   C. 生物医学模式
   D. 机械论医学模式
   E. 生物-心理-社会医学模式
2. 1977 年提出生物-心理-社会医学模式的人是
   A. 弗洛伊德　　B. 恩格尔
   C. 华生　　D. 冯特
   E. 希波克拉底
3. 在控制的条件下观察、测量和记录个体行为的一种研究方法是
   A. 观察法　　B. 调查法
   C. 测验法　　D. 个案法
   E. 实验法

X 型题

4. 康复心理学在康复医学中的作用是
   A. 康复心理学为精神康复提供了一系列的理论和方法，促进了精神康复的发展
   B. 通过心理治疗、物理治疗或者药物治疗，实施心理康复，有助于躯体康复目标的实现
   C. 心理康复对于促进康复对象恢复功能，成为独立自主的个体，平等参与社会生活具有重要意义
   D. 患者在日常生活能力的恢复过程中可能存在一些心理障碍，需要通过心理康复予以消除，提高社会适应能力，助其重返家庭和社区
   E. 对患者进行职业心理评估与咨询，根据其心理特征及能力，选择适合的工作。对患者进行认知和行为矫正，培养乐观、耐心、宽容和合作的品质，更好地适应工作

5. 康复心理学研究对象包括
   A. 残疾人　　B. 老年患者
   C. 儿童患者　　D. 慢性病患者
   E. 精神障碍患者
6. 康复心理学的研究内容是
   A. 患者在康复中的心理规律、心理现象或问题
   B. 应激与残疾的关系
   C. 康复心理的评估
   D. 心理治疗在康复中的应用
   E. 康复对象家属的心理问题和心理支持

（郭志华）

第2章 心理学基础

第1节 心理现象及其本质

案例 2-1

王某，女，47 岁，因在家干家务活搬重物时姿势不对、用力过猛导致腰部伴右侧下肢剧烈酸胀样疼痛。她行走或站立时疼痛明显，卧位时疼痛缓解，无明显麻木感。该患者以腰椎间盘突出症入住康复医学科，康复医生给予口服药物、物理治疗等治疗方式。患者在治疗后仍诉疼痛明显，治疗的第三日，医生在物理治疗时为患者播放舒缓的轻音乐，治疗结束时患者主动告诉医生疼痛明显减轻，且心情舒畅。

问题： 1. 该患者在物理治疗时协同使用音乐，治疗师用的是什么原理？

2. 临床康复中，什么情况下还可采用音乐来进行康复治疗？

一、心 理 现 象

心理现象是指心理活动的过程、状态及其倾向性特征。心理学上一般把心理现象分为心理过程和人格两个方面。

1. 心理过程　心理过程是指心理现象发生、发展和消失的过程，包括认识过程、情绪情感过程与意志过程。

（1）认识过程　认识过程是指人脑对客观事物的属性、特点及其规律的反映，包括感觉、知觉、注意、记忆、思维、想象等认识活动。

（2）情绪情感过程　情绪情感过程是指一个人在对客观事物的认识过程中表现出来的态度体验。

（3）意志过程　意志过程是指人们为了改造客观事物，自觉地确定目的，调节支配行动，克服困难，最终实现目标的过程。

上述三个过程之间是相互联系、相互制约的，情绪情感和意志是在认识的基础上产生和发展起来的，同时又影响认识过程。

2. 人格　人格是指一个人的整体精神面貌，是具有一定倾向性的心理特征的总和。它包括人格心理特征、人格倾向性和自我意识。

（1）人格心理特征　人格心理特征是指一个人身上经常表现出来的稳定的心理特点，主要表现在能力、气质和性格等方面。

（2）人格倾向性　人格倾向性是指一个人所具有的意识倾向，即人对客观事物的稳定的态度，它是人从事活动的基本动力，决定着人的行为的方向，包括需要、动机、兴趣、理想、信念和世界观等。

（3）自我意识　自我意识是一种自我调节系统，由自我认识、自我体验、自我调控三部分构成。

心理现象可归纳为如下内容（图 2-1）。

- 心理现象（心理活动）
  - 心理过程
    - 认识过程：感觉、知觉、注意、记忆、思维、想象等
    - 情绪情感过程
    - 意志过程
  - 人格
    - 人格心理特征：能力、气质、性格等
    - 人格倾向性：需要、动机、兴趣、理想、信念、世界观等
    - 自我意识：自我认识、自我体验、自我调控

图 2-1　心理现象

3. 心理过程与人格的关系　心理过程和人格是个体心理活动的两个方面，二者是相互依存、相互制约的不可分割的整体。人格通过心理过程形成并表现出来，又反过来制约和调节心理过程的进行。如果没有对客观事物的认识，没有对客观事物产生的情绪和情感，没有对客观事物的积极改造的意志过程，人格是无法形成的。而已经形成的人格又会制约着心理过程的进行，并在心理活动过程中得到表现，从而对心理过程产生重要影响。

二、心理的本质

（一）心理是脑的功能

人的心理究竟是什么？它是怎样产生的？古今中外，围绕心理的实质出现了形形色色的观点和假说，形成了两种对立的心理观，即唯物主义心理观和唯心主义心理观。

唯心主义心理观认为心理是不依赖于物质而独立存在的。唯物主义心理观认为心理的产生有赖于物质的存在。“天下无心外之物”，意指世界万事万物是心理的本源。

“形具而神生”这一唯物主义观点肯定了心理产生于机体的某一特定器官，但心理究竟产生于哪一种器官，经历了不同的认识阶段。在古代，由于科学技术发展的局限性，人们认为心理是由内脏器官产生的，心脏是产生心理活动的主要器官。这种观点至今在汉语言中还留有痕迹，如汉字中几乎所有与心理活动有关的字都带“心”或“忄”旁，如“思、想、感、情、愤、怒、恐、惧等”，与心理活动有关的成语也多带有“心”字，如“心想事成”“心中有数”“心心相印”等。

随着知识经验的积累和医学的进步，人们逐步增强了对脑的认识，把心理的产生与脑的活动联系起来。心理活动的基础是神经系统，其最高部位是脑。心理的发生和发展是以脑的发育完善为物质基础的，脑是心理活动的器官，心理是脑的功能。

（二）心理是对客观现实的反映

心理是脑的功能，但人脑只是产生心理的物质基础，人脑只有在客观现实的作用下才能产生心理。没有客观现实作用于脑，心理活动便无从产生。

1. 客观现实是心理的源泉和内容　人的心理活动无论简单还是复杂，在客观现实中都可以溯源。例如，医生对患者进行诊断，就是对患者的症状、体征及疾病过程中各种病理表现相互关系的反映；神话中虚构的形象其原始材料也来源于客观现实，如孙悟空、猪八戒的形象就是把猴和猪的形象拟人化而已。人脑好比是个“加工厂”，客观现实就是“原材料”，没有“原材料”，大脑这个“加工厂”就不能生产出任何产品。由此可见，客观现实是心理活动的内容和源泉，如果脱离了客观现实，心理活动就成为无本之木、无源之水。

2. 心理是客观现实的主观能动的反映

（1）心理是客观现实的主观反映　人的一切心理活动，从感觉、知觉、思维、想象，到情感、意志，都是人脑对客观现实的反映，就其反映的内容来说是客观的，但反映的方式和结果却是主观的。每个人的知识经验、生活经历、个性以及当时的心理状态不同，必然使人的心理活动带有鲜明的个人主观色彩，表现为不同的人对同一个事物的反映不同，甚至同一个人在不同时间、不同情景下对同一事物的反映也不相同。因此，人对客观现实的反映是主观性的反映。

（2）心理是客观现实的能动的反映　心理不是对客观现实的简单复制，而是通过人和客观现实的相互作用，对客观现实进行积极的、能动的反映。人不仅可以反映客观现实的表面现象和外部联系，而且可以反映客观现实的本质和规律，从而有目的、有计划地改造客观现实。例如，人们根据云雨形成规律施行人工降雨，根据天体运行规律发射人造卫星，根据遗传变异规律进行品种改良等，都说明了人对客观现实的反映是能动的反映。

第2节　认识过程

认识过程是心理过程的起点，包括感觉、知觉、记忆、思维、想象、注意等。

一、感　觉

1. 感觉的概念　感觉是人脑对直接作用于感觉器官的客观事物的个别属性的反映。我们周围的客观事物通常都具有多种个别属性，如物体的大小、形状、颜色、硬度、滋味、气味等，当这些个别属性直接作用于人的眼、耳、鼻、舌、皮肤等感觉器官时，头脑中就会产生事物相应的形象，这就是感觉。例如，我们面前有一个苹果，用眼睛看，知道它有红红的颜色，圆圆的形状；用鼻子嗅，可以闻到浓浓的清香；放在嘴里咬，可以尝到甜甜的味道；拿到手里，可以感到光滑的果皮等。这里的红、圆、香、甜、光滑是苹果的一些个别属性，这些属性直接刺激了我们不同的感觉器官，从而使我们的大脑认识了苹果的这些属性，这个过程就是感觉。

感觉是最简单、最基本的心理现象，然而它在现实生活中却具有非常重要的作用。首先，感觉提供了内外环境的信息。如果没有感觉提供的信息，人就不可能根据自己机体的状态来调节自己的行为，信息超载或不足，都会给个体的心理和生理带来严重的不良影响。“感觉剥夺”实验就证实了这一点。其次，感觉是一切较高级、较复杂的心理现象的基础。人的知觉、记忆、思维等复杂的认知活动，都是在感觉所获得的信息基础上发生的；人的情绪体验，也必须依靠人对环境和自身内部状态的感觉。所以，没有感觉，一切较复杂的、较高级的心理现象就无从产生。

链接

感觉剥夺实验

感觉剥夺实验是把人放在一个没有任何外部刺激的环境中观察其生理心理变化的方法。具体地说，就是把被试放在一个隔音室里，戴上不透明的塑料眼镜限制视觉，手和手臂上都套有纸板做的手套和袖套限制触觉，并用空气调节器的单调嗡嗡声代替听觉，并让其静静地躺在床上。开始阶段，许多被试都是睡觉，或者考虑其自己的事情。然而，两三天后，他们就开始感到无聊和焦躁不安，想要逃脱这单调乏味的环境。之后的几天里，被试注意力涣散，思维受到干扰，不能进行明晰的思考，有的被试甚至出现了幻觉现象。

2. 感觉的种类　根据刺激信息的来源和感觉的性质，一般把感觉分为两类。

（1）外部感觉　外部感觉是指接受外部刺激，反映外部事物个别属性的感觉，包括视觉、听觉、嗅觉、味觉、皮肤觉等。

（2）内部感觉　内部感觉是指接受机体内部刺激，反映机体内部状态和内部变化的感觉，包括运动觉、平衡觉、内脏觉、本体感觉等。

3. 常见的感觉现象

（1）感觉的适应　感觉的适应是指感受器在刺激物持续作用下，使感受性发生变化的现象。这种变化可以是感受性提高，也可以是感受性降低，这对人适应环境具有重要的意义。例如，视觉上的明适应和暗适应是最典型的感觉适应，暗适应是眼睛对暗光感受性提高的表现，而明适应是眼睛对强光感受性降低的表现。正如“入芝兰之室，久而不闻其香；入鲍鱼之肆，久而不闻其臭”，就是嗅觉的适应现象。

（2）感觉的对比　感觉的对比是指同一感受器在不同刺激作用下，感受性在强度和性质上发生变化的现象。如图 2-2 所示，一个灰色方块放在黑色背景上比放在白色背景上，显得更加明亮一些。例如，吃过药再吃苹果，觉得苹果很甜，先吃糖再吃苹果，就感觉不到苹果的甜味。

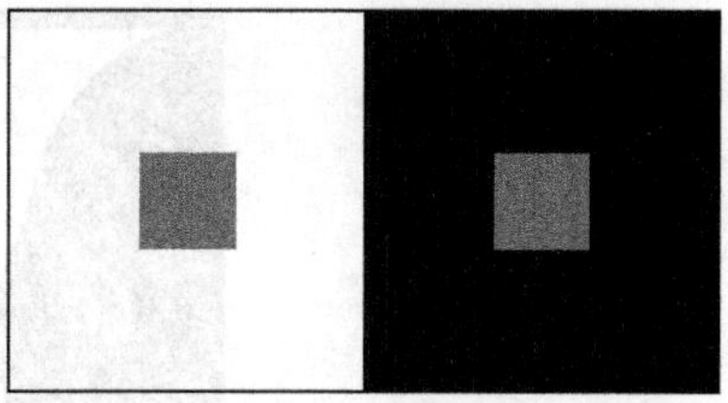

图 2-2　明暗对比

（3）感觉的相互作用　感觉的相互作用是指一种感觉的感受性因其他感觉的影响而发生变化的现象。例如，食物的色、香能提高味觉的感受性，某些嗅觉刺激能提高视觉感受性，微光刺激能提高听觉的感受性，轻微的音乐可使患者的疼痛感减轻，强烈的噪声会使患者的疼痛感加剧等。

（4）联觉　联觉是由一种感觉引起另外一种感觉的心理现象。联觉是感觉相互作用的表现，最常见的是视觉联觉。例如，红、橙、黄等颜色类似太阳和火光的颜色，往往会使人有温暖的感觉，因而被称为暖色；而蓝、青、绿等颜色与蓝天、大海、树木的颜色相近，往往会引起人凉爽的感觉，因而被称为冷色。临床上我们运用联觉作用来治疗疾病，如“颜色疗法”“音乐疗法”等。

（5）感觉的发展和补偿　感觉的发展是指人的感受性在实践活动中获得提高的过程。在人们的实践活动中，因实践活动的需要，对某种感觉做长期的、精细的训练，能使某些感觉的感受性明显高于一般人。例如，有经验的医生，能听出心音微小的变化，经验丰富的中医能分辨出各种各样的脉象等。丧失某种感觉能力的人，可以在生活实践中利用其他感觉的超常发展来弥补，称感觉补偿。例如，盲人的听觉和触觉特别发达，聋哑人视觉特别敏锐等。

（6）感觉后像　感觉后像是指刺激停止作用后，感觉在短暂时间内仍不消失的现象。例如，音乐停止后有余音缭绕的感觉，就是听觉后像；现实生活中，电影就是利用人们视觉后像的原理，将那些间断的画面连续起来产生的动态景象。

二、知　觉

1. 知觉的概念　知觉是个体对感觉信息的加工和解释的过程，是对事物整体特性的反映。在现实生活中，我们不仅要认识事物的个别属性，而且要认识事物的整体属性，没有感觉对客观事物个别属性的反映，人们也不可能获得对客观事物整体属性的反映。例如，我们通过感觉认识到苹果的形状、颜色、硬度、味道等属性，在综合这些个别属性的基础上，产生了对“苹果”这个整体属性的认识，这就是知觉。我们看到一个人，听到一首音乐，这些都属于知觉现象。

感觉是知觉的基础，知觉是在感觉的基础上产生的，但知觉并不是个别感觉信息的简单总和，而是对事物的多种属性和各部分之间相互关系的综合反映。

2. 知觉的种类　根据知觉所反映对象的性质不同，可以把知觉分为空间知觉、时间知觉、运动知觉。

（1）空间知觉　空间知觉是指人对物体的大小、形状、方位和距离等空间特性的反映。它包括形状知觉、大小知觉、方位知觉和深度知觉等。

（2）时间知觉　时间知觉是指人对客观事物的延续性和顺序性的反映，如四季变化、昼夜更替、时间长短、先后顺序等。

（3）运动知觉　运动知觉是指人对物体运动特性的反映。运动知觉是多种感官的协同活动的结果，参与运动知觉的有视觉、动觉、平衡觉，其中视觉起重要作用。

3. 知觉的基本特征

（1）知觉的选择性　知觉的选择性是指把知觉对象从背景中区分出来的特性。知觉的对象与背景是可以相互转换的，如图 2-3 所示，左图若以黑色为知觉对象，白色为背景，看到的是两个人脸的侧面；若以白色为知觉对象，黑色为背景，看到的则是花瓶。右图既可以看成一位年轻女子，也可以看成一位老妇人。知觉的选择性与对象的特点和个人的兴趣、需要、经验等有关。

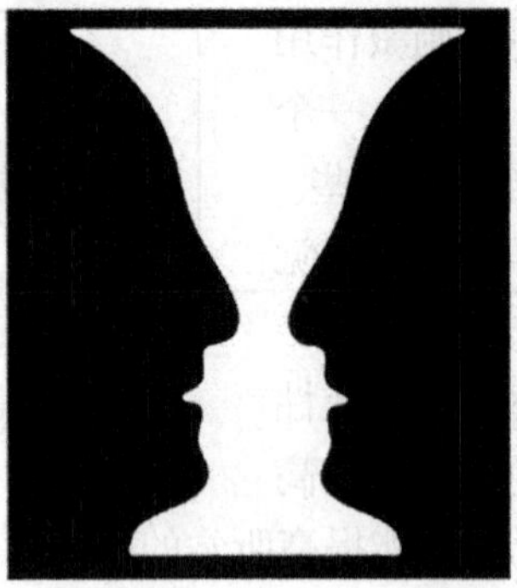

A

B

图 2-3 知觉的选择性——双关图

（2）知觉的整体性　当客观事物的个别属性作用于人的感官时，人能够根据知识经验而知道它的其他属性，从而把它知觉成为一个统一的整体，知觉的这种特性叫知觉的整体性。如图 2-4 是一些不规则的黑色碎片和白色线条，但人们一般都倾向于把它看成一些黑色圆盘和一个白色立方体。

（3）知觉的理解性　人们主动地运用已有的知识经验对知觉对象做出某种解释，赋予知觉对象一定的意义，这就是知觉的理解性。如图 2-5 所示，人们通过知觉的理解性，力求理解这些斑点的关系，对它做出合理的解释，是雪地，还是一只动物？人对知觉对象的理解与自己过去的知识经验有着非常重要的关系，对于同一知觉对象，由于个人的知识经验不同，对事物的理解程度也有所不同。例如，一张 X 线片，不懂医学知识的人，是无法从中得到具体信息的，而放射科医师就能从 X 线片中看出身体的病变情况。

图 2-4 知觉的整体性

图 2-5 知觉的理解性

（4）知觉的恒常性　当知觉的条件在一定范围内发生变化时，人的知觉映像并不因此发生相应的变化，保持相对不变，这就是知觉的恒常性。例如，对于一个我们熟悉的人，不会因他的发型或服饰的些许变化而变得不认识了。知觉的恒常性能使人不受外界的干扰，在不同情况下，都能按照事物的实际面貌反映客观事物，从而适应不断变化的外界环境。

三、记　忆

1. 记忆的概念　记忆是人脑对经历过的事物的反映。人们感知过的事物、思考过的问题、体验过的情感、从事过的活动，都会不同程度地保留在人的头脑中，并在一定条件下以经验的形式重现出来，这就是记忆。从信息加工的观点来看，记忆就是人脑对外界输入的信息进行编码、存储和提取的过程。

记忆作为一种基本的心理过程，是和其他心理活动密切联系着的。没有记忆，人们无法积累知识经验，只能每次都重新去认识那些已经接触过的事物，人的认识活动只能停留在感知阶段，其他一切心理活动都将无法进行。可见，记忆是人们学习、工作和生活的基本能力，没有记忆，生活将是难以想象的。

2. 记忆的种类

（1）根据记忆的内容分类 记忆可分为形象记忆、情绪记忆、运动记忆、逻辑记忆。

1）形象记忆：是指以感知过的事物形象为内容的记忆。它是直接对客观事物的具体形象和外部特征的记忆，具有比较鲜明的直观性。例如，对日常生活中人物的音容笑貌、自然景色的记忆等。形象记忆可以通过视觉、听觉、触觉、味觉和嗅觉等获得。

2）情绪记忆：是指以体验过的情绪、情感为内容的记忆。例如，你第一天到校上学时那种兴奋、激动的心情，至今仍记忆犹新，这就是情绪记忆。

3）运动记忆：是指以过去经历过的动作为内容的记忆，例如，对学过的临床技能操作的记忆，就是运动记忆。

4）逻辑记忆：是指以概念、判断、推理等逻辑思维为内容的记忆。例如，对数理化中的定义、定理、公式、法则的记忆。

（2）根据记忆内容保持时间的长短不同分类 记忆可分为瞬时记忆、短时记忆、长时记忆。

1）瞬时记忆：是指外界刺激停止后，通过感官所获得的感觉信息保持时间极短的记忆。储存时间为0.25～2秒，又称感觉记忆。如果这些感觉信息进一步受到注意，则进入短时记忆。

2）短时记忆：是指保持时间在1分钟左右的记忆。例如，边听课边记笔记，就属于短时记忆。短时记忆中的信息经过复述，就进入了长时记忆。

3）长时记忆：是指保持时间在1分钟以上甚至终身的记忆。长时记忆中存储着我们过去的经验和知识，为所有心理活动提供了必要的知识基础。

（3）根据记忆过程中意识的参与程度分类 记忆可分为内隐记忆和外显记忆。

1）内隐记忆：是指在不需要意识或有意回忆的情况下，个体过去的经验自动对当前任务产生影响所表现出来的记忆。例如，人际交往中对交往对象的印象和交往反应就体现着内隐记忆。

2）外显记忆：是指个体有意识地或主动地收集某些经验来完成当前任务时所表现出来的记忆。外显记忆能随意地提取记忆信息，能对记忆信息进行较准确的语言描述，如线索回忆、再认等。

3. 记忆的基本过程 记忆是一个复杂的心理过程，包括识记、保持、再认和回忆三个基本环节。

（1）识记 识记是把所需信息输入头脑的过程，即识别和记住事物的过程。这是记忆的初始环节，对记忆效果的好坏有重要影响。根据识记时有无明确的目的，可以将识记分为无意识记和有意识记。

1）无意识记：是指无自觉的识记目的，也不需要意志努力而进行的识记。个体在不同环境熏陶下，养成的生活习惯，积累的生活经验，多来自无意识记。

2）有意识记：是指有明确的识记目的，运用一定有助于识记的方法，需要做出意志努力的识记。例如，上课认真听讲，记住老师讲述的内容，就属于有意识记。有意识记的效果优于无意识记。

（2）保持 保持是指信息在头脑中储存和巩固的过程，即是把知识经验储存在头脑中。保持是记忆过程的中心环节，是实现回忆的重要保证，没有保持就谈不上记忆。

（3）再认和回忆 再认和回忆是指人从头脑中提取信息的过程。再认和回忆是识记、保持的结果和表现，是记忆的最终目的。

1）再认：是指过去经历过的事物重新出现时能够识别出来。例如，认出多年未见的儿时伙伴，考试时做选择题、判断题等，都属于再认。

2）回忆：是指过去经历过的事物不在面前时，能够在头脑中把它再现出来的过程。例如，和老朋友一起回想往事，考试时做名词解释、问答题等都属于回忆。

4. 遗忘

（1）遗忘的概念 遗忘是指对识记过的事物不能再认和回忆，或者错误地再认和回忆。遗忘与保持是矛盾的两个方面，遗忘既有积极作用，又有消极作用，不需要记忆的东西遗忘，有利于保持大脑的清晰和记忆功能的良好状态，但遗忘同时会给人们的学习、生活带来很多困难。

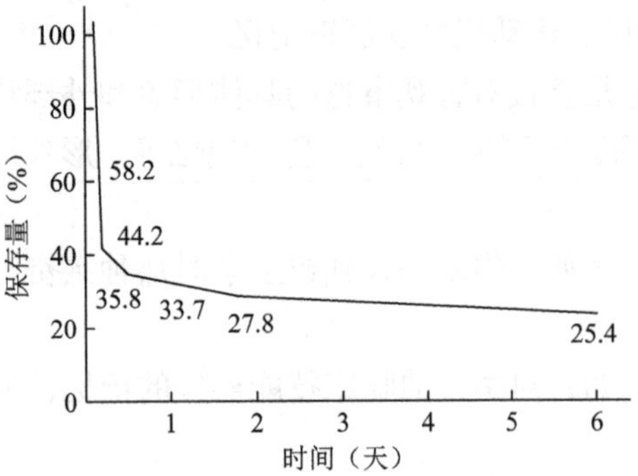

图 2-6 艾宾豪斯遗忘曲线

（2）遗忘的规律

1）遗忘与时间：德国心理学家艾宾豪斯对遗忘现象和时间的关系作了系统的研究，并总结出了遗忘曲线（图 2-6）。遗忘在学习之后立即开始，遗忘的过程最初进展得很快，以后逐渐缓慢。遗忘曲线所揭示的规律对于学习有重要的指导意义。学习新知识后要及时复习，趁记忆材料未被大量遗忘时进行巩固和强化记忆。

2）识记材料的性质与数量：一般认为，形象的、有意义的材料比抽象的、无意义的材料遗忘得慢；在学习程度相等的情况下，识记材料数量越多，忘得越快，材料少则遗忘较慢。

3）学习程度：学习程度是指学习过程中正确反应所能达到的程度。学习后的巩固水平超过其刚能背诵的程度称为过度学习。学习程度越高，遗忘越少，过度学习达 150%时保持效果最佳。

4）识记材料的序列位置：较长的识记材料，最后识记的部分最不容易遗忘，其次是最先识记的部分，遗忘最多的是中间部分。

5）识记者的态度：在人们的生活中不占重要地位的、不引起人们兴趣的、不是一个人需要的事情，容易出现遗忘。符合识记者需要、兴趣的材料则不容易遗忘。

5. 记忆的品质

（1）记忆的敏捷性　记忆的敏捷性是指记忆速度的快慢。一般以在单位时间内能记住或回忆多少事物为指标，是记忆的重要品质之一。记忆的速度快，便能在一定的时间内掌握更多的材料，学习更多的知识。有的人过目不忘，有的人则久难成诵，就是因为在记忆敏捷性方面存在差异。

（2）记忆的持久性　记忆的持久性是指记忆内容保持时间的长短。有了记忆的持久性，才会有知识的巩固。记忆保持的时间越长久，人们就越能充分运用以往积累的知识经验。

（3）记忆的准确性　记忆的准确性是指记忆内容是否准确无误。记忆准确的人，回忆起来的事物与原来识记过的材料完全相符，没有歪曲和遗漏，也没有减少或增多。准确性是记忆的最重要的品质，没有记忆的准确性，记忆的其他品质也就没有什么意义。

（4）记忆的准备性　记忆的准备性是指从记忆中提取所需知识速度快慢方面的特征。记忆的目的在于在实际需要时，能迅速、灵活地提取信息，回忆所需的内容加以应用。准备性强的人，记忆的知识处于活跃状态，能随时提取出来用以解决有关问题。例如，在知识竞赛中，虽然大家都掌握了回答某些问题的有关知识，但有的人反应很快，有的人反应很慢，这就是记忆准备性品质的差异。

四、思　　维

1. 思维的概念和特征

（1）思维的概念　思维是运用分析和综合、抽象和概括等智力操作对感觉信息的加工。以记忆中的知识为媒介，反映事物的本质和内部联系。在日常生活中，人们经常说到的“让我想一想”“请你考虑考虑”，这里的“想一想”和“考虑考虑”，指的就是思维活动。思维和感觉、知觉一样，都是人脑对客观事物的反映，但感觉、知觉是对客观事物直接的反映，它反映的是事物的个别属性、整体特征、表面现象及外部联系，属于认识活动的低级阶段。而思维是对客观事物间接和概括的反映，它反映的是事物的本质特征和内部联系，属于认识活动的高级阶段。

（2）思维的特征　思维具有间接性和概括性两个特征。

1）间接性：思维的间接性是指人能借助一定的媒介和一定的知识经验对客观事物进行间接的认识。例如，中医通过望、闻、问、切四诊法，来诊断疾病；西医则可以通过问诊、体格检查、辅助检查等诊断患者体内有无病变等。

2）概括性：思维的概括性是指在大量感性材料的基础上，把一类事物共同的特征和规律抽取出来，加以概括。例如，流感、乙肝、艾滋病等，我们把这一类具有传染性的疾病统称为传染病。

2. 思维的分类

（1）根据思维任务的性质、内容和解决问题的方法不同分类　可把思维分为动作思维、形象思维和抽象思维。

1）动作思维：是指通过实际操作解决直观而具体问题的思维形式。特点是思维和动作不可分离，离开了动作，思维也就中止。幼儿拆卸、组装玩具，就属于直观动作思维。在个体心理发展中，动作思维是3岁前幼儿主要的思维方式。成人有时也要运用动作思维来解决问题。例如，技术工人检修机器时，一边检查一边思考故障的原因。

2）形象思维：是指人们利用头脑中的事物的具体形象来解决问题的思维。3～6岁儿童的思维主要以形象思维为主，成年人解决问题时也常用到此类思维活动。例如，艺术家、作家经常运用形象思维进行艺术构思，塑造艺术形象或典型人物形象。

3）抽象思维：是指以概念、判断、推理等形式进行的思维。例如，学生学习各种科学知识，科学家进行某种推理、判断等，都要运用抽象思维。抽象思维的发展较晚，一般成长到青年期以后才具有较发达的抽象思维。

（2）根据思维探索问题答案的方向不同分类　可把思维分为聚合思维和发散思维。

1）聚合思维：是指把问题所提供的各种信息聚合起来，朝着同一个方向得出一个正确答案的思维。例如，医生根据患者的症状、体征及实验室检查的结果，对患者进行正确的诊断，就是一种聚合思维。

2）发散思维：是指根据已有信息，从不同角度、以不同的方式思考，寻求多种答案的一种开放性思维。例如，一词多组、一题多解，一种疾病有多种治疗方案等，都属于发散思维。

（3）根据思维的创新程度不同分类　可把思维分为常规思维和创造性思维。

1）常规思维：是指人们运用已获得的知识经验，按现成的方案和程序直接解决问题的思维。例如，学生运用已学的公式解决同一类型的问题，医生使用一种治疗方案治疗不同患者的同一种疾病等。

2）创造性思维：是指重新组织已有的知识经验，提出新的方案或程序，并创造出新的思维成果的思维活动。科学研究、发明创造、技术革新等创造性活动都是通过创造性思维实现的。

3. 思维的过程　人的思维活动是复杂的心理过程，思维的过程就是通过分析与综合、比较与分类、抽象与概括等对外界信息进行加工，通过概念、判断、推理等思维形式，揭示客观事物的本质特征和内部联系。

（1）分析与综合　分析与综合是思维活动最基本的过程。分析是指在头脑中把事物的整体分解成各个部分或各种属性的过程。例如，我们把植物分解为根、茎、叶、花、果实、种子进行认识，把一篇文章分解为若干段落加以理解等。而综合则是在头脑中将事物的各个部分、各种属性和特征结合起来，形成对事物的整体认识。例如，对一个学生德、智、体、美、劳进行综合评价等，都属于综合过程。

（2）比较与分类　比较是在头脑中把各种事物或现象加以对比，确定它们的异同及关系的过程。例如，多种疾病具有相似的临床表现，通过比较进行鉴别诊断等。分类是在头脑中根据事物或现象的异同，把它们区分为不同种类的思维过程。

（3）抽象与概括　抽象是在头脑中把同类事物或现象的共同的、本质的特征抽取出来，并舍弃个别的、非本质特征的思维过程。概括是将抽取出来的事物的共同的、本质的特征综合起来，推广运用到同类事物中去的过程。例如，数学公式、几何定理都是概括的结果。

4. 思维的品质　思维的品质是衡量一个人思维发展水平的重要指标，良好的思维品质主要表现在以下几个方面。

（1）思维的广阔性　思维的广阔性是指思维过程中善于把握事物之间的联系，全面而细致地思考问题、分析问题。与广阔性相反的是思维的狭隘性，表现为孤立片面地考虑问题，只见局部，不见整体，只见树木，不见森林。

（2）思维的深刻性　思维的深刻性是指在思维过程中善于通过表面现象抓住问题的本质。在感性材料的基础上，去粗取精、去伪存真，由此及彼、由表及里，进而抓住事物的本质与内在联系，认识事物的规律性。与深刻性相反的是思维的肤浅性，表现为思维过程缺乏逻辑性，思维结果空泛、肤浅，对事物的认识仅仅停留在表面现象和外部联系上。

（3）思维的灵活性　思维的灵活性是指善于根据客观条件的发展变化灵活机智地解决问题。在现实生活中，有的人遇事足智多谋、善于随机应变，而有的人机械呆板、墨守成规，就是思维灵活性方面的差异。

（4）思维的敏捷性　思维的敏捷性是指思维过程中能够迅速地发现问题和及时地解决问题。所谓“眉头一皱，计上心来”，就是思维敏捷的一种表现。与敏捷性相反的是思维的迟钝性，表现为遇事优柔寡断，犹豫不决、束手无策等，但思维的敏捷性并不意味着匆忙草率地下结论。

（5）思维的独立性　思维的独立性是指在思维过程中善于独立地分析问题和解决问题。与独立性相反的是思维的依赖性，表现为遇事盲从附和，解决问题时缺乏主见、人云亦云等。

（6）思维的批判性　思维的批判性是指在思维过程中善于客观地、正确地评价并修正自己与他人的思维成果。思维的批判性还体现在敢于冲破习惯思维的束缚，敢于打破常规思维，敢于另辟蹊径，独立思考，发现前所未有的东西。

五、想　　象

1. 想象的概念　想象是大脑中形成从未在客观世界感知到的表象或观念的过程。想象是在表象的基础上形成的，表象是指曾经感知过的事物在头脑中留下的形象，而想象是个体通过对已有表象加工改造，形成的新形象。这种新的形象可以是人们从未感知过的事物的形象，也可以是现实中并不存在的事物的形象。例如，《西游记》中孙悟空、猪八戒以及各种妖魔鬼怪的形象都是作家想象的产物。尽管这一类形象离奇古怪，有时甚至荒诞无稽，但它们仍来自现实，来自对人脑记忆表象的加工。

2. 想象的种类　根据产生想象有无预定目的分为无意想象和有意想象。

（1）无意想象　无意想象是指没有预定目的，不自觉产生的想象。例如，看到天上变幻莫测的云，把它想象成柔软的棉花、活动的羊群、起伏的山峦等事物形象，就是无意想象。梦是在睡眠状态下出现的一种想象活动，是无意想象的一种特殊形式。

（2）有意想象　有意想象是指有预定目的、自觉进行的想象。根据有意想象内容的新颖程度和形成方式的不同，有意想象又可分为再造想象、创造想象和幻想。

1）再造想象：是根据言语的描述或图形符号的示意，在人脑中形成相应事物的新形象的过程。例如，建筑工人根据建筑设计图纸想象出建筑物的形象；阅读诗词《沁园春·雪》时，在头脑中形成北国冬日的壮丽景象；学习时通过解剖挂图想象实体的情况等，都是再造想象。

2）创造想象：是根据一定的目的、任务，在人脑中独立地创造出新形象的过程。创造想象是一切创造性活动的必要环节，没有创造想象，创造活动就难以顺利完成。在科学发明、文艺创作、新产品设计时，人脑中构成的新形象都属于创造想象。

3）幻想：是创造想象的一种特殊形式，它是一种与人的生活愿望相结合并指向未来的想象。如果幻想以客观现实为依据，符合事物发展规律，经过努力可以实现，一般称为理想。例如，青少年想将来当科学家，想为人类多做贡献，这是符合社会发展规律的，且经个人努力能够实现的。如果幻想完全脱离客观现实的发展规律，不可能实现，一般称为空想。例如，有人幻想长生不老，到处寻找灵丹妙药，是不切实际的且永远不能实现的。

六、注 意

1. 注意的概念和特性 注意是心理活动对一定对象的指向和集中。注意具有指向性和集中性两个特性。

注意的指向性是指心理活动有选择地反映一定的对象，而离开或忽略其他对象。指向性表现出人的心理活动具有选择性。例如，学生在上课时，只关注老师的讲解和活动，而忽略周围环境中发出的声音。注意的集中性是指心理活动倾注于选择对象的稳定和深入程度。它使人的心理活动离开一切与注意对象无关的事物，而集中到注意对象上来，并对其他活动产生抑制性影响。例如，外科医生在做复杂的手术时，注意力高度集中在患者身上，与手术无关的人和物，都处于他的注意范围之外。

注意不是一种独立的心理过程，而是一种心理状态，是伴随着感觉、知觉、记忆、思维、想象等心理活动同时进行的，是各种心理过程共有的特性，并保证心理活动的正常进行。

2. 注意的种类 根据有无预定目的，以及是否需要意志努力，可把注意分为无意注意、有意注意、有意后注意三种。

（1）无意注意 无意注意是指没有预定目的，也不需要意志努力的注意。例如，正在教室里听课，突然有人推门进来，这时大家会不由自主地把视线朝向他，这种注意就是无意注意。

（2）有意注意 有意注意是指有预定的目的，需要一定意志努力的注意。例如，由于认识到学习的重要性，在学习中遇到困难或干扰时，通过意志努力使注意力保持在要学习的东西上，这种注意就是有意注意。

（3）有意后注意 有意后注意是指有预定的目的，但不需要意志努力的注意。有意后注意是在有意注意的基础上发展起来的。例如，在刚开始做某种工作时，由于对它不熟悉，困难较大，往往需要一定的努力才能把自己的注意保持在这种工作上。经过一段时间的努力，对这种工作熟悉了，有兴趣了，就可以不需要意志努力而继续保持注意，这时有意注意就转化为有意后注意。

3. 注意的品质

（1）注意的广度 注意的广度又称注意的范围，是指在同一时间内能清楚地把握的注意对象的数量。注意的广度在人们的实践活动中具有重要的意义，注意广度的大小决定着人们在同一时间内获取信息量的多少，直接影响到学习和工作效率。例如，在学习中，注意广度大，阅读速度就快，逐字逐句地读和“一目十行”地读，其速度差异是显而易见的。注意的广度与知觉对象的特点和个体的知识经验、活动任务、情绪与兴趣状态等有关。

（2）注意的稳定性 注意的稳定性是指注意在同一对象或活动上所能持续的时间。注意的稳定性是衡量注意品质的一个重要指标，它在人们的生活和工作中具有重要的意义。例如，学生在课堂上保持稳定的注意，才能有效地进行学习。注意的稳定性取决于事物的性质和主体的状态，丰富的内容、明确的目的任务、积极的态度、浓厚的兴趣等，都有利于注意的稳定。

（3）注意的分配 注意的分配是指在同一时间内把注意指向两种或两种以上的对象或活动上。所谓“眼观六路”“耳听八方”，指的就是注意的分配。事实证明，注意的分配是可行的，人们在生活中可以做到“一心二用”，甚至“一心多用”。例如，教师一边讲课，一边板书，一边观察学生的反应等。

注意的分配对完成复杂的工作任务具有重要的意义。实现注意的分配要满足两个条件：一是同时进行的几种活动中，至多只能有一种是不熟练的，其余的必须达到熟练和自动化的程度；二是同时进行的几种活动之间必须有内在联系。例如，演员边弹吉他、边唱歌、边跳舞，是在弹、唱、跳之间建立了内在联系的反应系统后，才能实现注意分配的。

（4）注意的转移 注意的转移是根据新的任务，主动地把注意从一个对象转移到另一个对象上。例如，在课程安排上，如果先上英语课，再上解剖课，学生就应根据学习任务的变化，及时把注意力从英语课转移到解剖课上。灵活而又正确地转移注意力是提高工作效率的基础，医护人员每天要接触大量的不同的患者，这就要求具有灵活转移注意的能力。一般来说，注意转移的快慢和难易，取决于原来注意的紧张度和引起注意转移的新事物的性质。原来的注意紧张度越高，新事物或新的活动越不符合引起注意的条件，转移注意就越困难。

第3节 情绪与情感过程

一、情绪与情感的概念

情绪与情感是与人的社会性需要相联系的主观体验。人们在认识客观事物的过程中，对客观事物常会产生好恶或肯定与否定的态度。例如，对美好事物的爱慕，对丑恶现象的憎恶，成功时的喜悦，失败时的痛苦等，就是情绪和情感的不同表现形式。

需要是情绪与情感产生的基础。人对客观事物采取什么样的态度，要以该事物是否满足人的需要为中介。与人的需要无关的事物，不会引起人的情绪或情感体验；凡是符合人的需要、满足人的需要的事物，会引起人积极的、肯定的情绪和情感；凡是不符合人的需要、妨碍需要满足的事物，会产生消极、否定的情绪与情感。例如，我们在生活中遇到知己会感到欣慰，无端遭到攻击会产生愤怒等。

情绪与情感是两个既有区别又有联系的概念。①从需要角度来看，情绪往往同生理性需要相联系，为人和动物所共有，而情感则是与社会性需要相联系，是人类所特有的较高级的体验；②从发生的角度来看，在个体情感发展过程中，情绪的发展在先，情感体验产生在后；③从反应的特点来看，情绪具有情境性、不稳定性和易变性的特点，而情感则具有稳定性、深刻性和持久性的特点；④从表现的特点来看，情绪具有较强的冲动性和明显的外部表现，而情感则常以内隐的形式存在，外在表现不明显。情绪和情感的区别是相对的，它们之间存在着密切的联系。稳定的情感是在情绪的基础上发展起来的，而且也要通过情绪的形式来表达。情绪也离不开情感，情绪的变化反映情感的深度，在情绪中蕴含着情感。

二、情绪与情感的功能

1. 适应功能　情绪与情感是个体生存、发展和适应环境的一种重要方式。婴儿出生时，还不具备独立生存的能力和言语沟通能力，这时主要依赖情绪来传递信息，成人也正是通过婴儿的情绪反应，及时为婴儿提供各种生活条件。在成人生活中，人们通过各种情绪、情感，了解自身或他人的处境与状况，适应社会的需要，求得更好的生存和发展。

2. 动机功能　情绪与情感是动机的源泉之一，是动机系统的一个基本成分。例如，部分患者就医的动机就源于对疾病的恐惧。适度的情绪兴奋，可使身心处于活动的最佳状态，能够激励人的活动，提高人的活动效率，进而推动人们有效地完成工作任务。

3. 组织功能　情绪与情感对其他心理活动具有组织的作用。这种作用表现为积极情绪与情感的协调、促进作用，消极情绪与情感的干扰、破坏作用。中等强度的积极的情绪和情感，有利于提高认识活动的效果。而消极的情绪与情感则会对操作效果产生负面影响。

4. 信号功能　情绪与情感在人与人间具有传递信息、沟通思想的功能。这种功能是通过情绪的外部表现，即表情来实现的。例如，在许多场合，人们能通过表情来传递信息，用微笑表示赞赏，用点头表示默认等。

三、情绪与情感的分类

（一）基本情绪

基本情绪有四种，即快乐、愤怒、恐惧和悲哀。

1. 快乐　快乐是指盼望的目标得以实现、紧张得以解除时产生的情绪体验。快乐的程度取决于愿望满足的程度和意外的程度。快乐可分为满意、愉快、欢乐、狂喜等。

2. 愤怒　愤怒是指所追求的目的受到阻碍，愿望无法实现时产生的情绪体验。愤怒的程度取决于外界干扰的大小和对其察觉的程度。愤怒可分为轻微的不满、生气、愠怒、大怒、暴怒等。

3. 恐惧　恐惧是指企图摆脱和逃避某种危险情景而又无能为力时产生的情绪体验。恐惧与缺乏处理可怕情景的能力有关。恐惧可分为惊讶、害怕、惊骇、恐怖等。

4. 悲哀　悲哀是指失去所盼望的事物，或理想和愿望破灭时产生的情绪体验。悲哀的程度取决于失去的事物对自己的重要性和价值。悲哀可分为遗憾、失望、难过、悲伤、哀痛等。

（二）情绪状态

情绪状态是指在特定时间内，情绪活动在强度、紧张性和持续性上的综合表现。

1. 心境　心境是一种微弱而持久的情绪状态，也就是我们平时所说的心情。心境具有弥漫性的特点，它不是关于某一事物的特定体验，而是以同样的态度体验对待一切事物，使人的一切活动都带有某种情绪色彩。例如，心情舒畅时，觉得一切都是美好的，干什么事情都兴致勃勃；当心情郁闷时，一切都黯然失色，干什么事情都无精打采，甚至会“见花落泪，对月伤怀”。心境持续的时间有很大差别，有时持续几小时，有时可能持续几周、几个月或更长时间。这主要依赖于引起心境的各种刺激的特点和个体的人格特点。心境产生的原因是多方面的，生活的逆顺，事业的成败，人际关系的好坏、身体健康状况，甚至天气、景色等自然环境的变化，都可能成为引起某种心境的原因。

心境对学习、工作、生活和身体健康都有很大的影响。积极乐观的心境，可以促进人的主观能动性的发挥，精神振奋，充满信心，提高活动效率，有益于身体健康；消极悲观的心境，会使人意志消沉，丧失信心和希望，降低活动效率，有害于心身健康。

2. 激情　激情是一种强烈的、短暂的、爆发式的情绪状态。激情通常是由对个人有重大意义的事件引起的。例如，取得重大成功之后的欣喜若狂，惨痛失败后的沮丧绝望、突如其来的危险所带来的异常恐惧等。

人处于激情状态时，常常伴随着生理变化和有明显的外部表现。例如，狂喜时的手舞足蹈，愤怒时的咬牙切齿，悔恨时的捶胸顿足，恐惧时的语无伦次等。激情状态下人往往出现“意识狭窄”现象，即认识活动的范围缩小，理智分析能力受到抑制，自我控制能力减弱，进而失去意志力对行为的控制，有一种情不自禁、身不由己的感受，甚至做出一些鲁莽的行为或动作。例如，一些青少年犯罪，就是在激情状态下，一时冲动，酿成大错。当然，激情也有积极的一面，激情可以成为激发人行动的巨大动力，增强人克服困难的勇气，以推动活动的顺利进行。

3. 应激　应激是由出乎意料的紧急情况所引起的高度紧张的情绪状态。在日常的生活中，有时会遇到突如其来的事件和意想不到的危险，它要求人们动员自己的全部力量，迅速做出选择，采取有效行动，以应对这些突发事件，这时产生的情绪状态就是应激。例如，飞行员、驾驶员突遇险情，人们遇到突然发生的水灾、火灾、地震等自然灾害，突然遭到歹徒的抢劫等，这些突发事件常常使人们的身心都处于高度紧张状态之中，并产生相应的反应，就是应激状态。

（三）情感的种类

情感是与人的社会性需要相联系的主观体验，是人类特有的心理现象之一。情感的种类繁多，渗透到人类社会生活的各个领域，人类较高级的社会性情感有道德感、美感、理智感。

1. 道德感　道德感是人们根据一定的道德标准去评价自己或他人的思想和言行时产生的情感体验。例如，当自己的思想、言行符合道德标准时，就会产生荣誉感、幸福感、自豪感等情感；反之，则会感到羞愧、内疚、自责、不安。当他人的思想、言行符合道德标准时，会产生崇敬、钦佩、赞赏等情感，反之，则会产生厌恶、鄙视、憎恨等情感。道德感是伴随着人们的道德认识而产生和发展的，它对人的道德行为起着巨大的推动、控制和调节作用。

2. 美感　美感是人们根据一定的审美标准评价事物时所产生的情感体验。美感是由现实生活中美的客观事物引起的，凡是符合人们美的需要的一切事物都能引起人的美感。例如，秀丽的桂林山水、苍茫的内蒙古草原、雄伟的万里长城，可以使人体验到大自然的美和人的创造之美；纯朴、善良、正直、诚实的品质和行为，可以使人体验到人性之美；美妙的音乐、精美的绘画等可以使人体验到艺术之美。人在感受美的同时，通常会产生一种愉快的体验，而且表现出对美的事物强烈的倾向性。所以，美感有时也能成为人的行为的推动力，沉醉其中，乐此不疲。美感是在社会生活实践中发展的，受社会历史条件的制约。不同的社会、不同的民族、不同阶级和阶层的人们，对美的评价标准不尽相同，对美的需要也不同，因而，对美的体验也各不相同。

3. 理智感　理智感是在智力活动中，认识和评价事物时所产生的情感体验。例如，人们在探索未知事物时表现出的兴趣、好奇心和求知欲，解决问题过程中出现的困惑、惊讶，问题得以解决时的幸福和喜悦，以及对真理的热爱、对科学的追求、对谬误和偏见的蔑视和憎恨等，都属于理智感。理智感体现着人对自己智力活动的过程与结果的态度，是人们学习科学知识、认识和掌握事物发展规律的一种重要动力。

四、情绪的外部表现

情绪和情感虽然是一种内部的主观体验，但在情绪和情感发生时，常常伴随着某些外部表现。这些可以观察到的行为特征，叫作表情。与人的情绪变化有关的表情主要有面部表情、身段表情和言语表情。

1. 面部表情　面部表情是以面部肌肉活动为主的一种情绪表达方式。例如，高兴时“眉飞色舞”，忧愁时“愁眉苦脸”，气愤时“怒目圆睁”，恐惧时“目瞪口呆”，憎恨时“咬牙切齿”，紧张时“张口结舌”等，整个面部肌肉的协调活动显示出人类丰富多彩的情绪状态。

2. 身段表情　身段表情是情绪在身体动作上的表现。人在不同的情绪状态下，身体姿势会发生不同的变化。例如，高兴时“手舞足蹈”，得意时“摇头晃脑”，悔恨时“捶胸顿足”，愤怒时“双拳紧握”，羞怯时“扭扭捏捏”，紧张时“手足无措”等。这些躯体和手、足的动作特征，可以真切地流露出一个人的内在情感。在身段表情中，手势是重要的表达形式。手势通常和语言一起使用，更富于表现力。手势也可以单独使用表达某种情绪，如鼓掌欢迎、招手示意等。

3. 言语表情　言语表情是情绪在言语的音调、速度和节奏等方面的表现。言语不仅是交流思想的工具，也是表达情绪信息的手段。例如，爽朗的笑声、痛苦的呻吟都表达了不同的情绪状态；喜悦时，语调高昂，语速较快；悲哀时，声音低沉，语速缓慢；愤怒时，说话大声严厉；平静时，语音平缓而沉着等。

表情是人际交往中信息传达、情感交流不可缺少的手段，也是了解他人主观心理状态的客观指标。借助表情，我们才能“察言观色”，在别人的举手投足间洞悉他的内心感受。

五、情绪与健康

情绪可以通过神经、内分泌及免疫系统的变化影响人的生理功能。祖国医学早已精辟地阐明了情绪与健康的关系，如“喜伤心”“怒伤肝”“思伤脾”“忧伤肺”“恐伤肾”。“笑一笑，十年少”“愁一愁，白了头”，也说明了情绪对健康的作用与影响。积极乐观的情绪，如高兴、愉快、快乐、满意等有利于人的心身健康；消极的情绪，如愤怒、焦虑、恐惧、抑郁等，常常会影响人正常的生理功能，严重时可导致心身疾病。

第4节　意 志 活 动

一、意志的概念

意志是指个体有选择性地在自己的活动中设置一定目的，并为达到该目的而自觉决定和组织自己的行为的心理过程。人在积极主动地反映客观现实的过程中，不仅接受内外刺激的作用，产生相应的认识和情绪情感，而且还会采取相应的行动反作用于客观世界。表现为在对客观事物认识的基础上，在头脑中确定行动的目的，根据目的来调节支配自己的行动，从而实现预定目的，这种心理活动就是意志。所以，意志是一种力量，没有这种力量，人很难达到预定的目的。受意志支配的行动叫意志行动。

二、意志的特征

（一）具有自觉的目的性

意志行动的目的性特征是人与动物的本质区别。人在从事活动之前，活动的结果已经作为行动的目的而存在于头脑之中，并且以这个目的来指导自己的行动。没有目的，就不会有意志行动。

（二）以随意运动为基础

人类的运动可分为随意和不随意两类。不随意运动是指那些不受意识支配的运动，如心脏跳动、胃肠蠕动、瞳孔反射等。随意运动是受主观意识支配的、有一定的目的的运动，如学习、劳动等。有了随意运动，人就可以根据目的去组织、支配和调节一系列的动作，组成复杂的行动，来实现预定目的。

（三）与克服困难相联系

人的意志行动是有自觉目的的行动，在目的确立和实现的过程中会遇到各种各样的困难，只有在克服困难的过程中，才能表现出一个人的意志力量，没有困难的行动不是意志行动。例如，走路对正常人来说是轻而易举的事情，没有明显困难，一般不认为它是意志行动；而对一个因病长期卧床正在康复的患者来说，每迈一步都要克服许多困难，这时练习走路就是一种意志行动。

三、意志的品质与培养

（一）意志品质

人在意志行动过程中表现出来的比较明确的、稳定的特点即意志品质。坚强的意志品质主要包括以下几个方面。

1. 自觉性　自觉性是指人在行动中具有明确的目的，并充分认识行动的社会意义，使自己的行动服从于社会要求的品质。具有自觉性的人，通常目的明确，立场坚定，在行动中充分发挥自己的主观能动性。同时，在行动中既不轻易接受外界影响而改变自己原来的决定，也不拒绝一切有益的意见和建议。与自觉性相反的特征是受暗示性和独断性。受暗示性是指容易接受别人的影响，盲目接受别人的思想和行为，轻易改变或放弃自己的决定。独断性则是固执己见，一意孤行，经常毫无理由地拒绝别人的意见、规劝或建议。

2. 果断性　果断性是指善于明辨是非，迅速而合理地作出决定，并实现决定的品质。具有果断性品质的人，善于审时度势，善于对问题情境作出正确的分析和判断，当机立断，及时行动。果断性在日常生活中具有重要意义。例如，医护人员的果断性，能使患者化险为夷，转危为安，及早康复。与果断性相反的意志品质是优柔寡断和草率决定。优柔寡断的人在采取决定和执行决定时顾虑重重、犹豫不决，往往导致错失良机；草率决定是指对事情缺乏深思熟虑，不充分考虑主客观条件，不考虑行动的后果，凭借一时冲动，冒失行事。

3. 坚韧性　坚韧性是指人在意志行动中坚持决定，以充沛的精力和顽强的毅力，百折不挠地克服一切困难，实现预定目的的品质。具有坚韧性的人善于抵制各种不符合行动目的的因素的干扰，目标专一，锲而不舍，有始有终。与坚韧性相反的意志品质是动摇和顽固执拗。动摇是指立志无常，见异思迁，遇到困难就灰心丧气，放弃对预定目标的追求，往往虎头蛇尾，半途而废。顽固执拗是对自己的行动缺乏正确的估计，常常固执己见，自以为是，我行我素。

4. 自制性　自制性是指人在行动中善于控制自己的情绪，约束自己言行的品质。自制性集中反映出意志的抑制职能。自制性强的人，善于控制自己的行为去执行所做出的决定，又善于控制自己的情绪冲动，克服盲目冲动的行为，遇事三思而后行。与自制性相反的是任性和怯懦。任性的人不能约束自己的言行，感情用事，为所欲为；怯懦的人胆小怕事，遇困难就惊慌失措、畏缩不前。

（二）意志品质的培养

良好意志品质的培养，应注意以下几个方面。

1. 树立远大的理想　远大的理想和坚定的信念是培养意志品质的前提条件，只有具备了远大的理想和坚定的信念，才能产生巨大的动力，才能使自己的行动具有高度的自觉性，才能克服前进中的重重困难。

2. 激发积极的、愉快的情感　情感与意志是紧密联系的。积极的情感能鼓舞人的斗志，使人在行动中更有活力和激情地去克服困难；而消极的情感则会动摇和销蚀人的意志，使人萎靡不振，丧失斗志。

3. 参加实践活动　坚强的意志是在克服困难的实践活动中形成和发展起来的。“不经历风雨，怎能见彩虹？”人只有在实践活动中有意识地面对和克服困难，不断经历风雨的洗礼，在挫折和困难面前不退缩、不自卑，才能不断地在挫折中积累经验和磨炼意志。

4. 进行自我教育　意志的自我教育主要通过自我提醒、自我约束、自我反省，不断地鞭策和激励自己，并在不断克服困难、达到目的的过程中，使自己的意志品质得到发展。

第5节　人　　格

一、人格概述

（一）人格的概念

在现实生活中，我们会看到各种各样的人，如有人活泼开朗，有人多愁善感；有人冲动莽撞，有人谨小慎微；有人正直诚实，有人奸诈虚伪；有人谦虚好学，有人则骄傲自满等。这些心理差异都是人格差异的表现。人格是我们日常生活中经常使用的词汇，如“尊重他人的人格”“他的人格高尚”“他出卖自己的人格”……这些描述包含了人格的多重含义，有法律意义上的人格，有道德意义上的人格，也有文学意义上的人格。那么什么是心理学意义上的人格呢？

人格一词最初源于 persona，原意是希腊戏剧中演员戴的面具，面具随人物角色的不同而变换，表现角色的特点和人物特征，就如同我国戏剧中的脸谱一样。因此，面具是剧中人的行为方式和性格特征的标志。心理学用“面具”转意为“人格”，指一个人在人生舞台上扮演的角色及其独特的精神面貌。心理学家对人格的定义并不完全一致，综合各家的观点，可以将人格定义为：人格是指一个人整体的精神面貌，即具有一定倾向性的、稳定的心理特征的总和。人格由人格倾向性、人格心理特征和自我意识三部分构成。

（二）人格的特征

1. 人格的整体性　人格是人的整个心理面貌，是由多种成分结合而成的有机整体，这些成分不是孤立地存在着，也不是机械地联合在一起，而是错综复杂地相互作用、相互影响、相互依存，作为一个整体去影响人适应环境、改造环境的活动。例如，气质、性格、需要、动机、价值观、人生观、世界观等，他们紧密联系，综合成为具有内在一致性的品质。人的行为不仅是某个特定品质运作的结果，而且是与其他成分密切地联系和协调一致进行活动的结果。

2. 人格的稳定性　在一个人身上会表现出许许多多的心理特征，只有在行为中比较稳定、经常表现出来的心理倾向和心理特征才能表征他的人格。在行为中偶然发生的、一时的心理特征不能称为人格。俗话说“江山易改，禀性难移”，就形象地说明了人格的稳定性特征。

3. 人格的独特性　人格的独特性是指每个人的心理和行为都存在着差异，人与人之间没有完全相同的心理面貌。所谓“人心不同，各如其面”，正说明了人格是千差万别、千姿百态的，这就是人格的独特性。

4. 人格的社会性 人格是在先天遗传素质的基础上，在人类社会文化背景的影响下形成的。如果脱离了人类社会，或者没有受到社会环境的影响，沦落为“狼孩”“熊孩”，心理发展也就定格在动物的水平上，就不可能形成人格，或者不可能形成良好的人格特征。

（三）人格的形成与发展

一般认为，人格是在遗传与环境的交互作用下逐渐形成的。具体说来，主要有以下几个因素。

1. 生物遗传因素 人格的形成依赖于一定的自然基础，即遗传素质。遗传素质是指人们先天获得的解剖和生理的特性，特别是脑和神经系统特性，其中高级神经活动的类型是人格形成的重要前提条件。通常在智力、气质等这些与生物因素相关较大的人格特质上，遗传因素的作用较重要。

2. 后天环境的因素

（1）家庭环境因素 家庭是人格形成的启蒙地。家庭的经济、政治地位，父母的受教育水平、教育观点和方法，家庭成员间的关系，家庭的气氛，子女在家庭中的角色、家庭成员的行为方式等都从各方面影响人格形成。不同的教养方式对孩子的人格特征具有不同的影响。例如，采用民主型的教养方式，孩子容易形成活泼、直爽、自立、善于交往、思想活跃等积极的人格品质；而采用放纵型教养方式，孩子容易形成任性、自私、唯我独尊、蛮横无理、胡闹等人格特征。

（2）学校教育因素 学校是人格社会化的主要场所，教育对学生人格发展起关键性作用。教师对学生人格发展具有导向作用，而同伴群体对人格发展具有“弃恶扬善”的作用。

（3）社会文化因素 每个人都处在特定的社会文化环境中，文化对人格的影响是极为重要的。社会文化塑造了社会成员的人格特征，使其成员的人格结构朝着相似性的方向发展，这种相似性具有维系社会稳定的功能。

另外，个人独特的经历、自然物理因素（生态环境、气候条件、空间拥挤程度等）等也会对人格的形成和发展有一定的影响。

二、人格倾向性

人格倾向性是人行为活动的基本的动力，决定着人对现实的态度及认识活动对象的选择与趋向，包括需要、动机、兴趣、信念、世界观等。人在与周围事物的相互作用中，选择与舍弃什么、看重与轻视什么、趋向与回避什么、接受与拒绝什么等，都由人格倾向性所决定。

（一）需要

1. 需要的概念 需要是指有机体内部的一种不平衡状态。表现为有机体对内部环境或外部生活条件的稳定要求，并成为有机体活动的源泉。

需要是个体活动的基本动力，是个体行为活动积极性的源泉，常以意向、愿望、动机、抱负、兴趣、信念、价值观等形式表现出来。需要一旦被意识到，就会形成一种寻求满足的力量，驱使人朝着一定的对象去活动，以满足这种需要。

2. 需要的分类 人的需要是非常复杂的，对需要进行分类的方法也是多种多样的。

（1）根据需要的起源，可以把需要分为生物性需要和社会性需要 生物性需要是指与人维持生命和延续种族相联系的一些需要，如饮食、呼吸、睡眠、排泄、运动、休息、性等需要。社会性需要是人类在社会生活中形成的，为维护社会的存在和发展而产生的需要，如劳动、交往、成就、求知、道德等需要。

（2）根据需要对象的性质，可以把需要分为物质需要和精神需要 物质需要是指人对物质对象的需求。例如，对衣、食、住等有关物品的需要，对劳动工具、交通工具、娱乐工具的需要，对日常生活用品的需要等。精神需要是指人对社会精神生活及其产品的需求。例如，对文化科学知识的需要、对文艺作品的需要、欣赏美的需要、对交往的需要和对成就的需要等。人类正是由于有了这些精神需要，才促使人类去不断地探索和创造，从而使人类的社会生活丰富多彩。

3. 需要的层次理论　需要层次理论是由美国人本主义心理学家马斯洛提出的，他认为人的发展的一个最简单原则就是满足各层次的需要。他将人的需要按其发展顺序及层次高低分为以下五个层次（图 2-7）。

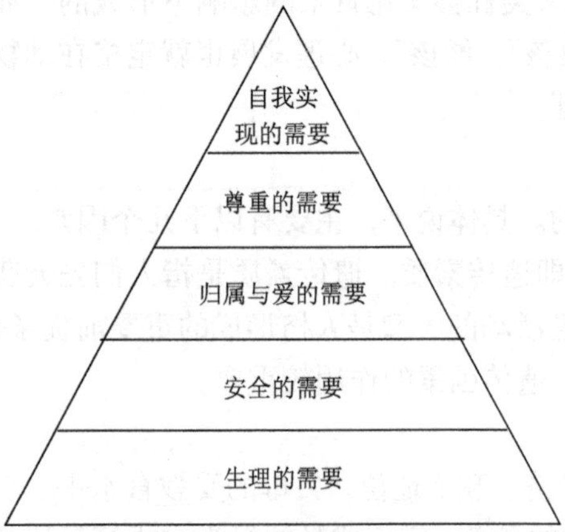

图 2-7　马斯洛需要层次模式

（1）生理的需要　这是人类最原始、最基本的需要，如对阳光、水、空气、食物、排泄、睡眠、求偶、疾病的治疗、性的需要等。这些是维持个体生存和生殖繁衍的基本需要。

（2）安全的需要　它表现为人们要求稳定、安全、受到保护、有秩序、能免除恐惧和焦虑等。例如，人们希望得到一份较安定的职业，愿意参加医疗保险，这些都表现了他们的安全需要。

（3）归属与爱的需要　一个人要求与其他人建立感情的联系或关系，如结交朋友、追求爱情、参加一个团体并在其中获得某种地位等，就是归属和爱的需要。

（4）尊重的需要　尊重的需要包括自尊和受到别人的尊重。自尊包括对获得信心、能力、本领、成就、独立和自由的愿望。来自他人的尊重包括威望、承认、接受、关心、地位、名誉和赏识等。

（5）自我实现的需要　自我实现的需要是发挥自己的才能和潜能，实现个人的理想和抱负的需要。这是最高层次的需要。

马斯洛认为，这五种需要都是人的最基本的需要，是与生俱来的，它们构成了不同的等级或水平，并成为激励和指引个体行为的力量。马斯洛认为，需要的层次越低，它的力量越强，潜力越大。在高级需要出现之前，必须先满足低级需要。只有在低级需要得到满足或部分得到满足以后，高级需要才有可能出现。

马斯洛的需要层次理论在临床实践方面有一定的指导意义。我们对患者首先考虑的是他们的生存和安全需要，所以要给予治疗，并注意必要的营养和护理，但我们也不可忽视他们对爱的需要、尊重的需要，甚至自我实现的需要。如果患者得到我们的爱护和尊重，他们就容易解除孤独、焦虑、忧愁、抑郁的情绪，产生信心和希望，有利于疾病的治疗和康复。马斯洛的需要层次理论，有其积极性的一面，但也有其局限性。它忽视了人的主观能动性、需要的社会制约性、各种需要之间的复杂联系等。例如，“不食嗟来之食”就是很好的例证。

（二）动机

1. 动机的概念　动机是由目标或对象引导、激发和维持个体活动的一种内在心理过程或内部动力。动机是在需要的基础上产生的，如果说需要是人活动的基本动力和源泉，那么动机就是需要的表现形式。

从动机与行为的关系上分析，动机具有三种功能：①激发功能，它具有发动行为的作用，能推动个体产生某种活动；②指向功能，它能使行为指向一定的目标和对象；③维持和调整功能，当动机激发个体的某种活动后，这种活动能否坚持下去，同样受动机的调节和支配。

2. 动机的分类

（1）根据动机的起源，可以把动机分为生理性动机和社会性动机　生理性动机起源于生理性需要，它是以有机体的生理需要为基础的，如饥饿、渴、睡眠、性、解除痛苦等动机。社会性动机起源于社会性需要，与人的社会性需要相联系，如劳动动机、认识动机、创造动机、交往动机、成就动机等。

（2）根据动机产生的原因，可以把动机分为外部动机和内部动机　外部动机是指人活动的动机是由外部事物的吸引力诱发出来的，内部动机是指人行为的动机出自本身的自我激发。例如，学生刻苦学习既可能是因为本身的求知欲、上进心等内部动机，也可能是因为得到表扬、避免惩罚等外部动机。

3. 动机冲突　现实生活中，由于人们有多种需要，于是就会形成多种动机。如果这些动机同时存在，但又不能同时满足，就会使人难以取舍，引起矛盾的心理状态，这就形成了动机冲突。动机冲突有三种基本形式。

（1）双趋冲突　两个同时出现的目标对个体具有相同的吸引力，并引起相同强度的动机，但由于条件的限制，二者必选其一，即造成了“鱼和熊掌不可兼得”的难于取舍的矛盾心理状态，称为双趋冲突。例如，周末的晚上既想看电视，又想看书。

（2）双避冲突　一个人同时遇到两个具有威胁性而都想躲避的情景，迫于环境和条件，他必须接受其中一个，避免另一个，这样就会产生“前怕狼，后怕虎”的左右为难的心理状态，称为双避冲突。例如，对一位必须在手术和药物治疗间做出选择的患者来说，他既恐惧手术的危险又担心药物的毒副作用。

（3）趋避冲突　趋避冲突是一个人对同一目的产生两种动机，一是好而趋之，另一是恶而避之。“想吃鱼又怕腥”，此种矛盾心理，即称为趋避冲突。

（三）兴趣

1. 兴趣的概念　兴趣是人力求探究某种事物并带有肯定情绪表现的一种认识倾向。表现为个体对客观事物抱有一种选择性态度和自觉的行动，并始终伴随着积极愉快的情绪。例如，一个学生对心理学有兴趣，他就会钻研心理学书籍，并乐在其中。

兴趣是在需要的基础上，通过社会实践形成和发展起来的。兴趣是带有积极情绪色彩的一种认识倾向，因而是人们从事活动的内在动力之一，他可以推动人积极地、满腔热忱地去从事社会实践活动，从而促使个体满足对客观事物的需要或实现自己的目标。

2. 兴趣的分类

（1）根据兴趣的内容，兴趣可以分为物质兴趣和精神兴趣　物质兴趣是由人对物质的需要而引起的，如人对住房、家具等的兴趣。精神兴趣是由精神需要而引起的兴趣，如人对科学技术、文化娱乐、社会交往等的兴趣。

（2）根据兴趣所指向的目标，兴趣可以分为直接兴趣和间接兴趣　直接兴趣是对活动过程本身的兴趣。例如，对学习过程本身的兴趣、对开汽车本身的兴趣等。间接兴趣是指对活动结果的兴趣。例如，对通过学习取得文凭的兴趣、对劳动后取得报酬的兴趣等。

3. 兴趣的品质

（1）兴趣的广泛性　兴趣的广泛性是指兴趣的范围大小。兴趣广泛的人，对许多事物和活动都兴致勃勃，乐于探究，从而大大丰富自己的知识，更容易在事业上取得成功。当然，良好的兴趣品质不仅应该是广泛的，而且在广泛兴趣基础上还要形成主导性的中心兴趣，一个人如果“样样都喜欢，样样都不专”，一无所长，就很难有所建树。兴趣既博又专，才有可能在某个方面取得突出的成就。

（2）兴趣的倾向性　兴趣的倾向性是指个体对什么发生兴趣。人们在兴趣的倾向性方面差异很大。例如，有人喜欢文学，有人喜欢艺术，有人喜欢体育。兴趣的倾向性在一定程度上反映出一个人的需要、素养、知识水平、信念和世界观。兴趣的倾向性有时直接关系到人的兴趣的性质问题，指向于个人生活享乐的兴趣是低级的兴趣，指向于为社会谋福利的兴趣则是高尚的，是应该提倡的。

（3）兴趣的稳定性　兴趣的稳定性是指个体兴趣的持续时间或稳定程度。在人的一生中兴趣必然会发生变化，但在一定时期内，保持基本兴趣的稳定性，则是个体的一种良好的心理品质。人有了稳定的兴趣，才能把工作持续地进行下去，从而把工作做好，取得创造性的成就。如果兴趣缺乏稳定性，朝三暮四，见异思迁，则在事业上很难获得成功。

（4）兴趣的效能性　兴趣的效能性是指兴趣对活动产生的效果。根据个体兴趣的效能水平，一般把兴趣分为有效的兴趣和无效的兴趣。有效的兴趣能够成为推动工作和学习的动力，把工作和学习引向深入，促进个体的发展。无效的兴趣不能产生实际效果，仅仅是一种向往。

三、人格心理特征

人格心理特征包括能力、气质和性格。它是人格中较为稳定的方面，体现了个体的独特心理活动和行为。

（一）能力

1. 能力的概念　能力是指人们成功地完成某种活动所必需的个性心理特征。有些因素虽然影响活动的顺利进行，如体力、耐力等，但它们不属于人格的组成部分，不能称为能力；有些虽然是心理特征，如急躁、稳重、勤奋、谦虚等，但它们不是顺利完成活动必不可少的条件，不直接影响活动效率，因此也不能称为能力。

能力与活动紧密联系着。一方面，人的能力在活动中形成、发展和表现出来；另一方面，从事某种活动又必须以一定的能力为前提。要顺利地完成某项活动，单凭一种能力是不够的，需要多种能力的结合。多种能力的有机结合，称为才能。而才能的高度发展称为天才。天才绝不是天生的，而是在正常的先天素质的基础上，通过后天环境、教育的影响，以及自己的主观努力而发展起来的。

2. 能力的分类　人的能力是多种多样的，可以按照不同的标准对能力进行分类。

（1）一般能力和特殊能力　能力按照它的倾向性可划分为一般能力和特殊能力。一般能力是顺利完成各种活动所必备的基本能力。例如，注意力、观察力、记忆力、思维力、想象力等，也就是通常所说的智力。特殊能力指从事某种专业活动所必需的能力。例如，画家的色彩鉴别力、形象记忆力；音乐家的区别旋律能力、音乐表象能力以及感受音乐节奏的能力等，均属于特殊能力。

（2）模仿能力和创造能力　按照活动中能力参与活动性质的不同，可以把能力分为模仿能力和创造能力。模仿能力是指通过观察别人的行为和活动来仿效他人的言行举止，然后以相同的方式做出反应的能力。例如，儿童模仿父母的说话、习字时的临摹等都属于模仿能力。创造能力是指个体不受成规的束缚而能够灵活运用知识经验，产生新思想，或发现和创造新事物的能力。

（3）认知能力、操作能力和社交能力　按照能力表现形态的不同可以把能力分为认知能力、操作能力和社交能力。认知能力是指个体接受、加工、储存和应用信息的能力，是个体顺利完成各种活动所必备的最基本、最主要的心理条件。对客观事物的观察、记忆、注意、思维和想象能力都属于认知能力。操作能力是指人操作自己的肢体以完成各项活动的能力，如劳动能力、艺术表演能力、体育运动能力、实验操作能力等。社交能力是在人们的社会交往活动中表现出来的能力，如组织管理能力、言语感染力、判别决策的能力、调解纠纷、处理意外事故的能力等。这种能力对组织团体，促进人际交往和信息沟通有重要作用。

3. 能力的个体差异　能力的发展及个体差异表现在质和量两个方面，质的差异表现为能力的类型差异，量的差异表现在能力发展的水平和表现早晚的差异。

（1）能力的类型差异　人的能力可以在知觉、表象、记忆、言语、思维等方面表现出具体类型的差异。例如，在记忆方面，有视觉记忆型、听觉记忆型、运动记忆型和混合型等能力类型差异。另外，不同的人往往采取不同的途径或不同的能力组合方式去完成同一种活动。这些都说明人们存在着能力类型的差异。

（2）能力发展水平的差异　能力发展水平的差异主要是指一般能力即智力发展水平上的差异。在全人口中，智力水平基本上呈正态分布：两头小，中间大，即智力水平极高的智力超常者和智力水平极低的智力低下者都是极少数，而绝大多数人的智力处于中间不同的层次水平。

（3）能力表现早晚差异　人的能力的充分表现有早有晚。有的人在儿童时期就显露出某一方面的卓越才华，这叫“人才早熟”。有的人在年老时才才华显露并取得成功，这叫“大器晚成”。

（二）气质

1. 气质的概念　气质是表现在心理活动的强度、速度、灵活性与指向性等方面的一种稳定的心理特征，即我们平时所说的脾气、秉性。

气质是个体心理活动的动力特征。气质包括心理过程的强度（如情绪体验的强度、意志努力的程度），心理过程的速度和稳定性（如知觉的速度、思维的灵活程度、注意力集中时间的长短），以及心理活动的指向性（如有人倾向于外部事物，有人倾向于内心世界）等方面的特点。这些特征为个体的心理和行为染上了一种独特的色彩。例如，有的人性情暴躁，容易发火；有的人遇事沉着，不动声色；有的人活泼好动，能说会道；有的人则多愁善感，胆小怕事。

2. 气质类型及生理学基础　古今中外许多学者对人类气质的差异及原因进行了探讨，提出了各种学说，其中影响最为久远的是体液学说，比较科学的是高级神经活动类型学说。

（1）体液学说　古希腊医生希波克拉底认为人体内有四种液体：黏液、黄胆汁、黑胆汁、血液，这四种体液在人体内以不同的比例混合，就形成了不同的气质类型。在体液中，血液占优势的为多血质，黏液占优势的为黏液质，黄胆汁占优势的为胆汁质，黑胆汁占优势的为抑郁质。希波克拉底用体液多少来解释气质的类型，人们在日常生活中确实能观察到这四种气质类型的典型代表。这四种气质类型的名称，为许多学者所采用，一直沿用至今。

1）胆汁质：这种人情绪体验强烈、爆发迅猛、平息快速，思维灵活但粗枝大叶，精力旺盛、争强好斗、勇敢果断，为人热情直率、朴实真诚、表里如一，行动敏捷、生气勃勃、刚毅顽强；但这种人遇事常欠思量，鲁莽冒失，易感情用事，刚愎自用。

2）多血质：这种人情感丰富、外露但不稳定，思维敏捷但不求甚解，活泼好动、热情大方、善于交往但交情浅薄，行动敏捷、适应力强；他们的弱点是缺乏耐心和毅力，稳定性差，见异思迁。

3）黏液质：这种人情绪平稳、表情平淡，思维灵活性略差，但考虑问题细致而周到，安静稳重，踏踏实实，沉默寡言，喜欢深思，自制力强，耐受力高，内刚外柔，交往适度，交情深厚；但这种人的行动主动性较差，缺乏生气，行动迟缓。

4）抑郁质：这种人情绪体验深刻、细腻持久，情绪抑郁、多愁善感，思维敏锐、想象丰富，不善交际、孤僻离群，踏实稳重、自制力强，但他们的行为举止缓慢，软弱胆小，优柔寡断。

（2）高级神经活动类型学说　巴甫洛夫用高级神经活动类型学说解释气质的生理基础。巴甫洛夫认为，高级神经活动的基本过程（即兴奋过程和抑制过程）是个体差异及其特点的基础，个体的所有活动都是在兴奋和抑制这两种神经过程协同活动的支配下进行的。决定气质特点的三个最主要的神经系统特征是：神经过程的强度、平衡性、灵活性。神经兴奋和抑制过程的三个基本特性的独特结合就形成了高级神经活动的四种基本类型，即兴奋型、活泼型、安静型和抑制型，它们与体液学说的气质类型有着对应的关系。两者的对应关系如表 2-1 所示。

表 2-1　高级神经活动类型与气质类型表

高级神经活动过程	高级神经活动类型	气质类型
强、不平衡	兴奋型	胆汁质
强、平衡、灵活	活泼型	多血质
强、平衡、不灵活	安静型	黏液质
弱	抑制型	抑郁质

高级神经活动类型是气质类型的生理基础，气质类型是高级神经活动类型的外在表现。高级神经活动类型学说为神经活动类型和气质类型的关系勾画了一个轮廓，对气质的实质作了科学的解释。

3. 气质的意义

（1）气质类型不决定人的智力水平和社会价值　从前面对气质类型特征的分析中，我们可以明显地看到，各种气质都有其积极特点和消极特点，气质类型本身并无好坏之分。再者，气质并不决定一个人的道德品质、智力水平和社会价值。任何一种气质类型的人都可以成为品德高尚、有益于社会的人，也可以成为道德败坏、有害于社会的人。气质不能决定一个人的成就，任何气质的人经过自己的努力都可能在不同实践领域中取得成就，也可能成为平庸无为的人。

（2）气质与职业选择　不同的职业对从业者的气质有不同的要求，因此在特定的条件下选择气质特征适合的人从事相应工作，可以提高工作效率，减少失误。一般来说，胆汁质、多血质的人较适合从事需要反应快捷、灵活性强的工作，黏液质、抑郁质的人较适合从事需要持久耐心、细致性的工作。

（3）气质与医患交往　不同气质类型患者显露出的个性特征，会直接影响到医患交往。例如，胆汁质的人容易冲动，要特别注意晓之以理、动之以情，稳定其情绪，防止冲动行为的发生。而抑郁质的人敏感多疑，要用积极的生活态度启发他们，从多方面对其多加关心，语言要谨慎，防止医源性的不良暗示。

（4）气质与身体健康　任何一种气质类型都有发展成不良心理的可能。孤僻、抑郁、情绪不稳定、过分性急、冲动等特征都不利于身体健康，而且是某种疾病的易感因素。例如，胆汁质的人易兴奋而不易抑制，生活中强刺激、过度紧张与劳累，会使他们的兴奋过程更强而抑制过程更弱，久而久之，容易出现神经衰弱、心血管疾病等。

（三）性格

1. 性格的概念　性格是指人较为稳定的态度和行为的特征。一个人的性格不仅表现在他做什么，而且表现在怎么做，做什么和怎么做就意味着人对事物的态度和行为方式。性格是人与人相互区别的主要心理特征，是人格的核心，是在后天社会环境中逐渐形成的，最能反映一个人的生活经历，体现一个人的本质属性。

2. 性格的特征　性格是由许多个别特征所组成的复杂心理结构，由于每个人性格特征组合的情况及表现形式不同，因而形成了千差万别的性格。性格的结构具有以下四个方面的特征。

（1）性格的态度特征　性格的态度特征是指人对客观现实的稳固态度方面所表现出来的个体差异，具体表现在以下三个方面：一是对社会、集体和他人的态度特征，如诚实、正直、虚伪、粗鲁、大公无私等；二是对学习、工作、劳动的态度特征，如认真、细致、勤劳、有创造精神等；三是对自己态度的性格特征，如自信或自卑、谦虚或自负等。

（2）性格的理智特征　性格的理智特征是指人表现在认识过程中的性格特征，主要指人在感知、记忆、想象、思维等认识过程中表现出来的认知特点和风格的个体差异，也称为性格的认知特征。例如，有的人感知敏锐、过目不忘、想象丰富，有的人则感知迟钝、缺乏想象、墨守成规。

（3）性格的情绪特征　性格的情绪特征是指人在情绪活动中的强度、稳定性和持久性以及主导心境等方面表现出来的特征。在情绪的强度方面，有的人情绪强烈，不易于控制；有的人情绪微弱，易于控制。在情绪的稳定性方面，有的人情绪波动性大，喜怒无常；有的人情绪则稳定，心平气和。在情绪的持久性方面，有的人情绪持续时间长，有的人则稍现即逝。在主导心境方面，有的人经常处于愉快的情绪状态，有的人则经常郁郁寡欢。

（4）性格的意志特征　性格的意志特征是指人自觉调节、控制自己行动的方式和水平方面的性格特征。例如，在行为目标明确程度方面，目的明确、独立性强或盲动蛮干、易受暗示等；在对行为自觉控制水平方面，主动、自制或被动、任性等；在面对紧急或困难情景时，镇定、果断、勇敢或优柔寡断、粗鲁、怯弱等；在经常和长期的工作中，坚忍不拔、持之以恒或半途而废、虎头蛇尾等。

3. 性格与气质　性格与气质彼此既有区别又有联系。

（1）性格与气质的区别　性格与气质的区别主要表现为以下两个方面：①气质主要是先天获得的，较难改变，也无好坏之分；而性格则主要是后天养成的，有可塑性，可以按照一定社会评价标准分为好的或坏的。②气质与性格彼此具有相对独立性，同种气质类型的人（如多血质）可以具有不同性格特点（如有的慷慨大方，有的吝啬尖刻），不同气质类型的人也可以有类似的性格特点。

（2）性格与气质的联系　①气质会影响个人性格的表现和形成，使各人的性格特征显示出各自独特的色彩。例如，具有勤劳性格特征的人，多血质的人表现为精神饱满、情绪充沛，黏液质的人表现为操作精细、埋头苦干。②气质影响性格形成和发展的速度。例如，黏液质的人比胆汁质的人更容易养成自制力。③性格可以在一定程度上掩盖和改造气质。例如，护理人员应具备沉着冷静的性格特征，在严格的职业训练活动中，这些性格的形成有可能掩盖和改造着胆汁质者易冲动的气质特征。

4. 性格类型　性格类型是指在一类人身上所共有的性格特征的独特结合。由于性格的复杂性，至今还没有一个统一的分类标准，也没有一个公认的性格类型学说。最常见的有如下几种分类。

（1）按心理活动倾向性分型　①外倾型：心理活动倾向于外部世界，对外部事物更为关心和感兴趣，情感外露、活泼、开朗、果断、独立、善于交际、不拘小节、遇事易轻率等；②内倾型：心理活动倾向于内部世界，一般表现为以自我为出发点，感情深藏不露、处事谨慎、深思熟虑、冷静沉着、反应缓慢、孤僻寡言、不善交际、较难适应环境。

（2）按心理过程的特点分型　①理智型：以理智来衡量一切并支配行动，处事冷静而善于思考；②情绪型：易于感情用事，其言行易受情绪支配，不善于冷静思考，但情绪体验深刻；③意志型：行为目标明确，积极主动，勇于克服困难，意志坚定，果断而自制。

（3）按个体活动的独立性程度分型　①独立型：有主见，善于独立思考，不易受外来因素的干扰，在困难面前能够镇定自若，有坚定的信念，能够独立地发现问题和解决问题；②顺从型：独立性差，易受暗示，常常是不加分析地接受别人的意见，在紧急情况下往往惊惶失措。

另外，根据心身疾病的易罹患性可将人的性格分为A型、B型、C型三种性格类型。

四、自我意识

（一）自我意识的概念

自我意识是指一个人对自己的认识和评价。平时我们常说，“我觉得我有点粗心大意”“我觉得我是个急性子的人”等，都属于自我意识。自我意识是人的意识活动的一种形式，也是人的心理区别于动物心理的一大特征。

自我意识在个体发展中具有十分重要的作用。自我意识是人的自觉性、自控力的前提，对自我教育有推动作用，它使人能不断地自我监督、自我修养、自我完善。

（二）自我意识的结构

自我意识是一个多维度、多层次的心理系统。

1. 从表现形式上分类　自我意识可以分为自我认识、自我体验和自我调控。

（1）自我认识　是一个人对自己的洞察和理解，是自我意识在认识上的表现。自我认识主要涉及“我是一个什么样的人？”“我为什么是这样的一个人？”等问题。对自己认识不当，评价过高或过低，都可能造成自己在人际关系方面的不适应。正确地认识自己，恰当地评价自己，是自我调控和人格完善的重要前提。

（2）自我体验　是一个人对自己怀有的情绪体验，是自我意识在情感上的表现。自我体验主要涉及“我是否满意自己”“我能否悦纳自己”等问题。自我体验可表现为自尊、自信、自满、自豪、自卑、自责、自怜、自我欣赏、自惭形秽等情绪状态。

（3）自我调控　是一个人对自己的思想、言行的调节和控制，是自我意识在意志上的表现。自我调控表现为个人对自己行为活动的调节、自己对待他人和自己态度的调节等。例如，“我怎样克制自己”“我如何改变自己的现状，使我成为自己理想中的人”等。

自我意识中的自我认识、自我体验和自我调控组成了自我监督和调节的自我监控系统，调节着个体的心理活动和行为。

2. 从心理内容上分类　自我意识可以分为生理自我、社会自我和心理自我。

（1）生理自我　是个体对自己生理状态的认识。例如，个体对自己的容貌、性别、身高、体重等的认识。

（2）社会自我　是个体对自己社会属性的认识。例如，个体对自己在各种社会关系中的角色、地位、权利、义务等的认识。

（3）心理自我　是个体对自己心理状态的认识。例如，个体对自己的情感、需要、能力、气质、性格等的认识。

不同的表现形式和不同的心理内容，构成了一个人不同于其他人的独特的自我意识。

自测题

一、选择题

A 型题

1. 下列关于心理的本质描述，准确的是
   A. 心理是对客观现实的能动的反映
   B. 心理是凭空而生的
   C. 心理是一种意识
   D. 没有客观现实，心理也可存在
   E. 世界上的所有物体都有心理活动
2. “入芝兰之室，久而不闻其香；入鲍鱼之肆，久而不闻其臭”，反映的是感觉的什么现象
   A. 感觉的适应　B. 感觉的对比
   C. 感觉的相互作用　D. 感觉后像
   E. 联觉
3. 下列不属于知觉的基本特征的是
   A. 知觉的选择性　B. 知觉的整体性
   C. 知觉的理解性　D. 知觉的恒常性
   E. 知觉的系统性
4. 下列不属于意志的品质的是
   A. 自觉性　B. 果断性
   C. 坚韧性　D. 自制性
   E. 随意性

X 型题

5. 人格的倾向性包括哪些方面
   A. 需要　B. 动机
   C. 兴趣　D. 信念
   E. 世界观
6. 下列哪些属于认识过程
   A. 感觉　B. 知觉
   C. 记忆　D. 思维
   E. 想象
7. 音乐治疗利用的是哪一种感觉现象
   A. 感觉的适应　B. 感觉的对比
   C. 感觉的相互作用　D. 感觉后像
   E. 联觉
8. 下列哪些属于人格的特征
   A. 人格的整体性　B. 人格的稳定性
   C. 人格的独特性　D. 人格的社会性
   E. 人格的复杂性
9. 应激的心理反应有哪些
   A. 认识反应　B. 情绪反应
   C. 行为反应　D. 防御反应
   E. 动作反应

二、简答题

1. 音乐治疗利用的是什么心理现象？
2. 什么是联觉，在临床康复中有什么应用？

（朱红华）

第3章 病残后的心理变化过程

第1节　病残后的心理阶段和心理防御机制

案例 3-1

刘某，男，27岁，因车祸导致右下肢膝关节以下截肢20天，在康复医学科进行治疗。近期患者表现为表情淡漠、少言寡语，常常是呆呆地长时间凝望着天花板，对一般事物的反应显得麻木，不愿配合医生参与康复治疗。

问题： 1. 该患者处于残疾后心理的哪一个阶段？

2. 患者的此种心理状况对康复治疗有何影响？

一、病残后的心理阶段

康复心理学认为，疾病、躯体残疾及心理行为三者之间有一定的联系，这三者之间的联系不是简单的因果关系，而是相互作用、相互影响的交叉因果关系。伤残改变了患者的生理、心理及社会状况，其心理问题表现是复杂而多样的。在躯体功能出现病残时，患者常常由于伤残的突然发生而毫无心理准备，一般经过无知期、震惊期、否认期、抑郁期、承认期和适应期六个阶段，患者可以逐渐接受病残的现实，并从生理、心理等方面去适应。

（一）无知期

无知期是指患者遭受创伤后，对自己的真实病情不了解、不知道，不关心具体治疗的细节，因而患者表现出来的异常情绪和行为与脊髓损伤或截瘫的程度无关的心理状态。此期持续时间从伤后至3个月不等，但对于一些认知水平低的人，如儿童和老年人，无知期持续的时间可能会更长。无知期是脊髓损伤患者伤后心理变化的第一个阶段，但并不是伤后的每个人在心理方面都经历此阶段。无知期的出现主要与患者本人的经历、医学知识的了解情况，以及家人和医护人员对病情的保密程度有关。

对于处于无知期的患者，治疗人员应与患者建立良好的关系，尽可能给患者留下良好的印象，取得他们的信任和认同。不必过早涉及真实病情，如果治疗过程中患者询问病情，医务人员应巧妙回答，必要时对患者的病情做出有条件的、积极的保证。此阶段并不急于要求患者面对实际受伤的事实，而是让他们有机会谈及心理上的困惑，充分释放心理上的压力，以缓解压抑的心理状况，以及紧张、焦虑和恐惧的情绪。应经常与患者的家属进行沟通，争取他们对心理工作的支持和理解，并指导他们如何与患者交往和沟通。

（二）震惊期

震惊期是患者听到或意识到自己伤病的严重程度后，在心理方面即刻出现的情感上的麻木或休克状态。这种心理状态主要由于此前患者对疾病的严重性毫无准备，当突然面对巨大打击时，心理上出现原始的应激反应，以回避现实的具体问题。震惊期一般出现在无知期之后，但对于那些具有一定的医学知识的患者来说，受伤后心理上即刻就可进入震惊期。震惊期一般持续几秒到数天的时间。

对于处于震惊期的患者，治疗人员应向其提供更多的关怀，用更关切和好友的语言与患者交流，使患者心理上获得更大的支持和安慰。治疗人员根据具体情况，收集一些对患者病情恢复有利的信息，让他们相信身体恢复仍有希望，以缓解患者对残疾的极度恐惧，使心理早日进入下一个阶段。

（三）否认期

否认期是指患者在经过震惊期之后，为避免心理出现更大的精神痛苦，很快对已经发生的事实，在心理上采取一种否认的态度。由于致残的打击来得如此凶猛和突然，大大超出了患者的心理承受能力，于是他们很自然地采取心理防卫，而对给自己带来心理创伤和打击的事实一概加以否认，就像没发生一样。此时患者并不认为自己已经残疾了，心理上也不感到十分痛苦。此阶段一般持续数周或数月的时间。

对于处于否认期的患者，治疗人员要尊重患者，认真倾听他们的想法，不要批判，不要把自己的意见强加给对方，避免与他们发生争执。应有计划、有策略地向患者渗透病情，使患者在不知不觉中，逐步接受自己的病情和残疾。治疗者要实事求是地宣传疾病的康复知识，强调康复对其病情的重要性和意义，劝导他们尽早接受康复治疗。

（四）抑郁期

抑郁期是指患者完全意识到自己病情的严重性和后果后，心理防线彻底瓦解，在心理方面出现消极情绪的反应阶段。随着时间一天天过去，病情未出现明显的进展，患者开始考虑将要面临的残疾及以后生活的问题，心理越来越紧张，焦虑、压抑情绪加重，对自己的生活彻底失去信心，当患者认识到自己所受的创伤造成长期或终身残疾时，抑郁反应就出现了。此阶段可持续数月或更长时间。

对于处于抑郁期的患者，治疗人员需要主动对患者进行心理干预，及时了解患者的心理状况，帮助患者尽早度过抑郁期。一些患者在抑郁的心理状态下，身体上的疼痛和家庭的矛盾都可能导致情绪上的剧烈变化而出现自杀行为。因此，预防自杀应是此阶段心理治疗的重点，心理治疗人员要根据患者的情况，及时与医生、护士和患者的家人沟通，加强对患者的保护。治疗者必须帮助患者积极面对残疾的现实，客观合理地评价面临的残疾问题，发现存在的价值和优势，增强患者生活的信心。对于中、重度程度的患者，在进行心理治疗的同时，临床上应配合一定的抗抑郁药协助治疗。

（五）承认期

承认期是指患者的抑郁情绪基本得到缓解，情绪已趋于稳定，日常行为也开始恢复正常，心理方面基本默认和接受自己的残疾。经过别人的劝导和周围环境的积极影响，患者逐渐认识到生存的价值，发现痛苦是没有用的，因而负性情绪逐渐消失和减轻，心理上不得不面对残疾的现实，并开始考虑今后生活的一些具体问题。

对于处于承认期的患者，要有意识地去发现患者在认知、情绪和行为等心理方面取得的积极的变化，并及时反馈给患者。当患者已经比较愿意讨论自己残疾和以后生活中面临的困难，希望有人对他提出建议时，可以帮助患者建立一个比较合理的认知模式，让他们学会应对各种问题的策略和方法。对于存在自卑心理、不愿出门的患者，要及时消除他们的自卑，帮助他们调整心理平衡，提高适应环境的能力。

（六）适应期

适应期是指患者经过上述几个阶段后，在心理上不仅能接受残疾，而且能很好地适应残疾，并以一种积极的心态对待回归家庭和社会，建立起新的社会适应性行为。经过家人和医生的帮助，以及患者的自我调整，患者逐渐发现自己的生存价值，认识到残疾并不可怕，心理上渐渐适应自己的残疾生活，愿意继续工作和重新参与社会生活。

对于处于适应期的患者，要帮助他们学习一些人际交往和应对特殊情况人际关系的技巧，以便更好地适应家庭和社会生活。治疗人员要帮助患者认识到参与社会的重要性，鼓励他们走出家门，尽可能出去工作或参与社会生活。

二、病残后的心理防御机制

心理防御机制是指个体处在挫折与冲突紧张情境时，内心自觉和不自觉地解脱烦恼和不安，以恢复情绪平衡与稳定的一种适应倾向。治疗人员可利用心理防御机制，帮助患者缓解心理压力。由于病残后心理变化的特殊性，其常常采用的心理防御机制如表3-1所示。

表3-1　病残后的心理防御机制

防御机制	说明
压抑	个体无意识地把不能接受的冲动、情感和记忆排除在意识之外的一种防御机制
退行	个体遭遇挫折或应激时，心理功能回到早期发展阶段，采用较为幼稚的方法应对的一种心理防御机制
否认	个体拒绝或不承认不能接受的想法、行为或事实的一种心理防御机制
投射	个体将自己不能接受的冲动、欲望或观念无意识地加于他人，认为系他人所有的一种自我防御机制
补偿	为弥补生理上或心理上存在的某种缺陷，或所追求的理想、目标受到挫折时，转而发展或从事其他活动予以替代，以减轻心理上的不适感
转移	个体将限于各种因素而不能释放的情绪反应转嫁给无辜的人或物，以发泄内心的不满
合理化	以个人能接受的理由来解释自己不符合社会价值标准的行为或未达到的目标
反向形成	受到压抑的动机或观念以相反的形式表现于有意识的精神生活中的一种自我防御机制
升华	将不为社会认可的冲动如性、愤怒、恐惧等，转化或提炼为社会认可的具有建设性的形式，是弗洛伊德精神分析中的一种防御机制
认同	在潜意识中个体力图等同于某一对象，甚至以他人自居

实际上，在现实生活中，心理防御机制普遍存在于每个人的心理活动中。遭遇病残的个体，为避免或减轻因这一应激事件而产生的痛苦，保持内心平衡，常有意或无意地用自己较能接受的方式，来解释和处理所遭遇的病残，以减轻内心的不安和烦恼，保持心情安宁，避免更大的精神或其他躯体疾病的发生。例如，在震惊期或否认期，患者多采用否认的心理防御机制。

第2节　影响康复者心理状况的主要因素

康复对象的心理状态除了与他们的个性密切相关，还受多种因素的影响。了解这些影响因素可以使医生更好地掌握患者的心理状况，及时有效地解决问题。

一、生 物 因 素

（一）康复者的年龄

儿童期发生病残将会不同程度地导致其个性、认知、情感及智能方面的发展受到阻碍，受社会环境和教育的影响较大。

青年期是人生中最重要的一个时期，这一阶段人们经历人生中的重大事件，是人生中最有特色、发展最为迅速的阶段。中年人是家庭和社会的中坚力量，担任多种社会角色，同时也是社会负担、心理压力最大的年龄阶段。因此青、中年时期一旦发生病残，他们的恋爱、婚姻、职业等都将受到较大的影响。

老年患者因生理功能处于衰退阶段，由于退休和社会职能的变化，以及家庭变故、生活困难等各种生活事件的影响，其病残后心理问题也具有特殊性。

（二）病残的类型与程度

患者所患疾病的类型、躯体病残的程度对于患者的心理状况影响很大。若是急性事件致残，由于突然发生、出乎意料，患者往往缺乏思想准备，难以接受和适应现实；而久病后出现的病残状态一般就容易适应。当然，病残对躯体功能、工作能力及社会功能影响的程度不同，也会引起不同的心理反应。有些病残的预后对患者心理状况的影响也需要重视。

（三）病残的病程

漫长的康复治疗过程是影响患者心理状况的重要因素之一，患者常常因此出现以下一些心理障碍。

1. 外向投射　一些患者面对自己不愿接受的现实时，将使自己遭受的挫折原因完全归咎于他人，认为是别人给其造成了困难和障碍，以此来减轻自己内心的不安。

2. 内向投射　与外向投射相反，多见于心理内倾者。这类患者对于自身过分指责，将原本指向外界的因素或情感归咎于自己，常自我压抑，感到自己给家庭及他人带来了负担，对疾病的康复失去信心，消极厌世。

3. 患者角色强化　在长期患病过程中，患者逐渐习惯于依赖他人的关心和照料，或因病可以解除某些责任或约束，患者原来的社会身份被患者角色所取代，以此获得的同情、关照则更强化了患者心理上对疾病的习惯化，患者角色成为康复巨大的障碍。

二、心理因素

1. 个性　个体对病残的认知、表达方式与个性类型有很大关系。一般来说，个性刚毅、勇敢者对现实情况耐受力强，往往默默忍受，反应平淡；而个性脆弱、敏感者耐受力差，反应也往往比较强烈。

2. 人生观和价值观　人生观与价值观支配着人的认识和言行，影响着人的精神面貌，使人们对各种事物的看法和态度不同，对自身病残的认识也不尽相同。有人因病残而心理崩溃，一蹶不振，变得自私自利或自暴自弃；而有人却不被病残和困难所压倒，变得更加坚强，干出一番事业。

3. 个人文化修养　个人文化修养不同，对待病残的理解也会不同。一般来说，文化程度较高的患者，对病残较能理解，能正确对待；而文化程度较低的患者则容易责怪他人。当然，也有些文化程度较高的患者对病残一知半解，会向病残人工作者提出不恰当的要求；有些文化程度较低者却认为只能如此，无所要求。

三、社会因素

社会因素指人们生活或工作的环境、条件、人际关系、角色、经济状况等。病残者在社会上承受着比其他人更大的压力，这些压力来自于经济、教育、伦理、习俗等各个方面，社会现实带来的压力是病残者产生心理障碍的重要因素。

自测题

选择题

A 型题

1. 遭受重大疾病或损失而致残的患者，有时会出现心理和行为倒退，过度依赖，行为表现幼稚，这是患者采用了哪种心理防御机制
   A. 退行　B. 合理化
   C. 否认　D. 压抑
   E. 反向形成
2. 残疾人的心理变化过程不包括
   A. 无知期　B. 震惊期
   C. 休克期　D. 否认期
   E. 适应期

X 型题

3. 对处于否认期的患者，治疗者应该采取以下哪些心理干预策略
   A. 治疗人员要尊重患者，认真倾听他们的想法，不要把自己的意见强加给对方，避免与他们发生争执
   B. 应有计划、有策略地向患者渗透病情，使患者在不知不觉中，逐步接受自己的病情和残疾
   C. 要实事求是地宣传疾病的康复知识，强调康复对其病情的重要性和意义，劝导他们尽早接受康复治疗
   D. 立即告诉患者病情的严重程度
   E. 力图劝说患者接受治疗者的意见
4. 影响康复者心理状况的因素包括下列哪些
   A. 康复者的年龄　B. 病残的类型和程度
   C. 病残的病程　D. 个性
   E. 人生观和价值观

（朱红华）

第4章 康复心理评估

第1节 康复心理评估概述

案例 4-1

某医院康复科的一名患者李女士，38 岁，因遭遇车祸导致截肢。目前已在骨科做完相应治疗，拟近期出院。由于反复出现失眠、烦躁、乏力、不愿意跟人交谈，对未来的生活很悲观，常一个人独自流泪，现转入心理康复科就诊。接诊医生在询问相关病史后，拟对患者进行进一步的康复心理评估。

问题： 1. 针对该患者，使用康复心理评估的目的是什么？

2. 针对该患者的康复心理评估，可以使用哪些方法？

一、康复心理评估的概念

评估是人们认识客观事物的一个重要手段。心理活动作为客观存在且又纷繁复杂的现象，也需要进行评估。心理评估是指应用观察法、访谈法和心理测验等心理学方法所获得的信息，对个体或群体某一心理现象做全面、系统和深入的客观描述。心理评估在心理学、医学、教育学、人力资源、军事司法等领域有广泛的应用，用于临床康复治疗时则称为康复心理评估。在康复治疗过程中，采用心理评估的理论和方法，对可能有心理问题或有心理障碍的个体做出心理方面的客观描述、筛查、判断和鉴别的过程，就是康复心理评估。由此我们可以看出康复心理评估是一个收集资料的过程，是一个有目的的过程，是用来为下一步康复干预提供支持的过程。

二、康复心理评估的应用

（一）筛查

用一些简单易行的测试工具对患者进行大范围、快速的测查，从而把伴随有潜在精神、心理行为问题的个体区别出来。

（二）诊断依据

心理评估可以为诊断各种心理障碍、精神疾病、脑功能障碍等提供科学依据，通过分析患者在临床中表现出的心理问题的性质、程度及主要原因，帮助了解患者的心理特点及潜在心理困扰，也可对心理康复的效果进行评价。

（三）心理康复

心理评估可以帮助康复工作者全面准确地了解各种残疾患者心理状况的特点和变化规律，明确与躯体损伤、疾病和残障相伴发的心理问题或心理障碍，探究与疾病相关的心理因素以及这些因素的作用途径，以便正确认识疾病并制订明确的康复计划，采取有针对性的措施对患者的损伤、疾病和残障问题进行心理干预，并及时评估实施效果，调整干预方案，以提高残疾患者的心理健康水平。

（四）科学研究

心理评估还可作为医务人员进行临床科学研究的方法。在临床工作的基础上，医务人员可以运用心理评估的方法，如采用观察法、会谈法了解某类患者的心理特点和心理需求，并采用心理测验法对患者的心理健康状况、智力状况、人格等进行进一步的定量分析研究，明确心理社会因素在患者疾病发生、发展及转归中的作用。此外，还可以借助心理评估的手段了解、关注医护群体的心理健康状况，为提高医患心理健康水平提供科学的依据和参考。

三、康复心理评估的方法

（一）观察法

观察法是指在自然或接近自然的条件下，观察者运用自己的感觉器官或借助一定的科学仪器能动地对被试者的心理特征或行为表现进行感知和描述，从而获得有关事实材料的方法。观察法是一种最基本的途径和方法。由于人的心理活动是通过其表情、动作、语言等外显行为来显现的，因此通过观察，观察者可以收集到丰富的资料，达到对被试者较全面的了解。例如，可以通过观察得到被试者每天出现某一特定行为的时间和频次。

（二）会谈法

会谈法是指评估者通过有目的的交谈来搜集被试者心理特征和行为表现资料的一种方法。会谈法也是收集评估资料的一种最基本的途径和方法。会谈法与观察法不同，采用观察法时评估者主要用眼睛看，而使用会谈法时评估者主要用口问，用耳朵听。

会谈的内容包括一般性资料收集、心理评估会谈和心理（精神）状况检查。

1. 一般性资料收集　一般性资料收集是会谈者与被会谈者接触初期进行的访谈。其目的是收集被会谈者一般人口学信息和基本病情资料。通常涉及以下问题，包括被会谈者基本情况（姓名、年龄、职业、文化水平、经济情况等）、婚姻及家庭情况（婚姻状况、家庭成员、家庭关系等）、出生成长情况（是否顺产、成长经历等）、近期情况（饮食睡眠、日常活动、是否容易疲劳、精神状况如何等）、生活习惯（起居是否规律，是否有吸烟、酗酒等癖好）、生活事件（近期是否有对自己影响较大的事件发生，如工作状况变化、家庭突然变故等）和社会支持（与家庭、同事、朋友之间的关系如何）等。

2. 心理评估会谈　心理评估会谈是在一般性资料会谈之后，为了进一步了解被会谈者的心理状况而进行的更加专业的会谈。它主要围绕病史采集、精神状况检查的内容和诊断需要的资料进行。通常涉及以下问题，包括您现在主要存在哪些问题和麻烦？请您描述一下这些问题最重要的方面。您的这些问题是什么时候开始出现的？这种问题大概多长时间出现一次？这些问题发生后变化么？多久变化一次？出现这些问题后还有其他方面的相继改变吗？

3. 心理（精神）状况检查　在一般性资料访谈和心理评估访谈之后，如有需要可以继续进行心理（精神）状况检查。检查应包括以下几个方面：时间和空间的定向力是否异常？会谈过程中的注意力、记忆力情况如何？有无幻觉、错觉等感知觉障碍？有无妄想等思维障碍？是否有明显的智力缺陷？会谈过程中情绪如何？行为方式是否异常？对自己目前的问题或疾病的自我判断力是否存在异常？

（三）调查法

调查法是当有些资料不可能从当事人那里获得时，就要从相关的人或材料那里得到的一种方法。因此，调查是一种间接的、迂回的方式。当然，有些资料即便可以从当事人那里获得，但可信度不够时，也需要再进行调查以便印证资料的可信程度。

根据调查的取向可分为历史调查和现状调查两类。历史调查主要是了解被试者过去的一些情况，如各种经历、表现、所获得的成绩或惩处、以往的个性、人际关系等。调查的方式一般侧重档案、书信、日记、各种证书、履历表以及与当事人有关的人和事等。现状调查主要围绕当前问题有关的内容进行，如在现实生活中的表现如何、适应能力的水平等，以与当事人关系亲密的人（如同学、同事、父母、亲友、老师、领导、兄弟姐妹等）为调查重点。调查方式除一般询问外，还可采用调查表（问卷）的形式进行。

（四）心理测验法

心理测验法是评估者依据心理学原理和技术，以客观的、标准化的程序对人的心理现象或行为进行数量化的测量和确定的一种技术。

四、康复心理评估的原则

人的心理现象非常复杂，评估结果容易受到评估过程主客观因素的影响，如房间的设施、外界的声音、被试者的心身情况等，都可能会影响评估的实施。为了使评估的结果客观准确，心理评估人员必须经过专门的培训，全面熟悉掌握所使用量表的内容和方法，在严格按照量表的程序实施操作之外，在评估过程中还应该注意遵守以下几项准则。

（一）评估的针对性

首先，在选择使用评估量表时，应根据评估目的选择合适的评估方法和工具。如评估目的是筛查是否存在精神发育迟滞，则应选择发育/智力测验和适应行为评定量表；如评估目的是了解儿童的气质类型，则应选择儿童气质问卷。其次，必须注意量表常模的适用范围，任何心理量表的常模不可能是每个人都适用的，只能代表一部分人，不同的人群有不同的常模。常模的形式有很多种，如年龄常模、性别常模、区域常模。最后，还应选择心理学品质高的量表。

（二）动态评估与静态评估相结合

在实际心理评估中，一般采用静态评估的方式，即通过测定评估对象已经掌握的知识和技能，从而了解其目前心理状况，通常只评估一次。近年来，动态评估越来越受到人们的关注。所谓动态评估，就是通过测定评估对象在评估者的提示、反馈、引导下其行为发生改变的情况，从而了解其学习潜能，需要以“评估—干预—再评估—再干预……”的方式，对其反复地进行评估和干预。在实际的评估中，最好把静态评估和动态评估结合起来。

（三）将评估与干预相结合

康复心理评估是手段而不是最终目的，因此，评估者不应该把眼睛只盯在评估的结果上，而应该通过评估深入了解对治疗及干预有指导意义的信息，把评估结果应用于干预上。只有将评估与干预结合起来，不断进行反馈矫正，才能提高干预质量。

（四）实施综合评价

在对研究对象的心理问题进行诊断和鉴别诊断时，要综合考虑心理测验、病史和精神检查的结果，由专业人员进行综合评价。

链接

国际功能、残疾和健康分类

国际功能、残疾和健康分类是世界卫生组织 2001 年制定的在医疗卫生领域应用的核心分类之一，该分类提出了一种功能、残疾和健康交互作用的功能、残疾和健康模式，并从身体功能和结构、活动和参与以及环境因素角度进行功能和残疾的分类，已经成为康复医学的基础。该分类为康复医学中的功能分类、评价和干预提供了标准。

第2节 心理测验

案例 4-2

某医院康复科的一名患者李女士，38岁，因遭遇车祸导致截肢。目前已在骨科做完相应治疗，拟近期出院。由于反复出现失眠、烦躁、乏力、不愿意跟人交谈，对未来的生活很悲观，常一个人独自流泪，现转入心理康复科就诊。接诊医生在确定康复心理评估的方案后，开具了若干项心理测验检查项目。

问题：1. 针对该患者，选择哪些类型的心理测验？

2. 在针对某一目的进行评估时，同种类型测验有若干种，如何进行选择？

一、心理测验的定义

心理测验是一种重要的心理评估方法，是指依据心理学原理和技术，以客观的、标准化的程序对人的心理现象或行为进行数量化的测量和确定的一种技术。心理测验的目的是确定个体心理现象在性质和程度上的差异。

与观察法和访谈法相比，心理测验具有客观性、间接性、相对性的特点。由于心理测验的刺激、反应量化，分数的转换与解释都经过了标准化处理，测验结果几乎不受施测者主观影响，所以其结果客观性比较高。由于多数心理特征无法直接测量，只能通过被测者对测量刺激的反应来判断，因此心理测验具有间接性。另外，大多数心理测验只能判断被测者某种心理特征在行为样本中的位置，没有绝对的判断标准，因此其结果具有相对性。

二、心理测验的分类

心理测验的数量繁多，种类不一，从不同的角度可以划分出不同的心理测验类型。现有心理测验已超过上千种，但归纳起来，大致有以下几种分类。

（一）按测验的方式分类

1. 个体测验　个体测验是指在一段时间内由一位主试对一位被测者施测，如一对一韦克斯勒智力测验。这种方法在临床比较常见。优点是对被测者的反应掌握得比较全面，测验过程控制性较强；缺点是对主试要求较高、费时、不经济。

2. 团体测验　团体测验是指在一段时间内由一位或几位主试同时对多位被测者施测，如雷文推理测验。优点是可以在短时间内获得大量信息，适用于群体心理研究；缺点是准确性和全面性方面与个体测验存在一定差距。

（二）按测验的目的分类

1. 能力测验　能力测验分为一般能力测验和特殊能力测验。一般能力测验即通常所指的智力测验，主要用于测量人的一般智力水平，如韦克斯勒智力量表、斯坦福-比奈智力量表等。特殊能力测验则主要用于测量人的特殊潜在能力，如测量个体的音乐、绘画等方面的特殊能力。

2. 人格测验　人格测验主要用于个体人格特征和病理人格特征的评估，如明尼苏达多相人格调查表。

3. 症状评定量表　症状评定量表是指对自己的主观感受和他人行为的客观观察进行量化描述的量表，最早始于精神科临床应用，以后推广到其他广泛的临床和研究领域。例如，症状自评量表、抑郁自评量表等。

4. 神经心理学测验　神经心理学测验是在现代心理测验基础上发展起来的用于脑功能评估的一类心理测验方法，是神经心理学研究脑与行为关系的一种重要方法，范围很广，包括感觉、知觉、运动、言语、注意、记忆和思维，涉及脑功能的各个方面。例如，霍尔斯特德-瑞坦神经心理成套测验，就是一种评价脑损伤和疾病的心理学测验工具。

5. 功能状态和生活质量评定量表 康复医学的目的就是最大限度地改善患者的功能状态和提高患者的生活质量，重点是患者日常活动能力、心理功能和社会功能的恢复以及对残疾现实的接受和适应。因此，功能状态和生活质量的评估是康复效果评价中的重要内容。

（三）按测验材料的性质分类

1. 文字测验 文字测验是以语言或文字作为测验材料，被测者用文字符号或语言做出反应。优点是使用方便、应用广泛；缺点是受被测者文化程度和文化背景限制明显。例如，症状自评量表等。

2. 非文字测验 非文字测验是以图画、工具、实物为测验材料，被测者用动作或手势做出反应。优点是不受文化程度和文化背景的限制。例如，雷文推理测验等。

（四）按测验材料的意义是否明确分类

1. 常规测验 测验材料意义明确，被测者的回答有一定的范围，测验有固定的评分标准和常模。优点是操作简便，结果易于比较；缺点是在涉及具有一定社会评价和道德标准的问题时，结果可能失真。例如，韦克斯勒智力量表等。

2. 投射测验 测验材料通常没有明确的意义，被测者的回答也没有严格的限制，评分没有特别固定的标准。优点是测验目的隐蔽，回答不易掩饰，结果比较真实；缺点是操作过程中对主试的要求较高，而且结果的分析受主试的经验和主观影响较大，不易进行比较。例如，罗夏测验、房树人测验等。

三、心理测验工具的要素

在心理评估和工作中一般都要使用测验。评估人员既可以使用别人已经编制好的测验，也可以自己编制测验进行测试。无论属于哪一种情况，了解测验的编制原理和方法都是很有必要的，因为只有了解了测验的编制原理和方法，在选择测验时，才能做到心中有数；在自己编制测验时，才能按照科学的原理和方法去做，从而保证测量结果的可靠性和有效性。一个有效的心理测量工具，必须在以下几个方面具有良好的品质，才能达到临床应用的目的和要求。

（一）信度

信度，又叫作可靠性，通常是指同一群被测者在同一个测验上多次测量结果的一致性。一个性能优良的测量工具必须是稳定、可靠的，也就是说，多次测量的结果要保持一致，否则不知道该信哪一次的测量结果。由于测量误差的来源不同，估计信度的方法也有多种，如再测信度、复本信度、分半信度、内部一致性、评定者信度等。

（二）效度

效度，又叫作准确性，是指一个测验能够测量到所要测量的心理特质的程度。这包含两层含义：首先，效度是与一定的测量目的有关，离开测量目的，效度无从谈起。例如，一个测量注意力有效的测验，用于测量记忆力就变得无效。其次，效度指的是某种程度，其取值范围在 0～1。效度系数越接近于 1，表明测验对所要测量的心理特质测得越准确。由于测量误差的来源不同，估计效度的方法也有多种，如内容效度、校标关联效度、构想效度等。

（三）常模

我们在施测完成后，按照标准答案对被测者的反应逐项地评分得到一个分数，这个分数就是原始分数。例如，我们对学生进行期末考试，一般都是使用原始分数表示测验结果，比如满分 100 分，按照分数高低划分为优秀、良好、中间、及格、不及格几个标准。这种方式最大的优点是简便易行，但存在一定局限性，如不同测验间的难度可能不同、满分高低可能不同，这就使得各种测验的原始分数不能直接进行比较及运算。

在测验标准化的过程中，有一个重要的环节即分数解释的标准化。所谓分数解释的标准化，就是按照统一的标准和方法来解释测验分数，这样，对同一个分数就能作出相同的解释和推论。分数解释的标准化一般包括常模群体的确定、常模量表的编制、常模量表的呈现等环节。

1. 常模团体的确定　常模团体是指具有某些重要特征的被测者群体，或者是该群体的一个样本。当被测者人数很少时，常模团体一般由全体被测者组成；当被测者人数比较多时，从被测者总体中抽取一个具有代表性的样本也可以建立一个常模团体。以全体被测者或者某个具有代表性的被测者群体在测验上的分数分布为依据建立起来的，有一定参照点和单位的数量连续体称为常模，有时也称为常模量表。有了常模，就可以将原始分数和常模做对照，转换为量表分数，就可以判断被测者所达到的水平。从总体中抽取一个样本作为常模团体可以采用简单随机抽样（总体全部样本每一个个体都编码，从中随机抽取 n 个作为样本）、等距抽样（总体全部样本编号，随机指定开始样本，然后按照一定的等差数列的间隔抽样）、分层随机抽样（先根据被测者的某些重要特征将总体划分成几部分，然后在各部分中进行简单随机抽样或者等距抽样即可获得一个标准化的常模团体）、整群抽样（不以个体为单位，采用整群为单位的抽样方法）。

2. 常模量表的编制　常模量表的制作方法有多种，大致可以分为百分等级量表、发展量表、标准分数量表、商数。

3. 常模量表的呈现　为了便于使用，常模量表通常用表格或图形来呈现。其中常模转换表（包括原始分数、导出分数等）和剖析图（将测验的分数用图表表示出来）是两种最常用的呈现常模资料的方法。

四、常用的心理测验

（一）智力测验

智力测验是用来测定个体知觉、注意、记忆、学习、计算、知识、动手操作等方面能力的标准化工具。可以是单个测验，也可以是成套测验，通常用智商来表示智力水平。智力测验在临床上用途很广泛，可用于智力发展水平的评估，也可作为诊断脑器质性损害及退行性病变的参考指标，还可用于预测学业成就、特殊教育或职业选择时的咨询参考。

智力测验的结果通常用智商来表示。智商是衡量个体智力发展水平的一种指标。根据计算方法的不同可以将智商分为两种。一种是比率智商，比率智商表示一个人在同龄人中的智力水平，又称年龄智商。计算公式为：智商=心理年龄/实际年龄×100。例如，一位 5 岁的儿童在测验中通过了 6 岁的测验项目，那么他的心理年龄（又称智力年龄）是 6 岁，实际年龄是 5 岁，经计算智商为 120。如果一个儿童的智力年龄和实际年龄相同，智商为 100，说明他的智力在同龄儿童中属于中等水平；如果智力年龄大于实际年龄，智商大于 100，说明智力水平要高于同龄的一般儿童；反之，如果智力年龄小于实际年龄，智商小于 100，说明智力水平要低于同龄的一般儿童。根据公式我们可以看到，比率智商是建立在智力水平与年龄成正比的基础上的，实际上智力发展到一定年龄后即呈稳定的平台状态，高龄者还会随着年龄增加而下降，所以，比率智商适用于 16 岁以下儿童。为了解决比率智商的这个问题，美国心理学家韦克斯勒提出了离差智商，它是指一个人的智力测验成绩与同年龄组被试平均水平比较后得出的相对分数。它以标准差为单位表示被试成绩偏离同年龄组平均成绩的距离，其计算公式为：智商=15×（被试测验的原始分－被试所在年龄组的均分）/被试所在年龄组的标准差+100。依据测验分数的常态分布情况，确定每个年龄组智商的均值为 100，标准差为 15。离差智商公式适用于任何年龄的被试，可清楚地表明在同龄人群中的智商位置，也可在不同年龄组之间进行比较。

百分等级是将某一常模团体的水平由低到高分成 100 个等级，每位被测者所在的等级数就是他的水平达到的百分等级，也就是常模团体中低于某个分数的人数百分比，或者样本超过了常模团体中的百分之多少的人。百分等级表明了个体在常模团体中的相对位置，百分等级越高，个体所处的位置越高。例如，某位被测者得了 90 分，经过换算，该分数对应的百分等级是 80，就表示在常模团体中，低于 90 分的人数占 80%，等于或者高于 90 分的人数占 20%。

在智力的评估中，最常用的是测验法。智力测验发展到今天，种类繁多。下面我们将介绍几个最有影响、最具代表性的智力测验。

1. 比奈智力量表　法国心理学家比奈和其助手西蒙在 1905 年联名发表了比奈-西蒙智力量表，1908 年和 1911 年又先后两次对该量表进行了修订。这个量表目前被公认为世界上第一个标准化的智力测验。在此基础上，又发展出来斯坦福-比奈智力量表、中国比奈测验等。

1905 年发表的比奈-西蒙智力量表共包括 30 道题，以言语材料为主，大部分内容与学校中的学习能力有关，如观察、记忆、理解、推理、比较、概括、语言能力等。题目按由易到难的顺序排列，根据通过题目的数量评估被测者的智力水平。虽然这个量表没有用年龄作为测量单位，但是它已具有年龄量表的雏形。

虽然和现在常用的智力测验相比，比奈-西蒙智力量表显得比较简单和粗糙，但是，这个量表中所包含的心理测量的思想，以及所遵循的测验编制原则和方法，为当代心理测量的发展打下了良好的基础。

2. 韦克斯勒智力量表　美国心理学家韦克斯勒发表了一系列韦克斯勒智力量表，如今这些量表已成为世界上应用范围最广的智力量表。韦克斯勒智力量表包括韦克斯勒成人智力量表、韦克斯勒儿童智力量表、韦克斯勒幼儿智力量表以及一系列修订本，下面主要介绍韦克斯勒成人智力量表和韦克斯勒儿童智力量表。

韦克斯勒成人智力量表第四版是目前我国修订引进的最新版本。测验包括了积木、类同、背数、计算、矩阵推理、词汇、符号检索、拼图、译码、常识等，涵盖了认知领域中的言语理解、知觉推理、工作记忆和加工速度四个重要指数维度。

韦克斯勒儿童智力量表第四版是目前我国修订引进的最新版本。分测验涵盖了言语理解指数、知觉推理指数、工作记忆指数、加工速度指数四种合成分数。言语理解指数包括了类同、词汇、理解、常识 4 个分测验，知觉推理指数包括了积木、图画概念、矩阵推理、填图 4 个分测验，工作记忆指数包括了背数、字母-数字排序、算数 3 个分测验，加工速度指数包括了译码、符号检索、划消 3 个分测验。

韦克斯勒智力量表操作程序比较复杂，全过程测查需要 1～3 小时，但因量表的分类较细，能较好反映一个人的智力全貌及各个侧面，且信度和效度较高，故被认为是较好的智力评定量表。

3. 雷文推理测验　雷文推理测验是由英国心理学家雷文编制的，可以测量和评估 5 岁半以上的各种智力发展水平的被测者。

雷文推理测验是由一系列图形组成的，分为 5 组，每组 12 道题，总共有 60 道题。整套测验包含两种题型，一种是题干为右下角被挖掉一块的大图形，选项为包括被挖掉的那一块在内的 6 个小图形；另一种是题干为缺少一个图形的图形矩阵，选项为包括所缺少的那个图形在内的 6～8 个小图形。测验时，被测者根据大图形或者图形矩阵的规律，从所提供的选项中选择出一个适当的图形填入大图形或图形矩阵的空缺中。

雷文推理测验优点很多。首先，它的施测和记分程序十分简便，分数也易于解释。其次，适用的年龄范围很宽，被测者可以是幼儿，也可以是老人。再次，测验对象不受文化、种族、语言以及是否有听力、语言、肢体障碍的限制。最后，它既可以团体施测，也可以个别施测。不过，该测验只适于用来做智力筛查，不适于对特殊儿童进行精确的诊断和分类，使用时应注意它的局限性。

4. 个别能力测验　对于组成智力的单元——个别能力的测验，可以采用智力测验，如韦克斯勒智力测验中的相关分测验，也可采用一些专用量表，临床上常用的有注意测验、记忆测验等。

注意测验一般多采用划消法，被测者在所给的无规律排列的数字或字母中划去指定的一个数字或字母，看其在规定的时间内划消的质与量，从而检测其注意的稳定性、灵活性及注意的分配等。

记忆测验常用的有韦克斯勒记忆量表（又称韦氏记忆量表）等。韦克斯勒记忆量表用于 7 岁以上儿童和成人。测试功能及项目包括长时记忆（个人经历、时间定向、空间记忆、数字顺序关系）、短时记忆（视觉再认、图片回忆、视觉再生、联想学习、触摸测验、理解记忆）和瞬时记忆（顺背数字、倒背数字）。要求用标准化的方法进行测试和记分，然后将原始分换成量表分，再由量表分换算成记忆商。韦克斯勒记忆量表的优点是在临床应用时，既可以用记忆商表示被测者的一般记忆情况，又可比较几种类型的记忆受损的情况，所以成为神经心理测验的一个常规检查方法，常用于神经科和老年疾病、精神疾病的临床诊断。

（二）人格测验

人格是一个人独特生活风格和适应模式的、根深蒂固的思维、认知、情感和行为模式，是体质因素、发育和社会经验的结果。每一种人格理论都假定这种个别差异的存在，并假定这些差异是可以测量的。测量人格的常见问卷有明尼苏达多相人格调查表、艾森克人格问卷、卡特尔 16 种人格因素问卷和罗夏测验等。

1. 明尼苏达多相人格调查表　明尼苏达多相人格调查表于 1940 年初编制而成，最初只作为一套对精神病有鉴别作用的辅助量表，后来发展为人格量表。自问世以来，该量表应用非常广泛。此量表主要用于病理心理研究，协助临床诊断，在精神医学、心身医学、行为医学、司法鉴定等领域应用十分广泛。

此量表共有 566 个自我陈述形式的题目，其中 1～399 题是与临床有关的，其余的题目与一些研究项目有关，通常在临床应用中只使用前 399 题。题目内容范围很广，包括身体各方面的情况、精神状态以及家庭、婚姻、宗教、政治、法律、社会等方面的态度和看法。被测者根据自己的实际情况对每个题目做“是”与“否”的回答，若的确不能判定则不作答。主要包括疑病、抑郁、癔症、心理病理性偏离、男性化-女性化、偏执、精神衰弱、精神分裂、轻躁狂、社会内向 10 个临床分量表。可根据被测者的回答情况进行量化分析，或做人格剖析图。测验的结果采用标准分 T 分进行分析，T 分可在剖析图上标出，一般某量表 T 分高于 70 则认为该量表存在所反映的精神病理症状，如抑郁量表 $T \geqslant 70$ 认为被测者存在抑郁症状。但在具体分析时应综合各量表 T 分高低情况来解释。

2. 艾森克人格问卷　艾森克人格问卷是由英国心理学家艾森克根据其人格三个维度的理论制定的，在国际上被广为应用。问卷为自评量表，实施方便，有时也可以作团体测验，是我国临床应用最为广泛的人格测验问卷。缺点是其条目较少，反映的信息量也相对较少，故反映的人格特征类型有限。

此问卷由三个人格维度量表和一个效度量表组成，主要包括神经质、内-外向、精神质、掩饰四个量表。结果采用标准分表示，根据各维度标准分高低判断人格倾向和特征，根据内-外向和神经质两个维度，进一步分出外向稳定、外向不稳定、内向稳定、内向不稳定四种人格特征，各型之间还有移行型。

3. 卡特尔 16 种人格因素问卷　卡特尔认为 16 个根源特质是构成人格的内在基础因素，测量这 16 个根源特质就可以知道一个人的人格特征。根据这个学说，他编制了卡特尔 16 项人格因素问卷，共有 187 个题目，16 个量表，每个量表都有两极，高分极为 8～10 分，低分极为 1～3 分。被测者根据指导语完成测验后，主测者按标准记分方法，算出各个量表的原始分，再将其转换成标准分，最后绘出 16 个因素的分布图，由此分析被测者的人格特征。卡特尔 16 种人格因素问卷可对人们多个侧面的特征进行评估。另外，它还有 8 个二级因素，可对其他方面的内容进行测试。所以卡特尔 16 种人格因素问卷对于人才选拔、职业咨询有一定价值，它还可以作为了解心理障碍的个性原因及心身疾病诊断的重要手段之一。16 个因素的名称及高低分者的人格特征见表 4-1。

表 4-1　卡特尔 16 种人格因素问卷的因素名称及特征简介

因素	名称	低分特征	高分特征
A	乐群性	缄默、孤独、冷淡	外向、热情、乐群
B	聪慧性	思维迟钝、学识浅	聪明、富有才识、善于抽象思考
C	稳定性	情绪激动、易烦恼	情绪稳定而成熟、能面对现实

续表

因素	名称	低分特征	高分特征
E	恃强性	谦逊、顺从、通融、恭顺	好强、固执、独立、积极
F	兴奋性	严肃、审慎、冷静、寡言	轻松兴奋、随遇而安
G	有恒性	苟且敷衍、坚持性差	有恒负责、做事尽责
H	敢为性	畏却退缩、缺乏自信心	冒险敢为、少有顾虑
I	敏感性	理智、注重现实	敏感、感情用事
L	怀疑性	信赖附和、易与人相处	怀疑、刚愎、固执己见
M	幻想性	现实、力求妥善合理	幻想、狂放任性
N	世故性	坦白、直率、天真	精明强干、世故
Q	忧虑性	安详、沉着、有自信心	忧虑抑郁、烦恼自扰
Q1	实验性	保守、尊重传统	自由的、批评激进、不拘泥于成规
Q2	独立性	依赖、随群附和	独立自强、当机立断
Q3	自律性	矛盾冲突、不顾大体	知己知彼、自律严谨
Q4	紧张性	心平气和、闲散宁静	紧张困扰、激动挣扎

4. 罗夏测验　罗夏测验为 1921 年瑞士精神病学家罗夏设计和发布，目的是进行临床诊断，对精神分裂症与其他精神病作出鉴别，也用于研究感知觉和想象能力。1940 年，罗夏测验才被作为人格测验在临床上得以应用。1990 年龚耀先完成了该测验修订工作，现已有我国正常人的常模。

罗夏测验是现代心理测验中最主要的投射测验，也是研究人格的一种重要方法。所谓投射测验，是指观察个体对一些模糊的或者无结构的材料所作的反应，通过被测者的想象而将其心理活动从内心深处暴露或投射出来的一种测验，用于了解被测者的人格特征和心理冲突。

罗夏测验材料由 10 张结构模糊的墨迹图组成，其中 5 张黑色墨迹图，2 张黑色加部分红色墨迹图，3 张彩色墨迹图。测试时将 10 张图片按顺序一张一张地交给被测者，要求被测者说出在图中看到了什么，不限时间、回答数目，尽可能多地说，直到被测者停止回答时换另一张，每张如此进行，该阶段称联想阶段。看完 10 张图后，再从头对每一回答进行询问，问被测者看到的是整张图还是图中的哪一部分，问为什么这些部分像他所说的内容，并将所指部位和回答的原因一一记录，该阶段称询问阶段。这两个阶段后进行分析和评分。

虽然罗夏测验结果主要反映个人人格特征，但也可反映对临床诊断和治疗有意义的精神病指标，如抑郁指数、精神分裂症指数、自杀指数、应对缺陷指数及强迫方式指数等，但这些病理指数都是经验性的。罗夏测验是一个颇有价值的测验，但记分和解释方法复杂，经验性成分多，实施起来有相当的难度。

（三）症状评定量表

症状评定量表是临床心理评估和研究的常用方法，包括反映心理健康状况的症状评定量表（如 90 项症状自评量表、抑郁自评量表、焦虑自评量表、汉密尔顿抑郁量表、汉密尔顿焦虑量表等）以及与心理应激、应对有关的评定量表（如生活质量量表、应对方式量表和社会支持量表等）。评定量表具有数量化、客观、可比较和简便易用等特点。下面主要介绍常用的三种症状评定量表。

1. 90 项症状自评量表　90 项症状自评量表包含 90 个反映常见心理症状的项目，包含较广泛的精神症状学内容，从感觉、情绪、思维、意识、行为到生活习惯、人际关系、饮食、睡眠，均有涉及。该量表具有容量大、反映症状丰富的特点，是目前临床应用最多的一种自评量表。共 90 个条目，涉及躯体化、强迫症状、人际关系敏感、抑郁、焦虑、敌对、恐怖、偏执、精神病性、附加量表等 10 个症状因子。可根据总分、阳性项目数、因子分等评分结果情况，判定是否有阳性症状，筛选阳性只能说明可能有问题，但不能说明一定患有精神障碍，需进一步检查。

2. 抑郁及相关问题的评定量表　抑郁或抑郁症既表示一组临床综合征，又作为一个具有特定诊断标准的精神障碍。抑郁及相关问题评定量表的编制尽量与临床表现及诊断标准相适应。大多数量表都以抑郁症状作为评定的首要内容，这一点与各种现行诊断标准是一致的。这些量表包括贝克抑郁问卷、汉密尔顿抑郁量表、抑郁自评量表、抑郁状态问卷、流调中心用抑郁量表、抑郁形容词检查表、抑郁体验问卷、认知偏差问卷、自动思维问卷、老年抑郁问卷、医院焦虑抑郁量表等。在本节中，以抑郁自评量表为例进行介绍。

抑郁自评量表（表 4-2）共有 20 个题目，分别列出了抑郁症状相关的问题，每个项目按症状出现的频度分为四级评分，其中 10 个为正向评分，10 个为反向评分。抑郁自评量表评估精神性情感症状、躯体性障碍、精神运动性障碍和抑郁的心理障碍 4 个方面。根据总分、标准分、抑郁严重程度指数等判断抑郁的程度和治疗前后的效果。按照中国常模结果，总粗分的正常上限为 41 分，分值越低状态越好。标准分为总粗分乘以 1.25 后所得的整数部分。标准分的分界值为 53 分，其中 53～62 分为轻度抑郁，63～72 分为中度抑郁，73 分以上为重度抑郁。抑郁严重程度=各条目累计分/80。结果：0.5 以下者为无抑郁；0.5～0.59 为轻微至轻度抑郁；0.6～0.69 为中至重度抑郁；0.7 及以上为重度抑郁。

表 4-2　抑郁自评量表

下面有 20 条文字，请仔细阅读每一条，把意思弄明白，然后根据您最近一星期的实际情况圈出适当的数字。

内容	没有或很少时间	小部分时间	相当多时间	大部分或全部时间
1. 我觉得闷闷不乐，情绪低沉	1	2	3	4
2. 我觉得一天之中早晨最好	1	2	3	4
3. 我一阵阵哭出来或觉得想哭	1	2	3	4
4. 我晚上睡眠不好	1	2	3	4
5. 我吃得跟平常一样多	1	2	3	4
6. 我与异性亲密接触时和以往一样感觉愉快	1	2	3	4
7. 我发觉我的体重在下降	1	2	3	4
8. 我有便秘的苦恼	1	2	3	4
9. 我心跳比平时快	1	2	3	4
10. 我无缘无故地感到疲乏	1	2	3	4
11. 我的头脑跟平常一样清楚	1	2	3	4
12. 我觉得经常做的事情并没有困难	1	2	3	4
13. 我觉得不安而平静不下来	1	2	3	4
14. 我对将来抱有希望	1	2	3	4
15. 我比平常容易生气激动	1	2	3	4
16. 我觉得作出决定是容易的	1	2	3	4
17. 我觉得自己是个有用的人，有人需要我	1	2	3	4
18. 我的生活过得很有意思	1	2	3	4
19. 我认为如果我死了别人会生活得好些	1	2	3	4
20. 平常感兴趣的事我仍然照样感兴趣	1	2	3	4

3. 焦虑及相关问题的评定量表　焦虑是个人对即将来临的、可能会造成的危险或威胁所产生的不愉快的复杂情绪状态，它涉及轻重不等但性质相同并相互过渡的一系列情绪，最轻的是不安和担心，其

次是害怕和惊慌，最重的是极端恐惧。表现形式上，它至少包括主观紧张不安的体验、行为的运动不安以及自主神经唤起症状。如果焦虑的程度恰当并主要针对某种特定的情境，可视为一种正常的反应，若为自由浮动的、泛化的，或程度过强，则称为一种异常或病理的状态。焦虑及相关问题的评定量表很多，如焦虑自评量表、汉密尔顿焦虑量表、状态-特质焦虑问卷、社交焦虑量表、社交回避及苦恼量表、惧怕否定评价量表、交往焦虑量表、交流恐惧自陈量表等。在本节中，以焦虑自评量表为例进行介绍。

焦虑自评量表（表 4-3）共有 20 个题目，分别列出了焦虑症状相关的问题，每个项目按症状出现的频度分为四级评分，其中 15 个正向评分，5 个反向评分。采用四级评分标准，“1”表示没有或很少时间有；“2”是小部分时间有；“3”是相当多时间有；“4”是绝大部分或全部时间都有。根据总分、标准分等反映焦虑的主观感受及其在治疗中的变化。按照中国常模结果，焦虑自评量表标准分的分界值为 50 分，其中 50～59 分为轻度焦虑，60～69 分为中度焦虑，69 分以上为重度焦虑。

表 4-3 焦虑自评量表

下面有 20 条文字，请仔细阅读每一条，把意思弄明白，然后根据您最近一星期的实际情况圈出适当的数字。

内容	没有或很少时间	小部分时间	相当多时间	绝大部分或全部时间
1. 我觉得比平时容易紧张或着急	1	2	3	4
2. 我无缘无故感到害怕	1	2	3	4
3. 我容易心里烦乱或感到惊恐	1	2	3	4
4. 我觉得我可能将要发疯	1	2	3	4
5. 我觉得一切都很好	1	2	3	4
6. 我手脚发抖打战	1	2	3	4
7. 我因为头疼、颈痛和背痛而苦恼	1	2	3	4
8. 我觉得容易衰弱和疲乏	1	2	3	4
9. 我觉得心平气和，并且容易安静坐着	1	2	3	4
10. 我觉得心跳得很快	1	2	3	4
11. 我因为一阵阵头晕而苦恼	1	2	3	4
12. 我有晕倒发作，或觉得要晕倒似的	1	2	3	4
13. 我吸气呼气都感到很容易	1	2	3	4
14. 我的手脚麻木和刺痛	1	2	3	4
15. 我因为胃痛和消化不良而苦恼	1	2	3	4
16. 我常常要小便	1	2	3	4
17. 我的手脚常常是干燥温暖的	1	2	3	4
18. 我脸红发热	1	2	3	4
19. 我容易入睡并且一夜睡得很好	1	2	3	4
20. 我做噩梦	1	2	3	4

（四）神经心理测验

神经心理测验是神经心理学研究的重要方法之一，用于人类脑功能的评估，包括感知觉、运动、言语、注意、记忆、思维等。按测验形式，在康复医学中，对颅脑损伤、脑瘫、偏瘫及一切引起脑损伤的疾病，可用神经心理学的方法了解脑损害的情况及残存的功能，以便制订康复计划，也可作为康复追踪的科学指标。神经心理评估有神经心理筛选测验和成套神经心理测验两种。前者只有一种项目形式，测量一种神经心理功能，常用于神经心理筛选，而后者有多种项目形式，能较全面地测量神经心理功能。

1. 神经心理筛选测验　该类测验用于筛查有无神经病学问题，并初步判断是器质性还是功能性问题，也决定患者是否需要进行更全面的神经心理功能和神经病原学检查。例如，简易智力状态检查、威斯康星卡片分类测验、本顿视觉保持测验、快速神经学甄别测验等。

2. 成套神经心理测验　成套神经心理测验一般含有多个分测验，每个分测验的形式不同，分别测量一种或多种神经心理功能，可以对神经心理功能作较全面的评估。成套神经心理测验种类较多，有世界卫生组织老年认知功能评价成套神经心理测验、霍尔斯特德-瑞坦神经心理成套测验、鲁利亚-内布拉斯加神经心理成套测验等。

自 测 题

一、选择题

A 型题

1. 一个测验能够测量到所要测量的心理特质的程度的指标是
   A. 信度　B. 效度
   C. 精确度　D. 灵敏度
   E. 标准度
2. 一个心理测验或量表的可靠程度称为
   A. 效度　B. 灵敏度
   C. 信度　D. 精确度
   E. 标准度
3. 一位心理学专家为了对一个3岁幼儿做心理评估，去孩子所在的幼儿园观看该儿童游戏中的表现，这种心理评估的方法是
   A. 现状调查法　B. 自由式会谈法
   C. 结构式会谈法　D. 观察法
   E. 心理测验法
4. 明尼苏达多相人格调查表共有几个临床分量表
   A. 4　B. 6
   C. 8　D. 10
   E. 12
5. 以下不属于智力测验的是
   A. 比奈智力量表
   B. 韦克斯勒儿童智力量表
   C. 雷文推理测验
   D. 明尼苏达多相人格调查表
   E. 韦克斯勒成人智力量表

X 型题

6. 康复心理评估的应用有哪些
   A. 筛查　B. 诊断依据
   C. 心理康复　D. 科学研究
   E. 选择干预方法
7. 心理测验按测验目的分类有
   A. 能力测验　B. 人格测验
   C. 症状评定量表　D. 个体测验
   E. 神经心理学测验

二、简答题

1. 简述心理测验的类型。
2. 简述心理评估的方法。

（杜巧新）

第5章 医患关系与康复心理

良好的医患关系对于促进患者的康复具有重要意义，在疾病的不同阶段需采用不同的医患关系模式。康复治疗过程中康复师与康复对象的关系是一种特殊的医患关系，康复师对康复对象的态度和方式很大程度上影响了康复对象治疗的积极性。康复师应了解康复对象在治疗过程中的常见心理问题，并采取针对性的康复策略。

第1节 医患关系及其影响因素

案例 5-1

某诊室外面排队的患者很多。一名患者突然闯进诊室，随即要求医生进行诊疗。医生问了患者名字后，头也不抬，直接说了一句："还没有轮到你呢，你怎么能加塞呢？"患者听后不悦，转身离开诊室，向医患办公室投诉该名医生服务态度差。同样的情形，另外一名医生则是面带微笑，用柔和的语气对患者说："我能理解您求医心切，想要赶快看病。但是咱们都是按照顺序叫号的。如果您特别着急，可以跟排在您前面的患者协商一下，看他们是否同意您先看，大家都相互理解一下。"

问题： 1. 对同一类事件，两名医生的处理方式和效果有什么不同？

2. 怎样构建和谐的医患关系？

医患关系是一种医疗情境中的人际关系，良好的医患关系对于构建医患同盟，双方共同面对病残，促进治疗方案正确和合理地使用，推动患者的康复具有重要意义。

一、医患关系的概念及其重要性

医患关系是医务人员与患者在医疗活动中产生的特定人际关系。医患关系有狭义和广义之分，狭义的医患关系是指医生与患者之间的关系，广义的医患关系是指以医生为中心的群体（包括医生、护士、医技人员、医疗行政和后勤人员等）与以患者为中心的群体（包括患者本人、患者的亲属、监护人、单位等）之间的关系。医患关系不仅是一种服务与被服务的关系，还是一种经济关系和法律关系。

和谐的医患关系是指医务人员与患者一方建立起的相互理解、相互信任、和睦融洽的关系，对于医疗活动的正常开展具有十分重要的意义。首先，和谐的医患关系有利于疾病的诊治。在相互信任的关系中，患者可为医务人员提供尽可能详细的病史资料，双方协商制订最佳治疗方案，患者正确理解和积极执行医务人员的医嘱，从而最大程度上促进患者的康复。其次，和谐的医患关系有利于避免医疗纠纷。医患之间良好的沟通促进双方在诊治方案上达成共识，避免双方由于理解的差异而引起误会。此外，对患者的尊重与关心是对患者的一种心理支持，同时也促使患者反过来尊重和理解医务人员，这都有利于矛盾和误会的化解，避免形成纠纷。

正确的医患交往是建立和谐医患关系的关键。医患交往可分为技术性交往和非技术性交往。技术性交往是指医务人员凭借自己的专业技术，对患者进行病史采集、检查、诊断和治疗时的沟通和交往，是医患交往最主要、最直接的形式。非技术性交往是指医务人员与患者之间情感、心理和思想上的交往，多体现在医疗服务态度方面，是医患交往最基本、最重要的方面。两者之间是相互影响、相互促进的关系。

医者仁心

全国道德模范张舜华

张舜华是“张一帖”世医第十三代传人张根桂之女。她从小就传承家学，在陪同父亲出诊时用心观察，认真对照家藏古籍医案悉心揣摩，终得父亲传授祖传医术，渐渐成为远近闻名的女大夫。她白天诊病，晚间在煤油灯下翻阅医典、总结病案，力求医术精益求精，其患者的治愈率日益增高。如果患者远道而来，她还经常留患者吃饭，端茶倒水不厌其烦。无论患者在何地，无论白天黑夜，张舜华都是随喊即到，一心赴救。就算半夜入睡了，遇到有患者请求出诊，张舜华也从来没有推辞。如今，白发苍苍的张舜华依然坚持为群众义诊，还将祖传秘方捐献给国家，拿出积蓄建设国医博物馆，弘扬中医文化。

二、医患关系模式和患者角色

（一）医患关系模式

根据医患双方在医疗过程中主动性的不同，医患关系模式可分为三种情况，分别适用于不同的医疗情境与疾病（表 5-1）。

1. 主动被动式　在这种模式下，医生处于主动地位，患者处于被动地位，该模式常见于手术、麻醉、重症监护等医疗活动。对于休克、昏迷或有严重精神疾病的患者，这种模式是合适的。该模式下患者就如同不能照顾自己的婴幼儿，医生就如同他们的父母。

2. 指导合作式　这是临床中最常见的医患关系模式，医生是权威或主角，对患者进行指导，患者是配角，配合完成医嘱。该模式常见于急性疾病或外科术后恢复期患者。

3. 共同参与式　医患双方地位是平等的，共同参与诊疗活动，患者的主观能动性得到了最大程度的发挥。这种模式适合于慢性疾病或康复期的患者。该模式在现今的医疗活动中地位日益重要。医务人员和患者在智力、受教育程度和一般经验方面的相似性越高，“共同参与”的可能性就越大、越适合。

在医疗过程中，医患关系模式并非固定不变，可随着患者的病情和医患双方的愿望需要而发生变化，从一种模式转换成另一种模式。例如，一个需要手术的患者，手术期间采用主动被动式，术后逐渐转为指导合作式，当患者进入康复期时，采取共同参与式对他更为有利。

表 5-1　萨斯和霍伦德医患关系模式

类型	医生地位	患者地位	适用范围	类似关系
主动被动式	有权为患者做什么	无权选择做什么	重症、急症、无意识者	父母与婴幼儿
指导合作式	告诉患者要做什么	被要求与医生合作	急性病有意识者	父母与青少年（子女）
共同参与式	帮助患者做什么	主动与医生成为合作伙伴	慢性病，有一定医学知识者	成人与成人

（二）患者角色

患者角色，又称患者身份，是指患有疾病的人为社会所期待的行为方式。患者角色具有一定的权利和义务，可概括为如下四点：①患者可从常规的社会角色中解脱出来，并根据疾病的性质和严重程度，相应减轻他平时承担的社会责任或工作；②患者对其陷入疾病状态没有责任，因为通常一个人对疾病本身无法控制；③生病不符合社会的愿望和利益，患者有义务力求痊愈，承担应有的责任和角色；④患者应该寻求可靠的治疗技术帮助，与医生、护士等合作，共同战胜疾病。由此可见，患者角色既有从常态社会职责中解脱出来的权利，又有积极求医以早日康复的义务。

患者角色认同过程是指患者对自己患者角色的认识和接受过程，一般要经历如下几个阶段：先是感受和怀疑，然后是求医与不安，再到治疗与认同和最后到康复与解脱阶段。有些患者对自己的患者角色不能很好地认同和适应，表现为五个方面。

1. 角色行为冲突　患者不愿放弃原来社会角色的权利和义务，导致两种或多种角色行为的冲突。患者可能会表现为拒绝休息治疗，感到焦虑不安、茫然、愤怒或悲伤。角色行为冲突可能会影响患者对治疗的依从性。

2. 角色行为缺如　患者根本不承认或不能意识到自己生病，不能向患者角色转化。这通常是由于患者采用了否认的心理防御机制，对自己的疾病采取视而不见的态度。这类患者不易与医护人员合作。

3. 角色行为减退　由于其他社会角色的需要，患者过早地放弃患者角色，去承担家庭、工作、社会等职责和义务。角色行为减退可能会影响患者康复的进程和效果。

4. 角色行为强化　随着疾病的好转，患者角色应逐渐向正常角色转化，恢复生活、工作、学习、社交等能力。但部分患者对自己的身体和能力缺乏自信，或者不愿放弃患者角色所带来的休息、被关注等获益，患者安于患者角色，甚至夸大自己的病情。这是患者采取退行机制来应对需要承担正常社会角色的焦虑和恐惧。

5. 角色行为异常　患者由于受到病痛的折磨，出现悲观、绝望等不良情绪，甚至出现心理行为异常，如对医务人员的攻击、自伤自杀等。

链接

遵医行为

遵医行为指个体在确诊患有疾病后，积极遵从医嘱，配合治疗的一系列行为。治疗效果不仅取决于医务人员的专业技术水平，也与患者的遵医行为密切相关。影响患者遵医行为的因素较多，主要的有医患关系不佳、患者治病信心不足、治疗方案不明、患者的主观意识过强等。

三、医患关系的影响因素

医患关系的影响因素主要来自医方和患方两个方面。

（一）医方因素

1. 医务人员的服务态度　医务人员若能以患者为中心，增强责任感和服务意识，不以掌握专业技术自居，尊重和理解患者，就能给患者留下良好的印象，拉近与患者的心理距离。相反，以冰冷的态度对待患者，对患者缺乏耐心和关怀，甚至盛气凌人，批评和指责患者，则会造成患者的疏远，甚至引发患者不满。

2. 医务人员的沟通技巧　很多医患纠纷和医疗事故都是由于医患之间缺乏沟通所致。医务人员要重视沟通，学习沟通，掌握良好的沟通技巧，增进医患之间的相互信任和理解，并把语言作为治疗和预防疾病的武器。医务人员应做一个耐心的倾听者、细心的观察者和敏锐的交谈者。

3. 医务人员的业务水平　医疗业务水平低下，诊治过程不规范，漏诊，误诊，治疗效果不理想，甚至发生差错事故，是导致医患矛盾的主要原因。因此，要避免医疗纠纷，就要严格执行各项规章制度，强化规范性治疗，不断提高医务人员的业务水平和责任心。

4. 医疗机构的就诊流程　医院的就诊服务流程包括咨询、挂号、检查化验、缴费、取药、治疗等一系列过程，是否方便高效，很大程度上决定了患者的就医体验和满意度。如果患者对于接受服务的满意度高，则能以一种轻松的心情看病，有助于改善医患关系，减少纠纷和矛盾。而一旦发生医患矛盾，相关部门的及时介入和处置，也有利于减轻事态的严重性，及时化解矛盾，重建良好的医患关系。

（二）患方因素

1. 患者的期望值过高　有些患者对治疗效果的期望值过高，同时缺乏基本的医学常识，不能理解和接受疗效不佳。实际上，有些疾病以目前的医学技术是无法治愈的。也有些患者情绪急躁，希望能药到病除，但是忽略了任何疾病的发生、发展和转归都需要一个过程，需要患者耐心等待。患者理想与现实之间的矛盾，容易导致其将责任归咎于医务人员，不能信任和理解医务人员。

2. 患者的经济压力　如果患者的经济条件欠佳，以超出自己承受能力的花费去治疗疾病，则往往承受着巨大的心理压力，一旦治疗效果欠佳，患方会因“人财两空”而迁怒于医方，向医方寻求赔偿。有的甚至引发暴力事件，双方都会利益受损。

3. 患者的维权意识　随着患者健康意识和维权意识的不断增强，患者对于就诊过程、治疗方案的选择、知情同意和治疗效果都可能会以一种检视的眼光来看待。当患者的权利受损时，就会向相关部门提出异议。问题处理不好，就会造成医患双方的关系紧张和对立。

4. 患者的人格特征　患者的人格特点对医患关系模式影响较大。例如，依赖心理强的患者愿意听从医生意见，医患模式多为主动被动式；内心容易冲突和纠结的患者对医生的意见优柔寡断，医患模式多为共同参与式；理智型的患者既有自己的主见和判断，又能尊重医生的建议，医患模式多为指导合作式或共同参与式；偏执型或者自恋型的患者坚持自己对于疾病和治疗的看法，难以接受医生的意见，在这种模式中，医务人员常常非常被动。

第 2 节　康复过程中的治疗关系

案例 5-2

丹丹，女，3 岁，被诊断为孤独症。她的口语能力很好，但是每当别人主动跟她打招呼时，她却没有回应，就像没有听到一样。跟小朋友在一起时，丹丹总是独自蹲在角落里玩。小朋友们会选择各式各样的玩具来玩，但是丹丹只喜欢拿一个白色的小飞机，嘴里还反复念叨：小飞机飞呀飞。给她拿来其他玩具，丹丹却不要。有时丹丹还会反复地转圈，如果阻止她，她就会发脾气。周围的人包括父母都觉得与丹丹很难交流。康复师则采取了不同的方式与丹丹相处，当丹丹玩小飞机时，康复师就加入她的游戏，和她一起玩。当丹丹转圈时，康复师也会像她一样转圈。慢慢地，丹丹接受了康复师，开始与康复师有短暂的目光和言语交流。

问题： 1. 康复师为什么能与丹丹有更好的交流？
2. 康复师与患者的关系和一般的医患关系有什么不同？

康复过程中的治疗关系不同于一般的医患关系。康复治疗往往具有训练时间长、经常伴有身体接触的特点，这种密切、特殊的治疗关系使患者的内心情感比其他患者体验更深，持续时间更长。另外，康复的过程覆盖了三种医患关系模式。早期医患关系多为主动被动式；康复后期医患关系为指导合作式；随着患者各种功能的恢复，医患关系往往转变为共同参与式。

一、康复师与患者的关系特点

（一）从康复师的角度

1. 尊重　尊重康复患者，首先，要从言语态度上对患者保持礼貌、热情和关怀。患者处于疾病状态，内心渴望更多的理解和关心。如果被冷漠对待，很容易失去对康复师的信任，训练的积极性也会下降。其次，在可能的情况下尽量满足患者的合理需求，包括治疗时间的安排、治疗方案的选择、康复师的匹配以及患者想要了解的自己的治疗进度等。最后，还要尊重患者独特的性格特点、生活习惯和思维方式等，不把自己的价值观和习惯强加于患者。只有这样，彼此之间才能建立起融洽的治疗关系，促进患者的康复。例如，康复治疗的时间原本是下午一点半，但患者多次因为午休而迟到，康复师并没有表示出不悦，而是在时间允许的情况下，主动与患者协商，将治疗时间调整到了两点，既保证了患者午休的需求，又避免了迟到。

2. 同理心　同理心是一种识别和理解他人的想法或感受的能力。康复师的同理心体现在四个方面：与患者换位思考、不轻易下结论、理解患者的情绪以及将同理心表达出来。例如，某位患者对康复感到无望而准备放弃，康复师可以说：“我知道您的身体有很多不适，康复的效果目前还不是很好，出现一些负面的情绪也是正常的。我能理解您的感受，但是您准备放弃康复的行为我认为是不可取的。”这样患者会觉得康复师真正懂得自己的感受，才更容易接受康复师的意见。同理心强的康复师善于发现患者情绪背后的需求，通过满足或者表达患者的需求而增强治疗关系。但需要注意的是，同理心不是同情心，不能单纯地认为患者是可怜的，从而给患者一种高高在上的感觉。

3. 保密　康复患者在生理、心理和社会功能上出现障碍，不仅会给患者带来不便，也有可能在社交、求职、婚恋等方面对患者不利。因此，患者经常不愿意把自己的病情及相关问题公开。另外，康复治疗有时还会涉及患者的一些隐私。为了取得患者的信任和配合，康复师应明确表示为患者保密而减轻其心理压力。不能将患者的具体材料公布于众，即使在学术交流或案例讨论中需要介绍患者的资料时，也应隐去其真实姓名。

（二）从患者角度

1. 信任　患者对康复师的信任是参与和完成康复的前提。这种信任不是治疗一开始就存在的，而是在交往中逐渐建立和发展起来的。患者对康复师的信任体现在：①愿意接受康复师的帮助；②主动向康复师诉说自己的病情和感受；③能够与康复师讨论治疗方案，共同决策并配合治疗；④对治疗保持耐心，给康复师认识疾病和调整治疗方案的时间。

2. 移情　移情是指患者把压抑在潜意识中的情绪内容（对某人的喜爱、憎恶等）转向康复师，把康复师当成发泄的对象。有着焦虑、抑郁或者愤怒体验的患者，更容易发生移情，将与自己接触较多的康复师或护理人员，当作自己生活中与父母、子女、配偶一样重要的人。移情对康复治疗既有促进作用，也有抑制作用。例如，一个脊髓损伤合并抑郁症的男孩，对于男性物理康复师表现出抗拒，因为男性物理康复师会让他联想到自己严厉的父亲。但是对于女性护理人员，则投射了对于母亲的依赖和爱，因此，能够听从护理人员的鼓励或要求。

3. 阻抗　随着治疗的深入，患者可能会出现无意识抵抗的现象，可能由依赖、听话、合作变成违拗和抗拒。他们会不遵从医嘱，在康复过程中不配合，消极被动。有些是患者退出了康复训练，还有一些是医生无奈之下宣布中断治疗。这种阻抗表面上是针对康复师的，实际是来自患者潜意识的内容。例如，患者对康复师有成见，可能是因为康复师的一些言语或做法让患者想起了其过往经历中某个不喜欢的人。患者退出治疗，也有可能是因为潜意识里害怕失败。

二、建立良好的治疗关系

1. 换位思考　换位思考是融洽人与人之间关系的润滑剂。康复师不仅要具备精湛的技术、良好的医德，还须具备较强的沟通能力。康复师要站在患者的角度看待问题，能从内心深处理解患者的痛苦，关心患者的需求，努力做到“以患者为中心”。

2. 共同决策　共同决策是指康复师运用专业知识，与患者充分讨论治疗方案、获益与损伤等各种可能的情况后，并考虑到患者的价值观、倾向性及处境，由双方共同参与做出的最适合患者康复的决策过程。该模式的关键特点是：①至少有康复师与患者双方参与；②双方共同分享信息；③双方均表达了治疗的倾向性；④双方最终就即将开展的治疗达成了一致。共同决策有利于患者在行为改变中承担更加积极的角色。

3. 避免医患角色冲突　在诊治过程中，康复师的专家角色与患者的求医角色之间可能会发生冲突，从而影响治疗关系。例如，患者希望康复师尽快告诉他们如何康复和预后，而康复师则需要在全面了解患者情况，与患者平等协商后再做决定，并在治疗过程中进一步弄清疾病的性质。有时则情况相反，患者希望平等地与康复师讨论病情，而康复师却可能居高临下对待患者，以“权威”自居。有时患者希望从情感上得到康复师的关心，但康复师却只是从医学角度去处理问题。因此，康复师应善于把握患者的内心期待，并具备沟通的技巧。

第3节　康复治疗中的心理问题

案例 5-3

王某，男，50岁，出租车司机。因左侧肢体功能障碍3个月住院。入院诊断：脑出血恢复期。王某在医院里同时接受物理治疗和作业治疗，治疗过程中常会出现疼痛的问题。物理康复师在处理疼痛问题上选择提前告知患者，并在出现疼痛时会适当地减少活动度，当患者感到适应后再增加活动度。作业康复师在训练前不会和患者说太多，在患者出现疼痛时也只是跟患者说需要坚持一下。后来患者拒绝接受作业治疗。

问题：1. 两名康复师的做法有何不同？

2. 康复治疗的同时如何兼顾患者的心理需求？

康复治疗主要包括物理治疗、作业治疗和言语治疗。康复师不仅要了解这些治疗手段在康复中的功能和作用，还要注意这些治疗对患者的心理影响以及治疗过程中患者的心理变化。针对患者的心理状况，制订合适的治疗计划。

一、失落感和躯体残疾

躯体残疾给患者带来某个功能的减退或丧失，不仅限制了其活动能力，给生活、工作等带来种种不便，还给患者带来巨大的精神压力，如担心工作丢失、家庭经济状况恶化、拖累亲人等。在这种情况下，患者容易产生强烈的失落感，夸大自己躯体功能丧失的程度，影响康复的积极性。也有一些患者采取了退行的心理防御机制，像孩子一样过分依赖照料者，康复的主动性不足。

康复师应向患者介绍科学、客观、正确的康复知识，纠正其不良认知；与患者公开讨论病残的程度和可以恢复的程度，明确康复目标；向患者讲述康复成功的案例，与之分析有利于恢复和不利于恢复的因素，激发患者康复训练的积极性；把病情相似的患者组成自助小组，使患者之间有机会相互交流康复经验。对严重情绪紊乱的患者可考虑使用抗抑郁、抗焦虑药物。

二、逃避和认同延迟

残疾发生后，患者原来正常的工作和生活被突然打破，同时要接受躯体的各种不适和疼痛，以及各种功能丧失，短期内难以适应。患者可能会把残疾和随后的康复治疗都看成是不良刺激或者惩罚，从而加以回避，不愿意参加康复治疗，这种现象称为认同延迟。患者可能拒绝康复治疗或总是迟到，或疗程不足就仓促离院。

一般情况下，患者的逃避行为经过一段时间会逐渐减少，康复师应分阶段布置康复任务，循序渐进地增加训练内容，并找出促进患者进行康复训练的积极因素予以强化，减少训练中的负性情绪，增强其治疗信心。遇到不良情绪和行为时，应给予适当的疏导，并动员家属积极参与到康复计划中来，以便推动康复训练的开展。

三、受挫感和目标过高

患者刚开始接受康复治疗时，通常抱有的期望值较高，很多患者希望自己的身体功能恢复到患病前的水平。随着时间的延续，特别是在快到六个月的时候，也就是康复黄金期快要结束的时候，患者的心理压力会越来越大，如果效果不佳或者距离自己的康复目标差距太大，患者可能会产生深深的受挫感，导致康复治疗的配合度下降。

康复师应在对患者预后评估的基础上，引导患者给自己设立乐观且可及的目标。在治疗过程中，注意培养患者的耐心和毅力，帮助其理解康复过程是个曲线前进的过程。引导其正确看待康复黄金期的概念，明白任何事情都不是绝对的，可以给患者讲述一些在黄金期之外康复成功的例子，激发患者的信心。在每一个康复阶段，尽可能让患者体验到一些成功或收获的感觉，从而鼓励其更加积极地参加康复训练。

链接

制定目标的 SMART 原则

制定目标的 SMART 原则：①目标必须是具体的（specific）；②目标必须是可以衡量的（measurable）；③目标是可达成的（attainable）；④目标必须和其他目标具有相关性（relevant）；⑤目标必须具有明确的截止期限（time-based）。

四、否认和忽视

躯体功能障碍的患者可能会采取否认的心理防御机制逃避心理上的痛苦，把不愉快的事情当作根本没有发生来获取心理上暂时的安慰。例如，一个糖尿病足的患者被告知需要截肢时，他觉得自己的病没有那么严重，拒绝这种治疗；术后截瘫的患者，拒绝面对自己已经瘫痪的事实，不配合康复治疗。脑功能障碍的患者和家属对于记忆、计算、颜色等认知训练可能存在忽视的心理，认为这些是训练儿童的，甚至认为是骗人的，导致不重视这些治疗，影响了患者脑功能的恢复。

自 测 题

一、选择题

A 型题

1. 指导合作式医患关系的特点为
   A. 医生为患者做治疗
   B. 医生告诉患者应该怎么做和做什么
   C. 医生积极协助患者自我治疗和康复
   D. 医生说什么都是对的
   E. 患者充分发挥自己的主观能动性
2. 共同参与式医患关系的特点为
   A. 医生有绝对的权威，患者无条件地配合医生
   B. 医生相对主动，患者相对被动
   C. 医生和患者共同商讨病情并决定治疗方案
   D. 患者的主动性大于医生的主动性
   E. 医生告诉患者应该怎么做和做什么

X 型题

3. 根据广义医患关系的概念，医患关系发生于下列何者之间
   A. 医生与患者之间
   B. 患者家属与挂号员之间
   C. 护士与患者之间
   D. 医生与护士之间
   E. 医生与患者家属之间
4. 患者角色认同过程需要经历哪几个阶段
   A. 感受和怀疑　　B. 求医与不安
   C. 治疗与认同　　D. 康复与解脱
   E. 犹豫与绝望
5. 康复师对待康复患者的方式正确的是
   A. 尊重患者
   B. 满足患者的合理需求
   C. 对患者的情况予以保密
   D. 与患者换位思考
   E. 对患者保持同理心

二、简答题

患者角色适应问题的表现类型有哪些？

（梁志锋　梁桂铭）

第6章 康复心理治疗技术

第1节 康复心理治疗概述

案例 6-1

李某，女，48岁。她挺过了乳腺癌五年的生存期，却总是心情低落、闷闷不乐。复诊时，王大夫发现了她的异样，在王大夫的耐心追问下，李女士终于敞开了心扉。"这五年虽然命是保住了，但每一天对我来说都是煎熬！"李女士对王大夫说。她的乳腺癌手术已将左乳全部切除，一看到自己的身体她就不禁会以泪洗面。术后，她不得不放弃了曾经最热爱的游泳运动，每次在家换衣服都要躲着丈夫，内心充满自卑。往日的快乐一去不复返，焦虑、抑郁情绪无时无刻不影响着她，她也不愿意与朋友交流，只能默默自己承受。

问题： 1. 目前患者的主要心理问题是什么？

2. 如何帮助患者处理她的心理问题？

一、心理治疗的概念

心理治疗是在治疗师与患者建立良好关系的基础上，由经过专业训练的治疗师运用心理治疗的有关理论和技术对来访者进行治疗的过程。目的是激发和调动来访者改善现状的动机和潜能，以消除或缓解来访者的心理问题与障碍，促进其人格的成熟和发展，达到治疗疾病、促进康复的目的。

心理治疗是康复治疗技术的重要组成部分。病、伤、残者尤其是残疾者，其在康复过程中的心理特点、规律与普通患者不同，因此在康复治疗时，应由心理治疗师等专业人员针对病、伤、残者的心理特点实施心理治疗，以保证病、伤、残者的身心全面康复。康复师也需要学习和掌握一定的康复心理治疗的知识与技能，了解病、伤、残者的心理特点，才能综合应用包括心理治疗在内的各种康复治疗技术，使患者的躯体功能和心理功能都得到最大限度的康复。

二、心理治疗产生疗效的共同要素

心理治疗以心理学理论为基础，不同的理论流派采用不用的心理治疗方法，在临床上均在不同程度上有助于患者问题的改善，探讨和研究其中起作用的共同要素成为心理治疗中的重要问题，不同的研究者提出了不同的理论观点。

（一）四要素说

美国心理学家弗兰克（Frank）（1978，1992）指出有效心理治疗有如下四个共同要素。

1. 与一位鼎力相助的人或团体保持一种密切的、有情感交流的信赖关系。

2. 治疗背景或设置，指与治疗和治疗者相联系的一些象征性、标志性的事物和情景，如布置有治疗者资格证明和其他体现治疗专业性的背景等。

3. 一套基本原理或概念构想，不论是什么，弗兰克认为，治疗者所持有的治疗原理必须能使双方都深信不疑，它能解释来访者症状的起因，并提供解除症状的程序。

4. 与基本原理相联系的具体方法，它们是能从基本原理或根据基本原理予以说明的，而且双方都相信这种方法能够使来访者恢复健康。

（二）六要素说

许又新（1993）提出心理咨询与治疗之所以有效和能够起到对来访者进行帮助的作用，发挥作用的共同因素主要包括以下几方面。

1. 矫正性情绪体验　不同的心理治疗都可以为患者提供这种情绪体验的条件。患者自身的焦虑、抑郁、自卑、沮丧等消极的情绪可能减轻，甚至在与治疗者交谈中会萌生新的希望和信心，感到轻松愉快，感到被理解、接纳和尊重。这种矫正性情绪体验是持久地逐渐深入起作用的因素。

2. 从事新的有效行为　启发、鼓励和支持患者从事新的有效行为，可以是公开的和直截了当的，包含明确的建议和具体的指导，也可以是含蓄的、间接的和暗示性的。患者病态、退化的社会功能逐渐恢复至基本正常的状态。标准的行为治疗技术主要着眼于患者的行为，如通过有计划、有步骤的自我训练，用面对现实的行为替代回避行为，矫正适应不良的行为。同样其他的心理治疗起效的关键因素也是患者开始从事新的有效行为。

3. 提供可供选择的生活态度　无论心理治疗采取什么样的治疗策略，提供可供患者选择的生活态度被公认为促进治疗性改变的一个共同因素。供患者选择的另一种生活态度，可以隐含在治疗者的言谈举止和职业态度之中，也可以明确地体现在治疗者与患者对问题的讨论之中。新的生活态度，可以影响和促进患者的改变。

4. 治疗者与患者的关系　良好的治疗关系是在心理治疗中经常被强调的一个共同因素。不管是把治疗关系看成一种媒介或手段，借助于它治疗技术得以发挥作用，还是把关系本身看作是起作用的治疗因素，各种心理治疗都意味着治疗者与患者之间建立和发展特殊的建设性关系。治疗者与患者的良好关系本身可以缓解甚至消除症状。同时，在患者亲自参与建立和发展这种关系的过程中，患者也就学到了如何与别人发展关系的实际知识和技术，同时也体验到了建设性关系对他的意义。显然，建设性关系使患者摆脱了孤立状态。

5. 随时准备接受社会影响　患者求助于心理治疗者，这本身就意味着准备接受社会影响。因此心理治疗者的首要任务之一，是培养患者随时准备接受社会影响的能力和自觉。当然，这跟与患者发展关系是密切联系的，是很难划分清楚的。但是，培养接受社会影响的能力和自觉，更多地要集中于关于人际关系问题的讨论，帮助患者弄清楚某些与患者最紧要的社会影响机制，如吸引、喜欢、爱、厌恶、憎恨、攻击等机制，如何处理从众、顺从、服从和保持独立自主性这类问题，等等。心理治疗主要是通过讨论患者的具体人际关系经历来促进患者的理解，给患者接受其他社会影响提供示范性经验。

6. 意识扩大性自我探索　患者的自我探索扩大，过去觉察不到的内在世界逐渐呈现，对自己的理解得以深入和提高。尽管需要治疗者的启发和帮助，但是治疗者不能代替患者思考，在这里，关键是患者的自我探索，逐渐深入地理解自己的情感和引起它的社会环境及有关观念之间的联系，摆脱无意识的自动化行为，取而代之以有意识的主动的行为。

三、心理治疗的原则

心理治疗是通过密切医患关系而进行的，必须始终保持医患关系处于良好状态中。为此，需遵循以下基本原则。

（一）接受性原则

对所有的患者，不论其年龄、性别、身份地位及心理疾病的轻重，治疗师应一视同仁，真诚接纳，耐心倾听，全面深入地了解患者的内心世界，找到其心理症结。治疗师理解、接纳的态度以及耐心倾听本身就具有治疗作用，会鼓励患者更深入地表达自己内在的情绪感受，缓解和释放情绪，促进心理治疗。

（二）支持性原则

治疗师通过言语和非言语信息为患者提供精神上的支持和鼓励，使其重新树立治愈疾病的信心。来求诊的患者极易因为身患疾病，出现沮丧、无助、焦虑等负面情绪，而导致丧失战胜疾病的信心和勇气。治疗师要树立专业知识上的权威，通过为患者全面介绍疾病知识和坚定、充满信心的态度，来帮助患者全面了解疾病，积极配合治疗。

（三）保证性原则

通过有的放矢、对症下“药”、精心医治，以解释患者的心理症结及痛苦，促进其人格健康发展、日臻成熟。在心理治疗的全过程中，应逐步对患者的身心症状、不良心理、社会因素和性格等心理缺陷的病理机制加以说明、解释和保证。

（四）综合性原则

治疗师进行心理治疗一定要遵循心理学规律，要以科学的心理学理论为指导。同时，任何疾病的产生往往是生物、心理、社会因素相互作用的结果，因此在心理治疗的过程中，治疗师要考虑多方面的因素，综合多种心理治疗技术方法和手段，必要情况下辅以药物治疗，促进疾病向良性转化，提高治疗的效果。

（五）保密性原则

心理治疗往往涉及患者的隐私，对患者的基本信息及治疗过程进行保密是治疗师所应遵循的基本职业道德，也是心理治疗的基本原则。治疗师不能公开讨论患者的情况，在教学和学术研究中引用患者的心理治疗案例需经患者同意，且要经过一定的修改，隐去相关具有辨识性的内容。如果治疗师发现患者有伤害自身和他人的严重危险，或不具备完全民事行为能力的未成年人等受到性侵犯或虐待，以及法律规定需要披露的其他情况，则属于保密例外。

链接

心理治疗师应当建立恰当的关系及界限意识

尊重服务对象（包括患者及其亲属），按照专业的伦理规范与服务对象建立职业关系，促进其成长和发展。应平等对待患者，不因患者的性别、民族、国籍、宗教信仰、价值观等因素歧视患者；应对自己的专业身份、所处的位置对患者可能产生的潜在影响有清楚的认识；应努力保持与患者之间客观的治疗关系，避免在治疗中出现双重关系，不得在治疗关系之外与服务对象建立其他关系，不得利用患者对自己的信任或依赖谋取私利。一旦治疗关系超越了专业的界限，应采取适当措施终止这一治疗关系。

四、适应证和禁忌证

（一）适应证

1. 综合性医院有关的患者　躯体疾病急性期的患者往往存在一定的焦虑、抑郁反应，有时需要在接受生理上紧急处置的同时，接受一定的心理治疗，如支持疗法、放松疗法等，以帮助患者认识疾病的性质，降低心理应激水平，调动患者的主观能动性来战胜疾病；慢性疾病的患者，由于长期处于病痛中，容易产生较多的心理问题，会使疾病症状复杂化，影响机体的康复过程。对这些患者的治疗，单用生物学方法效果不良，必须结合心理治疗；各类心身疾病虽然表现为躯体症状，但其病因与心理社会应激密切相关。此类疾病逐渐成为威胁人类健康的主要疾病，寻找致病的生活事件、心理因素，针对疾病的病理过程，进行心理治疗有助于患者的全面康复。

2. 精神科及相关患者　焦虑障碍、恐惧症、强迫障碍、抑郁障碍和恢复期精神分裂症患者等各类精神障碍，是心理治疗在医学临床中应用较早的领域。

3. 各类行为问题　各类行为问题包括性行为障碍、人格障碍、过食与肥胖、烟瘾、酒瘾、口吃、遗尿、儿童行为障碍等心理行为问题。

4. 社会适应不良　正常人在生活中有时会遇到难以应对的心理社会压力和适应困难，可通过心理治疗帮助其改善人际关系，掌握应对技巧，从而改善情绪和躯体症状。

康复心理治疗针对首选心理治疗或者是排斥生物治疗的患者，有明显的药物使用禁忌证的患者，有明显的心理社会刺激源的患者治疗效果最佳。

（二）禁忌证

精神病性障碍急性期患者，伴有兴奋、冲动及其他严重的意识障碍、认知损害和情绪紊乱等症状，不能配合心理治疗的情况；伴有严重躯体疾病患者，无法配合心理治疗的情况。

医者仁心

脱下婚纱换上“战袍”

曾海萍是一位心理治疗师。当新型冠状病毒肺炎疫情防控战斗打响后，曾海萍毅然决定取消婚礼，脱下婚纱，披上战袍，匆匆返岗。面对未知的疫情，心理治疗师的支援受到热烈的欢迎，大家利用工作的间隙，一起讨论自身的睡眠、情绪、压力等方面的问题，曾海萍及时为大家提供相关的心理健康知识、放松助眠的方法及音频，并根据需要为医生和患者进行心理咨询。

第2节　常用的心理治疗技术

案例 6-2

方某，女，45岁，是一名家庭主妇，偶尔外出打工，血糖偏高。方某的母亲今年因病去世后，方某经常失眠，有焦虑、抑郁情绪。方某的丈夫今年48岁，是一名个体经营户，工作比较忙，早出晚归，很少过问家里的事务。方某的女儿今年13岁，是初二学生，学习成绩一般，性格外向活泼。最近，学校老师反映女儿在学校的专注力比较差，调皮、多动，经常不按时完成作业，方某对此很焦虑，曾多次向丈夫诉说女儿的学习问题，但丈夫一直无动于衷、不理不睬，方某感到很压抑，情绪几近崩溃。

问题： 1. 目前方某的主要问题是什么？

2. 这些问题给家庭带来哪些变化，如何解决这些问题？

一、支持性心理治疗

支持性心理治疗又称支持疗法、一般性心理治疗，是采用倾听、支持、鼓励、解释、指导等方式帮助当事人发挥潜能，适应当前环境的一种心理治疗方法。支持性心理治疗的基础是良好的医患关系。

支持性心理治疗是基于诊断性评估的一种治疗方式，治疗师有目的地采用一些特定的行为方式来达到一定的治疗目标。在非心理治疗的场合下，“支持”只是意味着关心、关注、鼓励等，仅仅反映了一种支持性的关心或者交流，而不是支持性的心理治疗。支持性心理治疗的主要方法有以下几种。

（一）倾听

倾听是指交谈中专心地听取，不随意打断患者的诉说，表现出对患者尊重的态度。治疗师借助言语或非言语的方法和手段，使患者能详细叙述其所遇到的问题，充分反映其所体验的情感，完全表达其所持有的观念，使治疗师对其能够充分、全面地了解和准确把握。

在心理治疗的会谈过程中，倾听对方的谈话不仅仅是听而已，治疗师需要听懂患者所讲述的事实、所秉持的观念和所体验到的情感等。为更好地实现倾听的目的，治疗师可以采用一些技巧，具体包括采用恰当的提问方式、鼓励与重复对方的语句、针对某个问题进行说明、会谈总结等。治疗师与一般的倾听者不同，治疗师主要是通过引导谈话过程的方向，在听的过程中，帮助患者宣泄负性情绪、澄清事实真相、理清混乱的思绪、寻找解决问题的办法、重新发现真实的自我。

（二）鼓励

鼓励是治疗师对患者正面特征的发现、赏识，是揭示患者自己察觉不到的长处和优势。治疗师鼓励的态度可以帮助患者逐步增强自尊心和自信心，有助于患者充分发挥主观能动性，挖掘治愈疾病的潜在能力。鼓励要符合患者的实际情况，避免简单空洞的安慰，不要鼓励患者去做无法实现的事，否则会起到相反的作用。

（三）解释

解释是治疗师基于相关知识和理论对患者所提供的信息予以分析和说明的过程。治疗师对患者的基本情况掌握后，应当结合理论对患者的心理疾病的来龙去脉做出系统的说明、科学的解释，从而使患者能从一个新的角度来看待自己的问题。

相关知识的缺乏或者受错误观念的影响，都会导致某些心理疾病的产生。针对患者对病情和治疗方面的疑惑，治疗师用通俗易懂的语言，进行积极、合理的解释，以帮助患者解除顾虑，缓解或消除其紧张、焦虑情绪，使患者树立信心，积极配合治疗，为治疗创造良好的心理环境。解释的重点是进行知识教育，或纠正错误的观念。

（四）保证

保证是治疗师对患者的承诺。在患者存在明显的紧张、焦虑、抑郁等负性情绪时，治疗师适当的保证可以缓解患者的心理压力，增强他们战胜疾病的信心，对患者是非常有益的。治疗师提出的保证必须有足够的依据，不能信口开河，否则患者会对治疗师失去信任。

（五）指导

指导是治疗师对患者提出行动建议，采取适当的方法解决问题。治疗师可以直接指导或暗示患者做什么、怎么做，以减轻疾病引起的心理压力。指导是支持性心理治疗的重要手段之一，是跟患者共同分析问题的处理方式，并指导和建议患者采取行动。指导的内容涉及患者的日常生活、工作和学习等方面。指导要具体、明确、可行。

（六）环境支持

治疗师要帮助患者利用环境支持系统和身边的有利资源，增强其社会适应能力，为患者营造一个良好的工作、生活氛围。特别是要注意寻求患者家人及其周围有关人员对患者心理上的支持和关心，帮助患者与家属之间进行有效、积极的沟通，共同支持、帮助患者。

二、精神分析治疗

精神分析理论是奥地利精神科医生弗洛伊德于19世纪末20世纪初创立。与传统心理学主要研究意识现象和内容不同，弗洛伊德把潜意识现象和内容作为精神分析心理学研究的主要对象。精神分析治疗聚焦于对患者的潜意识心理过程进行分析，发掘患者潜意识内的矛盾冲突或致病的情结，将其带入意识领域，使患者有所领悟，在现实原则的指导下得到纠正或消除，并建立健康的心理结构，从而使病情获得痊愈。

客体关系理论是当下最活跃的精神分析理论，该理论认为真正影响一个人精神发展过程的是在出生早期婴儿与父母的关系。精神分析治疗过程包括以下几个方面。

（一）开始阶段

了解患者需要解决的问题，判断患者是否适用精神分析疗法。治疗师和患者就咨询原则、阶段、相互应承担的责任达成共识。治疗师逐步了解患者症状的根源。

本阶段以自由联想为主，探索潜意识中的心理症结。自由联想是治疗师要求患者即时报告出现在意识中的任何信息以帮助其进行心理分析的一种方法。自由联想的目的是将患者无意识的思想情感意识化，并以语言表达出来。

自由联想的具体做法是：患者在治疗室内，躺在沙发床上随意进行联想。治疗师坐在患者身后，倾听患者讲话的内容。事前治疗师要向患者重申保密原则，让患者打消顾虑，想到什么就讲什么。治疗师鼓励患者将原始的想法讲出来，不要因为内容荒唐或离奇而修改内容。在进行自由联想时，治疗师不随意打断患者，但可以进行适当的引导。

（二）移情阶段

随着治疗的深入，患者对治疗师产生移情，即患者将过去特别是童年期中的重要人物的情感投射到治疗师身上，治疗师根据患者的移情反应，去体验、理解患者，并反馈给患者。

移情是在潜意识中完成的，可分为正移情和负移情。患者对治疗师产生友好、爱慕、崇敬、依恋等感受，称为正移情；患者对治疗师产生厌恶、憎恨、愤怒、攻击等感受，称为负移情。

治疗师通过分析患者的移情，让患者重新感受早期体验到的情感，使患者有机会去体会潜意识冲突，帮助患者领悟自己行为的动因，理解自己的潜意识，从而最终解决冲突。

（三）修通阶段

修通是指治疗师在患者的移情表现及其他材料基础上，运用解释为主的技术，向患者揭示其内心的无意识冲突及无意识欲望与其病症之间的关系，引发患者自身的领悟与理解。

在这个阶段，患者了解自己的移情，并意识到这是自己的投射时，就会逐步从这种状态中走出来，把握好现实的关系，达到领悟和修通。

在此期间，患者会不断地发生阻抗，即有意或无意的抵抗，从而干扰治疗进程。阻抗对治疗是有意义的，治疗师和患者克服了阻抗就会产生疗效。

（四）移情解决阶段

在患者无意识的欲望或冲突已修通的情况下，治疗师可以确定一个治疗结束的时间。但是在这一阶段会遇见患者移情的再次反复，这时治疗师必须运用解释技术揭示其遗留的一些问题，使之能够面对现实。当患者能够解决移情时，治疗阶段可以宣布结束。

三、行为治疗

行为治疗是指以行为学习理论为基础，按一定程序来矫正来访者心理障碍或行为问题的一类心理治疗技术的总称。人的心理问题既可以通过学习获得，也可以通过学习而改变或消失。行为治疗的原理就是患者通过学习和训练，调整与改变原来的异常行为，代之以新的健康的行为，从而治愈疾病。

（一）强化

强化是指通过某一事物增强某种行为的过程。使用强化法可以增加某些适应性行为，减弱或消除某些不良行为。强化分为正强化和负强化。正强化就是某一行为出现时，马上给予偏好刺激（强化物），使得这种行为出现的频率增加，负强化就是行为出现时，减少或撤销厌恶刺激，使得这种行为出现的频率增加。在应用强化法增加良好行为的过程中，应以正强化为主，强化物给予要及时，也就是对患者的良好行为及时给予物质奖励和精神奖励（强化物）。但要注意，及时强化并不意味着随时都要强化，不定期的非预料的间断强化，往往可以取得更好的效果。此外，由于人的个性特征及其需要层次不尽相同，不同的强化机制和强化物所产生的效果因人而异。因此，在运用强化法时，应根据对象和环境的变化而采取更有效的强化物和强化方式。

（二）放松疗法

放松疗法又称放松训练，是指利用语言暗示、呼吸调节、集中注意等方式使肌肉紧张程度和中枢神经系统兴奋程度下降的过程。放松疗法的理论基础是当人体通过控制全身骨骼肌的放松而使躯体进入松弛状态时，交感神经活动功能降低，表现为全身骨骼肌张力下降，即肌肉放松、呼吸频率和心率减慢、血压下降，并有四肢温暖、头脑清醒、心情轻松愉快、全身舒适的感觉，同时加强了副交感神经系统的活动功能，促进合成代谢及有关激素的分泌。经过放松训练，通过神经、内分泌及自主神经系统功能的调节，可影响机体各方面的功能，从而达到促进心身健康和防病治病的目的。

常用的放松训练有渐进性肌肉放松训练、腹式呼吸放松训练、想象放松训练等。放松训练是对抗焦虑的一种常用方法，和系统脱敏疗法相结合，可治疗各种焦虑障碍、恐怖症，且对各系统的身心疾病都有较好的疗效。

（三）系统脱敏法

系统脱敏疗法是指个体用充分的放松来对抗负面情绪，逐渐接近所害怕或焦虑的事物，或是逐渐提高此类刺激物的强度，降低个体对此刺激的敏感性，从而减轻或消除对该刺激物的焦虑或恐惧的情绪。

系统脱敏治疗可分为三步。第一步放松训练，这是系统脱敏治疗的关键因素，患者通过放松训练学会放松，使之在出现不良反应时能运用放松进行对抗。第二步建立等级表，就是将导致患者焦虑或恐惧的刺激物，按照其引发个体焦虑或恐惧的强度由弱到强排列成等级或序列，一般分为5～10个等级。第三步实施系统脱敏，向患者描述（也可用图片模型、实物）最低等级的能引起焦虑的情景，同时让患者放松自己，直到患者能够在焦虑情景中保持放松为止，这时该等级的脱敏治疗就已完成，可以进行下一个更高焦虑等级的脱敏治疗，如此循序渐进。如果在某一等级焦虑反应过于强烈，就退回到前一等级重新训练。

在系统脱敏疗法的实施过程中要注意脱敏的每个阶段只能让患者产生最低限度的焦虑，在患者成功地通过一个等级后，治疗师应对患者良好的行为表现给予适当的正强化。治疗后要随访，以确保治疗效果能维持较长的有效时间，预防旧病复发。

系统脱敏疗法对由明显情境因素引起的某些恐惧症、强迫障碍、焦虑障碍特别有效。

（四）厌恶疗法

厌恶疗法是指在问题行为与不愉快的反应间建立经典条件作用，以抑制或消除问题行为的一种治疗技术。厌恶疗法利用回避学习的原理，把令人厌恶的刺激，如电击、催吐、语言责备、想象等，与患者的不良行为相结合，形成一种新的条件反射，用以对抗原有的不良行为，从而消除并纠正这种行为。

厌恶疗法的程序分为三步。第一步确定要革除的目标行为，每次治疗只能选择一个。第二步选择合适的厌恶刺激。任何能带来不快情绪的刺激都可作为厌恶刺激，只要这种刺激不给身体带来较大的损害。常用的厌恶刺激有引起疼痛的物理刺激（如电击、橡皮圈弹痛等）、化学刺激（如呕吐剂、令人难以忍受的气味等）和声响刺激，也可以采取食物剥夺或社会交往剥夺措施等，还可以通过想象中的厌恶性刺激，使人在头脑中出现极端厌恶或无法接受的想象场面，从而建立条件反射。第三步把握时机施加厌恶刺激。要想尽快地形成条件反射，必须将厌恶体验与不适行为紧密联系起来，在不良行为出现之前或之后施加厌恶刺激都无法做到在两者之间建立条件联系。

在使用厌恶疗法时要注意，厌恶刺激必须在不良行为发生时始终存在，对不良行为的改变应随时进行鼓励。由于伦理问题和副作用，使用厌恶疗法前应向患者解释清楚，并在严格控制的条件下使用。

（五）暴露疗法

暴露疗法是指通过使当事人想象或置身于诱发焦虑的刺激或场景来消除焦虑的一种治疗技术。暴露疗法一般包括现实暴露疗法和想象暴露疗法。现实暴露疗法要求患者持续一段时间暴露在现实的恐惧刺激中，不采取任何缓解恐惧的行动，让恐惧自行降低。而想象暴露疗法基于相似的原理并遵循相同的程序，不同之处在于想象暴露疗法是使患者暴露在想象的恐惧中而不是实际生活中。

暴露疗法应用的基本原则与系统脱敏疗法相反，不需要进行任何放松训练，而是立即呈现患者感到最强烈的、最恐怖的焦虑刺激，以迅速矫正患者对恐怖、焦虑刺激的错误认识，并消除由这种刺激所引发的习惯性恐怖、焦虑反应。

暴露疗法总是把患者感觉危害最大的刺激放在第一位，此种方法给患者带来巨大的冲击和痛苦，因此，在使用暴露疗法治疗时要筛选、确定治疗对象，排除各种不适合使用此法的患者。在实施过程中，治疗师要尽量控制各种影响因素，以减少可能带来的风险和伤害。

（六）示范模仿疗法

示范模仿疗法的基本原理来自于社会学习理论，是指个体通过观察榜样及其所示范的行为，进而使个体增加或获得良好行为、减少或消除不良行为的一种行为矫正方法。观察学习指个体只以旁观者的身份，观察别人的行为表现，在某些情境下，只根据观察别人的直接经验的后果就可以在间接经验中学到某种行为。之所以采用此种方法去改变个体的行为，是因为在日常生活中人们的很多行为并不都需要通过直接的强化或者惩罚经验才能习得。实际上，很多行为是在观察、模仿别人的过程中习得的。

示范模仿疗法可用于治疗恐怖症、社会退缩行为、人际交往障碍、精神发育迟滞与孤独症患者的行为问题等。

（七）生物反馈疗法

生物反馈疗法是一种借助于生物反馈仪，使患者了解自身的血压、心率、脑电波等生理指标，经过反复训练，学会控制自己的内脏活动，从而帮助缓解某些心理障碍和躯体疾病症状的方法。机体在应激状态下，由于自主神经系统的作用，常常会出现肌肉紧张性增强、心率加快、血压升高、皮肤温度降低，尤其是四肢末端的皮肤温度降低，由于出汗（内含电解质）使皮肤电阻降低等。患者通过生物反馈训练，就能使上述生理指标发生相反方向的改变，最终实现不依赖生物反馈仪，在一定的范围内随意调节上述生理指标，达到自我放松。

常用的生物反馈训练包括肌电生物反馈训练、脑电生物反馈训练、皮肤温度反馈训练、皮肤电反馈训练、血压生物反馈训练、心率生物反馈训练等。

四、认 知 疗 法

认知疗法是根据认知过程影响情感和行为的理论假设，通过认知和行为技术来改变患者的不良认知的一类心理治疗方法的总称。它以改变不良认知为主要目标，继而产生情感及行为的变化，其中主要包括合理情绪疗法和贝克认知疗法。

（一）合理情绪疗法

合理情绪疗法是 20 世纪 50 年代美国心理学家阿尔伯特·埃利斯提出的一种心理治疗方法。合理情绪疗法的整体治疗模型是“ABCDE”理论，其中 A 指发生的事件，B 指人们对事件所持的观念或信念，C 指信念所引起的情绪及行为后果，D 指与不合理的信念辩论，E 指治疗或咨询的效果。事件本身 A 并非引起情绪反应的直接原因，而个体对发生事件所持的观念和信念 B 才是引起情绪反应及行为后果 C 的原因，在治疗中通过 D 来影响 B，偏差的认知得到纠正后，情绪和行为后果就会在很大程度上得到缓解，最后达到治疗效果 E。具体的治疗技术有以下几种。

1. 与不合理信念辩论　与不合理信念辩论主要是指从科学、理性的角度对患者持有的不合理信念和假设进行挑战和质疑，从而动摇他们的这些信念。例如，遭遇车祸的某位患者术后遗留有肢体不等长及慢性疼痛 A，患者认为自己以后不能走路了，会越来越严重，进而认为自己以后无法学习或工作，什么也干不了 B，由此产生的情绪后果是其感到心情不好、沮丧 C，行为后果是患者不愿进行康复训练，也不愿回学校继续学业 C，治疗师通过辩论 D 使患者的不合理信念动摇，进而达到治疗效果 E。最终，患者积极配合康复训练，重返校园继续完成学业。

2. 合理情绪想象技术　合理情绪想象技术是使患者在想象中进入产生过不良情绪反应的情境中，体验这种情绪反应，然后帮助患者改变这种不适当的情绪反应并体验适当的情绪反应，最后停止想象，让患者体验总结在这个过程中的变化和成长。

3. 认知的家庭作业　家庭作业实际上是治疗结束后的延伸，主要包括合理情绪疗法自助表和合理自我分析报告。合理情绪疗法自助表是患者采用表格的形式报告 ABCDE 各项。合理自我分析报告和合理情绪疗法自助表类似，但不像合理情绪疗法自助表那样有严格规范的步骤，报告的重点要以 D 即与不合理信念的辩论为主。

（二）贝克认知疗法

认知疗法由贝克在研究抑郁症治疗的临床实践中逐步创建，其理论基础是情绪障碍的认知理论，出发点在于认知和信念是情绪状态和行为表现的重要影响因素。在此理论中有三个重要的概念：自动思维、中间信念和核心信念，它们都会受情境的影响，也会不同程度地影响一个人对某种情境或刺激的情绪反应。三者之间的关系如图 6-1 所示。

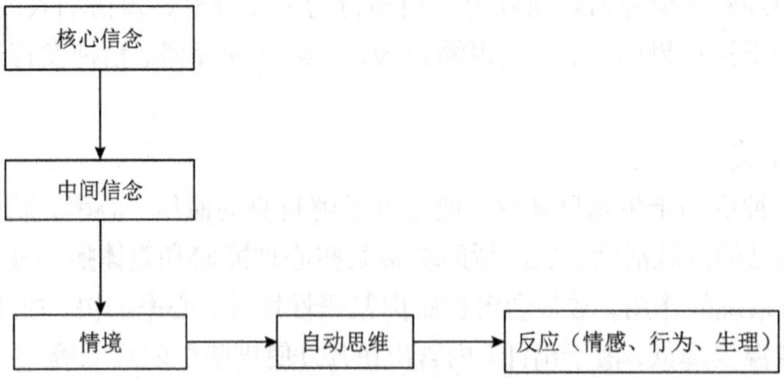

图 6-1 认知层次模型

核心信念是个体从童年开始形成的对自己、他人及世界的观念中的核心部分，具有全面、牢固和过度概括化的特点。自动思维是由特定刺激自然触发的、导致不良反应的个人信念或想法。而中间信念是介于核心信念和自动思维之间的信念。核心信念影响中间信念的发展，而自动思维则是中间信念的具体表现。贝克认知疗法主要通过帮助患者识别及修正源自核心信念的自动思维来改善其不良情绪和行为。具体的治疗程序如下。

1. 确认情绪　在认知疗法中，识别和确认情绪很重要。我们要承认和理解患者的感受，帮助他们区分情绪和自动思维，并对情绪的强度进行评估（图 6-2），用情绪强度来指导治疗。

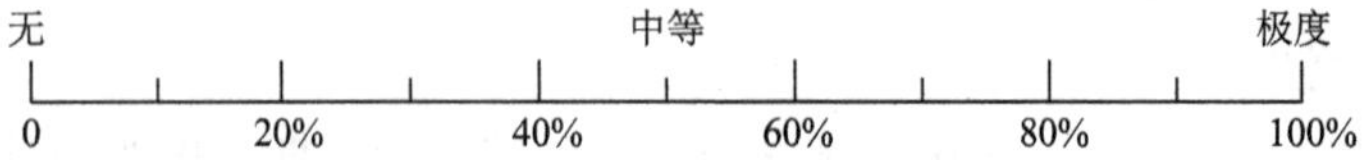

图 6-2 情绪标尺

情绪标尺是用 0～100%之间的刻度来描述情绪的强度，0 表示一点没有某种情绪，100%表示具有最强烈的情绪强度

2. 识别自动思维及认知错误　大多数患者并不能意识到自动思维的存在，治疗师采用提问、心理想象或者角色扮演等方法帮助患者识别自动思维。例如，患者在车祸后认为“我以后不能走路了，会越来越严重”，在这种自动思维影响下患者拒绝接受康复训练。治疗师听取并记下患者在不同情境下的自动思维，和患者一起归纳出共性，使患者识别出认知错误。比较常见的有如下几种认知错误。①绝对化：把世界看成非黑即白的单色世界，在面对问题时认为全好或全坏、完全失败或完全成功、一无所有或完美无缺。例如，患者认为自己什么也干不了，就是一个废物。②夸大或缩小：把一个事件的结果、一种感觉或者责任夸大或极小化，从而作出歪曲的评价。③快速下结论：未经过仔细的思考和理性判断，仅根据一小部分信息后就得出结论。④以偏概全：就一个事件得出结论，且推广到很多领域。例如，患者仅因车祸导致肢体不等长及慢性疼痛，就认为自己无法学习和工作。

3. 纠正自动思维及认知错误　在发现自动思维及认知错误后可通过许多方法予以纠正，如列举支持和反对的证据，用另一种解释代替现有解释，确定每一种解释的现实可能性，考虑多种可能的原因等。

五、家庭治疗

家庭治疗又称家庭疗法，是以家庭为单位的一种心理治疗方法。以最普遍、最基本的人际系统核心家庭为干预目标，必要时还邀请核心家庭之外的大家庭成员，甚至家庭外的有关人员等参加治疗。治疗的目标在于创造条件，让家庭自己通过实际生活中的努力，改变妨碍个体和系统发展的互动模式与规则，并形成新的、有适应性的模式与规则。

家庭治疗是将所存在的问题或症状从个体转向家庭关系的一种思考和实践方式，为了改善和消除个体存在的症状，家庭系统必须有所改变。家庭疗法主张，要改变病态的现象或行为，不能单从治疗个人成员着手，而应以整个家庭系统作为治疗对象，主要通过语言疏通家庭关系，指导生活模式，对家庭成员进行心理治疗，以改善患者生活环境，促进患者康复。

家庭治疗与个人治疗一样，需要经历三个不同的阶段。

（一）早期阶段

在治疗开始时，治疗师为家庭成员介绍家庭治疗的原则、成员需要遵守的条件及规则，熟悉每个家庭成员，能亲近地跟家庭成员交谈，同时也能够保持治疗师的威信。在这个阶段治疗师通过与家庭成员的交流，了解家庭生活情况、过去的背景与经历、目前所面对的困难，初步建立家庭问题的诊断，并与家人研讨治疗方向。

（二）中间阶段

治疗师与家庭成员不断增加对家庭问题的认识和改正的方向，着重于成员心理与行为的改善，并借由家人的互动反应过程，练习新的适应模式，建立合适的处理方式。因为家庭的生活及其问题非常复杂，往往需要治疗师和家庭成员一层一层解决问题，最后获得整体的改善。

（三）终期阶段

成功的治疗是在治疗结束之后，家庭成员能运用治疗的经验，继续改善自己家庭的情况，因此，在治疗的终期阶段，治疗师应协助家庭成员形成审查自己家庭情况的习惯，并养成能自行处理家庭问题的能力。治疗师把家庭的领导权交还给家庭领导者，让他们自己去恢复正常的家庭功能。在治疗结束之前，重复家庭本身的潜在力量，并与家庭成员作分别的交代，治疗师退出家庭，结束工作。

链接

家庭治疗的治疗模式

家庭治疗的治疗模式有：①结构性家庭治疗模式，重点放在家庭的组织、关系、角色与权力的执行等结构上，使用各式各样的具体方法来纠正家庭结构上的问题，促进家庭功能的改善；②行为性家庭治疗模式，着眼点放在可观察到的家庭成员间的行为表现上，即建立具体的行为改善目标与进度，充分运用学习的原则，给予适当的嘉奖、惩罚，促进家庭行为的改善；③策略性家庭治疗模式，特点在于对家庭问题的本质有动态性的了解，并建立一套有步骤的治疗策略，着手更改认知上的基本问题以求有层次地改变家庭问题；④分析性家庭治疗模式，是以心理分析来了解家庭各成员的深层心理与行为动机及亲子关系的发展，主要着眼于了解且改善家庭成员情感上的表达、满足与欲望的处理，促进家人的心理成长。

六、催眠治疗

催眠治疗是应用人工的技术使人进入催眠状态，并用积极的暗示控制患者的身心状态和行为，以解除和治愈患者躯体疾病和心理疾病的一种心理治疗方法。

催眠治疗是催眠术在临床工作中的应用，心理基础是暗示作用，是用含蓄、间接的方式，对别人的心理和行为产生影响的过程。催眠的作用往往会使患者不自觉地按照一定的方式行动，或者不加批判地接受一定的意见和信念。临床上，治疗师主要是通过良性言语暗示，帮助患者放松、消除紧张不安的情绪，使患者提高对应激因素的认知，学会应付应激的正确方法，使其重新适应社会。

催眠治疗在精神科及其他科都有一定的实用价值，其主要适应于焦虑障碍、人格障碍以及胃溃疡、结肠炎、高血压、慢性哮喘、癔症、躯体化障碍等心身疾病。

自测题

一、选择题

A 型题

1. 关于心理治疗的说法不正确的是
   A. 解决患者所面对的心理困难，减少焦虑、抑郁等精神症状
   B. 改善患者的非适应行为
   C. 促进人格成熟
   D. 就是谈话治疗，通过言语交流影响患者
   E. 心理治疗的基础是良好的医患关系
2. 心理治疗的主要适应证是
   A. 精神分裂症　　B. 躁狂症
   C. 神经症　　D. 抑郁症
   E. 器质性精神障碍
3. 支持性心理治疗以下哪项是常采用的基本技术
   A. 指导、解释和批评
   B. 倾听、指导、解释、鼓励
   C. 要向患者绝对保证
   D. 做患者思想工作
   E. 关心、关注
4. 认知疗法的研究对象是
   A. 不良认知和思维方式
   B. 既往的经历
   C. 情绪产生的深层原因
   D. 自我挫败行为
   E. 思考过程
5. 有关家庭治疗，错误的是
   A. 包括家庭互动模式的治疗
   B. 以个人为对象
   C. 并非所有全科医生都能做好
   D. 需要所有家庭成员一起参与
   E. 从事家庭治疗前需要经过专业的家庭治疗训练

X 型题

6. 下面是若干心理治疗能够取得疗效的共同因素，主要包括
   A. 相互依赖的治疗性医患关系
   B. 治疗师对患者的详细了解、作出解释、促进患者的理解和内省
   C. 使患者获得学习新经验的机会，增加他们的希望和信心
   D. 治疗师要求患者接受自己建议的方法去解决问题
   E. 治疗师自身的特征和吸引力有助于患者唤起新的希望
7. 不论进行何种心理治疗，治疗者均应遵守的原则包括
   A. 接受性原则　　B. 支持性原则
   C. 综合性原则　　D. 保证性原则
   E. 保密性原则
8. 康复心理治疗常用的方法包括
   A. 支持性心理治疗　　B. 行为治疗
   C. 认知疗法　　D. 家庭治疗
   E. 精神分析治疗

二、简答题

1. 常见的行为治疗方法有哪些？
2. 简述系统脱敏疗法的步骤。
3. 简述合理情绪疗法。

（刘文贞）

第7章 应激相关障碍的心理康复

急性或慢性的应激都可引起精神障碍或心理疾病。在应激相关障碍中，应激是基本要素，是疾病的直接和明显诱因。应激相关障碍可分为三类，即急性应激障碍、创伤后应激障碍和适应性障碍，是伤、病、残患者身上经常出现的心理障碍。

第1节 应　　激

案例 7-1

小李，女，20岁，在读大学生。最近半年里她接连遇到了令她难过的事情，先是男朋友突然提出分手；不久母亲检查出癌症，反复住院和治疗，家人都忙于照顾母亲，无暇顾及她的情绪；由于她的精神状态不佳，期末考试时有一门功课没有及格。在这些事情的打击下，小李逐渐出现了心慌气短、容易紧张、食欲下降、睡眠质量下降等症状。

问题：小李近半年里遭遇的事件与其目前的心理状态可能有哪些关系？

一、应激反应

应激反应是指个体在各种内外环境因素刺激下所表现的非特异性的适应性和不适应性的生理和行为反应。一般来说，应激反应是综合反应，生理、心理及行为反应可以同时发生并相互影响。

（一）应激的生理反应

在应激的生理反应中，下丘脑、垂体和肾上腺系统起着重要作用。应激源作用于人体时，中枢神经系统对应激信息接收、整合，传递至下丘脑。下丘脑通过兴奋交感-肾上腺髓质机制，引起大量儿茶酚胺释放，增加心、脑、骨骼肌的血液供应。同时，下丘脑还分泌神经激素，如肾上腺皮质激素释放因子等，兴奋垂体-肾上腺皮质机制，广泛影响体内各系统的功能，以利于机体进一步全面动员，从而更有效地适应外部刺激。

在日常生活中，当人们遇到一些有刺激性的生活事件，如考试、与陌生人会见、接受一项重要任务而造成紧张时，体内释放的肾上腺素会不断增加流向心、脑等器官的血流量，提高机体感知能力，增加能量以便应付这些事件。同时，还会引起一系列生理反应，如心率加快、心排血量增加、血压增高、胃肠分泌液减少、胃肠蠕动减慢、支气管痉挛及呼吸加快、尿频、出汗、手脚发冷、厌食、恶心、腹胀以及失眠多梦等。直到人们适应了外界环境之后，这些生理反应才会逐渐消失而恢复常态。

如果人们遇到一些意外灾祸或遭受重大失败挫折而面临紧急危难场面，承受强烈而持续的精神刺激时，将发生一系列更为显著的生理反应：肾上腺素大量释放，引起心肌收缩、心动过速、糖原分解及血糖升高、代谢加速及耗氧增加；去甲肾上腺素释放，使周围血管收缩，皮肤苍白、血压升高、肾血流量减少；肾素分泌，进一步加剧血压及水盐代谢变化，皮质激素大量分泌，对血压、血糖、水盐代谢、脂蛋白代谢、细胞膜稳定性、胃蛋白酶分泌以及脑电活动均产生显著影响。此外，糖皮质激素大量分泌，还会抑制免疫功能，降低细胞免疫力，干扰抗体形成。总之，严重的应激可引起机体生理功能的紊乱、失衡以至于产生病理性改变。

（二）应激的心理反应

1. 应激的心理反应类型　应激引起的心理反应可分为两类。

（1）积极的心理反应　积极的心理反应是指适度的皮层唤醒和情绪唤醒，注意力的集中，积极的思维和动机的调整等。这些心理反应可以帮助人维持应激期间的心理平衡，准确地评定应激源的性质，做出符合理智的判断，恰当选择应对策略，有效地适应环境。

（2）消极的心理反应　消极的心理反应是指过度唤醒（焦虑）、紧张，过分的情绪唤起（激动）或情绪低落（抑郁），认知能力降低，自我概念不清或行为上表现为攻击、逃避和退缩等。这类反应会造成人的认识紊乱和自我评价的降低，妨碍个体正确地评价现实情境、选择应对策略和正常应对能力的发挥，对应激源造成的心身变化不能有效地处理。

2. 心理应激反应的阶段　应激的心理反应可以分为五期。一般的顺序是：惊叫、否认、侵入、不断修正、结束。进入时相的顺序及每一时相的持续时间和临床表现都有较大的变动性。影响变动的因素有：事件发生前对应激程度及持续时间的预期、个人经历及性格类型等。临床上最常见的是否认与侵入两个时相，其余时相可以不出现或不明显，时相顺序也可以变换。这种应激时相的划分在急性应激下较为明显，在慢性应激时则不太明显。对应激的反应并不一定都属异常，只是在反应过度时才属病理性的。

（1）惊叫　惊叫常发生于未曾预料的事件信息的突然冲击时，可表现为哭泣、尖叫或昏倒。

（2）否认　否认则是情绪麻木、概念回避及行为束缚相结合的时相。情绪麻木是缺乏正常对刺激做出反应的感觉；概念回避是有意不涉及应激情境的概念；行为束缚是个体活动范围变窄，表现为专心致志地从事一般的重复动作而不顾周围。

（3）侵入　侵入是应激性事件的直接或信号性行为以及自发的观念性或情感性折磨再现，包括有关应激事件的梦魇、反复的自发印象，或由其他事件而派生的吃惊反应。

（4）不断修正　不断修正是机体动员应对机制适应的过程。

（5）结束　若应对成功就进入结束，如受阻或未获成功则可能转入创伤后应激障碍。

3. 应激的心理反应表现

（1）认知反应　轻度的应激状态有助于增强感知，活跃思维，提高认知能力，但中度以上的应激则对认知产生不良影响。例如，感知过敏或歪曲，思维和言语的迟钝或混乱，注意的强化与分散，自知力下降，自我评价能力降低等。认知活动障碍的原因，一种是强烈的焦虑情绪和冲动行为破坏了个体心理上的内稳态，另一种与个体不能恰当使用自我防御有关，妨碍或歪曲了个体对应激源的认识。

（2）情绪反应　情绪反应主要表现为焦虑、恐惧、愤怒、抑郁等。①焦虑是预料要发生某种不良后果时的一种紧张不安，是心理应激条件下最普遍的一种心理反应。适度的焦虑可以唤起人们对应激的警觉状态，有利于人的认识能力充分施展。过强过久的焦虑会妨碍人的智能的发挥，不利于对应激源的应付。焦虑可以成为应激状态下造成失败和心理痛苦的原因。②恐惧是面临危险或即将受到伤害时所产生的害怕感。通常伴有逃避倾向，即避免进入危险的境界或从威胁性环境逃走。轻度的恐惧具有一定的积极意义，因为适度的危机感有助于促进积极的应对行为。例如，驶入危险地段的司机，由于害怕发生意外，才能更加注意行车安全。严重的恐惧能造成习得性无助（毫无行为反应，坐以待毙），或情绪释放（哭、喊、唱、跳、闹）等失控行为。③愤怒多出现于一个人在追求某一目标的道路上遇到障碍、受到挫折的情境。由于有目的的活动受阻，自尊心受到伤害，为了排除障碍恢复自尊，常可激起愤怒。愤怒情绪经过适当的疏导，在一定程度上可以减轻或化解，如处理不当则可激化，导致直接攻击行为或转向攻击行为的发生。④抑郁是指诸如悲观、失望、绝望和失助等一组消极低沉的情绪。例如，愉快感丧失、自我感觉不良，对日常生活的兴趣缺乏、常有自责倾向、自我评价降低，多伴有睡眠和食欲障碍。灾难性的生活事件，如亲人丧亡易产生抑郁反应；失恋、被诬陷、失业等也可形成抑郁。严重的抑郁者可萌生消极轻生念头，故对有抑郁情绪的人应当深入了解有无消极厌世观念，严密观察与抑郁有关的心理生理症状，防止意外发生。

（3）行为反应　应激状态下机体的行为可表现为“战”或“逃”，或不“战”不“逃”。“战”是知难而上，去接近应激源，可以是与愤怒有关的拼搏与攻击行为；也可以是非攻击性的，表现为正视现实，分析研究，想方设法解决问题。“逃”则是回避远离应激源的防御行为，多受避免伤害的安全动机驱使，与恐惧情绪有关。不“战”又不“逃”的行为称为退缩性反应，表现为归顺、依附、抑制与讨好，多与保存实力及安全的需要有关，具有一定的生物学与社会学意义。总之，应激状态下产生的各种行为反应都具有一定的适应意义，在一定范围内和一定限度内是有益的，但超越了一定范围与限度则应视为有害。

二、应　激　源

（一）概念

应激源是指引起应激反应的各种刺激因素，具体是指那些经个体认知评价后引起机体稳态失调，并唤起适应和应对反应的事件或情境。

（二）分类

1. 按来源分类　人们习惯上根据来源将应激源分为四类。

（1）躯体性应激源　躯体性应激源是指直接作用于躯体的理化与生物学刺激物，如高温或低温、辐射、电击、强烈的噪声、损伤、疾病等。此类应激源一般先引起生理反应，然后随着人们对生理反应的认知评价和归因过程，才会导致应激状态和心理反应。

（2）心理性应激源　心理性应激源是指那些能引起机体稳态失调，并唤起适应反应的环境、事件或情境，包括人们头脑中不切实际的预期、凶事预感、工作压力、能力不足以及在满足需要和愿望过程中所遭遇的挫折、个体在生活过程中所遇到的冲突、人际矛盾以及疾病、伤残等导致的焦虑、恐惧和抑郁情绪等。

（3）社会性应激源　社会性应激源是指各种自然灾害和社会动荡，如战争、动乱、天灾、政治经济制度变革、职业变动、失业、竞争、生活节奏加快等。

（4）文化性应激源　文化性应激源是指因语言、风俗、习惯、生活方式、宗教信仰等引起“文化性迁移”应激的刺激或情境。

2. 按人类社会生活情况分类　根据人类社会生活情况应激源可以概括为生活事件、日常生活中的困扰、职业性应激源、环境应激源四类。

（1）生活事件　1967 年，学者霍姆斯（T.Holmes）和雷赫（R.H.Rahe）通过对 5000 多人进行社会调查和实验所获得的资料编制了社会再适应评定量表（Social Readjustment Rating Scale，SRRS）。量表中列出了 43 种生活事件，每种生活事件标以不同的生活变化单位（life-change unit，LCU），用以检测事件对个体的心理刺激强度。其中配偶死亡事件的心理刺激强度最高，为 100LCU，表示个人去重新适应时所需要付出的努力也最大，与健康的关系也最为密切。其他有关事件 LCU 量值按次递减，如结婚为 50，轻度违法事件最低为 11。利用这个量表评估个体在某一段时间内所经历的各种生活事件，并以生活变化单位 LCU 来度量（表 7-1）。霍姆斯早期研究发现，LCU 一年累计超过 300，第二年有 86%的人可能会患病；若一年累计 LCU 为 150～300，则有 50%的人可能在第二年患病；若一年累计 LCU 小于 150，第二年可能平安无事，身体健康。雷赫（1976）研究发现生活变化单位的升高与突然的心源性死亡、心肌梗死、结核、白血病、多发性硬化、糖尿病、运动创伤和交通事故有类似的相关性。

表 7-1 社会再适应评定量表

序号	生活事件	LCU	序号	生活事件	LCU
1	丧偶	100	23	子女离家	29
2	离婚	73	24	姻亲纠纷	29
3	分居	65	25	个人取得卓越成就	28
4	入狱	63	26	配偶参加或停止工作	26
5	死亡	63	27	入学或辍学	26
6	受伤或患病	53	28	生活条件改变	25
7	结婚	50	29	个人习惯改变	24
8	被解雇	47	30	与上级有矛盾	23
9	复婚	45	31	工作时间或条件改变	20
10	退休	45	32	迁居	20
11	家庭成员重病	44	33	转学	20
12	怀孕	40	34	娱乐方式的改变	19
13	性生活障碍	39	35	宗教活动的改变	19
14	家庭添员	39	36	社会活动的改变	18
15	业务调整	39	37	少量负债或借贷	17
16	经济状况改变	38	38	睡眠习惯改变	16
17	好友去世	37	39	一起生活的家庭人数变化	15
18	改行	36	40	饮食习惯改变	15
19	夫妻感情破裂	35	41	休假	13
20	中等负债或借贷	31	42	过节	12
21	丧失抵押品赎取权	30	43	轻度违法事件	11
22	工作职务改变	29			

（2）日常生活中的困扰　日常生活中的困扰即个体生存于社会中的麻烦琐事。诸如婚恋不如意、工作不称心、希望的落空、亲人的离散、事业的受挫、财产与安全的被威胁与被侵犯、交通的拥挤，乃至被人误解等。

（3）职业性应激源　职业性应激源是指劳动环境中影响劳动者心理、生理稳态的各种因素的总和。近年来有关职业应激问题已成为 WHO 关心的一项课题，WHO 于 1987 年专门出版了题为《工作中的社会心理因素和健康》的专著，综述有关问题。

（4）环境应激源　环境应激源是指来自自然、社会环境的刺激因素。凡是自然及社会环境中的重大或突然的变故，使个体心理、生理稳态受到破坏的因素均可归入此类。

3. 按环境因素分类　根据环境因素可将应激源分为三大类。

（1）家庭环境应激源　家庭环境应激源包括世代间的变动（亲代与子代的社会环境变异），如父母离异、亲子关系恶劣等。

（2）工作或学习环境应激源　工作或学习环境应激源如工作负担过重、受教育水平差异等。

（3）社会环境应激源　社会环境应激源如经济、职业、婚姻、年龄的变迁；个人的社会化程度、社会交往、生活、工作的变化等。

4. 按对个体影响分类　根据对个体的影响可将应激源分为两类。

（1）正性生活事件　正性生活事件是指个人认为对自己身心健康具有积极作用的事件，如各种庆典、喜庆事件等。

（2）负性生活事件　负性生活事件是指个人认为对自己产生消极作用的不愉快事件，如失恋、下岗等。

5. 按事件是否可预料或可控制分类　根据事件是否可预料或可控制可将应激源分为两类。

（1）可预料或可控性事件　可预料或可控性事件如工作学习负担过重、人际关系紧张等。

（2）不可预料或不可控性事件　不可预料或不可控性事件如空难、地震、车祸等。

一般负性事件与不可预料、不可控性事件对个体心身的影响较大。

三、应激与健康

适度心理应激源的存在是人成长和发展的必要条件。缺乏应激的生活是单调、枯燥和乏味的，而过度的持久的应激却会给机体带来不利的影响，甚至是疾病。

通常，人们比较关注心理应激对健康的消极影响，然而当我们历史地回顾人类的过去，便会发现：自然界风、雪、雷、电、地震、台风等应激性事件不但造就了大批自然科学家，也使人类面对这些刺激不再像动物那样慌乱、紧张和束手无策；人类社会的政治、经济、军事、文化上的激烈竞争不但造就了大批出类拔萃的政治家、经济学家、军事家和文化巨匠，也使人类在残酷的生存竞争中不再去怨天尤人，而是冷静、积极地去学习、去工作、去创造，从而在赢得生存的同时，赢得自尊。

可见，心理应激对人的健康既有消极的影响，也有积极的影响。

（一）应激对健康的积极影响

就像艰苦的体育锻炼能铸就出强健的体魄一样，痛苦的应激常常能打造出优秀的心理素质和生理功能。应激对健康的积极影响主要体现在以下两个方面。

1. 应激是维持正常功能活动的必要条件　人的生理、心理和社会功能都需要刺激的存在。一只刚出生的猫被蒙上眼睛两个月之后，由于失去了光线的刺激，它便终生失明。经常参加紧张的球赛，运动员的骨骼肌，心、肺功能，神经反射功能，大脑分析、判断、决策功能均得到增强；同样，紧张的学习、工作使人变得聪明、机灵，大大增强了个体的生存、适应能力。人在被剥夺感情或处于缺乏刺激的单调状态超过一定时间限度后，会出现幻觉、错觉和智力功能障碍等身心功能损害。

2. 应激是个体成长和发展的必要条件　个体的成长发育取决于先天遗传和后天环境两个主要方面。心理应激可以被看作一种环境因素。个体的早期特别是青少年时期，适度的心理应激经历可以提高个体未来在生活中的应对与适应能力。例如，青少年艰苦的家庭条件与生存环境，锤炼出他们坚强的意志与毅力，使他们在以后的各种艰难困苦面前应付自如，社会适应能力大大增强。缺乏心理应激的青少年（如被父母过度保护），适应环境的能力较差，在离开家庭走向社会的过程中，往往容易发生环境适应障碍和人际关系问题。

（二）应激对健康的消极影响

当应激超过人的适应能力就会损害人的健康，因此，心理应激与疾病的发生、发展都有密切的关系。目前人类的疾病谱及死亡顺位的变化也证实了这一结论。应激对健康的消极影响主要表现在以下几个方面。

1. 直接引起生理和心理反应，使人出现身体不适与精神痛苦　强烈的应激作用于体弱和（或）应激能力差的人，引发急性心理应激状态。临床常见的有急性焦虑反应、血管迷走反应和通气过度综合征等。强度虽小但长期的心理应激常使个体发生慢性心理应激状态。个体总是失败、受挫、失意，就会出现头晕、疲惫、乏力、心悸、胸闷伴心率加快、血压升高等症状和体征，还可以出现各种神经症表现，情感性精神障碍和精神分裂样表现。

2. 加重已有的精神和躯体疾病，或使旧病复发　已患有各种疾病的个体，抵抗应激的功能较低，很容易加重原有疾病或导致旧病复发。门诊神经症患者的心理应激程度与疾病的严重程度呈线性关系。躯体疾病的例子则更为常见。例如，高血压患者在工作压力增大时病情加重；冠心病患者在争执或激烈辩论应激时发生心肌梗死；病情已得到控制的哮喘患儿，在母亲离开后哮喘继续发作等。

3. 导致机体抗病能力下降，罹患心身疾病　人是心、身的统一体，严重的心理应激引起个体过度的心理和生理反应，造成内环境的紊乱、各器官、系统的协调失常，稳态破坏，从而使机体的抗病能力下降，机体处于对疾病的易感状态。体内那些比较脆弱的器官和系统便极易首先受累而罹患心身疾病。临床上的应激性胃溃疡就是典型的例子。

当然，心理应激对健康的影响究竟是积极的还是消极的，受许多因素的影响。一般而言，由于青少年处于生命的旺盛时期和心理的可塑阶段，经过科学的教育和心理疏导，多可使心理应激发挥对健康的积极作用。对老弱妇孺则应通过关爱和帮助，尽可能使心理应激对健康的消极作用降到最低程度。

第 2 节　急性应激反应的心理康复

案例 7-2

王某，女，40 岁，诊断为脊髓损伤。地震时她正处于住宅楼的六层，目睹了墙体裂开，楼梯摇晃，当时感到死亡来临，两腿发软，脸色发白。后来被人救出而得以逃生。此后的一周里，她仍然感觉还在地震，紧张害怕，晚上难以入睡，有时即使睡着也会做噩梦，出冷汗，胃口不好，疲惫，头痛，精神高度警觉。

问题：1. 王某的心理出了什么问题？

2. 怎样帮助王某减轻其心理不适？

一、概　　述

急性应激反应，又称急性应激障碍，是指在遭受到急剧、严重的精神创伤性事件后数分钟或数小时内所产生的一过性的精神障碍，一般在数天或一周内缓解。急性应激反应在各个年龄阶段均可发生。常见的精神创伤性事件主要包括严重的生活事件（严重的交通事故、亲人突然离世、身患癌症、突然失明或毁容等）、重大的自然灾害、战争、隔离状态（如长期被关起来身受酷刑、虐待）等。

并非大多数遭受异乎寻常应激的人都会发展成急性应激反应，只是其中少数人发病。这与个体的易感性、对应激的应对能力以及躯体的健康状况都有关系。

二、临 床 表 现

异乎寻常的应激源的出现与症状的发生之间有明确的时间联系，症状即使没有立刻出现，一般也会在数分钟内出现。患者在疾病初期的主要症状是茫然或麻木、意识清晰度下降、定向困难、不能理会外界的刺激等，因此难以进行接触。偶有自发只言片语，词句零乱不连贯，令人难以理解。随着病症的不断发展，患者会出现各种症状，但主要有两种类型：一种是精神运动性抑制，表现为对周围环境的进一步退缩，自发活动明显减少，呆坐或卧床不起，缄默不语；另一种是精神运动性兴奋，表现为兴奋、活动过多、失眠、逃跑或无目的的漫游，伴有恐惧情绪和自主神经功能失调的症状，如心动过速、出汗、面色潮红、震颤等。病程短暂，症状通常在几小时至一周内消失，预后良好。恢复后患者对病情部分或大部分遗忘，难以全面回忆。

三、心理康复方法

（一）环境治疗

创伤发生后，首先要帮助患者尽快脱离创伤性事件，这可使产生进一步创伤的可能性降低到最低限度。寻找资源，给患者提供实际的帮助，如找到安全的处所，或者保护患者的财产、利益等不再出现进一步的损失。将患者转移到一个新鲜或者振奋人心的新环境中，对治疗有积极的意义。找出可能的支持来源和促进其他人提供支持，如亲人、朋友、同事和单位领导等，改善人际关系，建立新的生活规律，必要时调整工作岗位。

（二）心理治疗

1. 讨论创伤性事件　不要回避和患者讨论应激性事件，而应该让患者详细回忆事件的经过和患者的所见所闻、所作所为。这样的讨论有助于减轻患者可能存在的对自身感受的消极评价。

2. 心理教育　向患者提供关于创伤事件的典型反应的心理教育，告诉患者其反应是正常的现象，并且在大多数情况下，人们面临紧急意外时，不大可能做得更令人满意；指导患者在创伤性事件后几小时和几天怎样应对最好。建议患者不要用吸烟或饮酒来应对创伤反应。

3. 放松疗法　放松疗法对应激反应的焦虑和紧张有效，如呼吸放松、渐进性肌肉放松、音乐放松、做操或者从事愉快的活动。

4. 暴露治疗　鼓励患者逐渐靠近或面对与创伤事件有关的情境，如回去工作，但要循序渐进，开始时可以时间短些。通过这样的反复练习，恐惧情绪逐渐下降，并打破回避行为，最终能够获得新的适应。

医者仁心

心理援助，合心抗疫

国家卫生健康委员会发文要求将心理危机干预纳入新型冠状病毒肺炎疫情防控整体部署，以减轻疫情所致的心理伤害、促进社会稳定。程文红是上海市精神卫生中心的精神科医生，同时也是一名心理治疗师。2020年2月，她主动请缨，前往武汉抗疫一线对新型冠状病毒肺炎患者开展心理援助。作为武汉雷神山医院心理工作组组长，程文红起草制订了心理工作职责、工作流程与细则，负责全院心理工作的开展与督导。她从专业出发，克服身穿密闭防护服、佩戴口罩对谈话时间有限等困难，采用线上、线下双重问诊模式，多途径识别患者的心理症状，并用心陪伴患者。有很多像程医生这样的医者在疫情防控中用实际行动诠释着仁心大爱。

（三）药物治疗

对于兴奋激越，无法进行心理治疗的患者，应用适当的精神药物。若患者有情绪障碍或睡眠困难，可给予抗抑郁药、抗焦虑药或助眠药。出现严重的行为紊乱或幻觉、妄想者，可给予抗精神病药。药物剂量以中、小剂量为宜，疗程不宜过长。对于处于精神运动性抑制状态患者，若不能主动进食进水，需要给予支持性治疗，如输液、补充营养，保证每日的热量。

第3节　创伤后应激障碍的心理康复

案例 7-3

李某，女，38岁。5年前，在一场地震中同时失去儿子、公公和婆婆三位亲人。此后一直心情不好，因地震当日是她将儿子送到婆婆家，后总觉得是她导致了儿子的死亡，有强烈的内疚和负罪感，常做噩梦。回避地震场景，不愿路过房屋倒塌的地方，不敢走原来带儿子走过的路，玩过的公园，总是绕道走。近期症状加重，经常因为一点小事就发脾气，甚至有攻击行为，打骂现在的孩子，和老公争吵，有自杀冲动。

问题： 1. 李某的心理出了什么问题？

2. 怎样帮助李某减轻其心理不适？

一、概　述

创伤后应激障碍是指个体经历、目睹或遭遇到一个或多个涉及自身或他人的死亡（威胁），或严重的受伤，或躯体完整性受到威胁后，所导致的个体延迟出现和持续存在的精神障碍。其临床表现以再度体验创伤为特征，并伴有情绪的易激惹和回避行为。它是一种患病率高、对个体影响大和加重社会负担的严重精神障碍。

创伤性事件是导致创伤后应激障碍发病的必要条件，但只有部分人最终成为创伤后应激障碍患者，许多因素影响创伤后应激障碍的发生，如精神障碍家族史、童年时代的心理创伤、性格内向、文化程度、社会支持、躯体健康程度等。

二、临床表现

创伤后应激障碍的核心症状有三组表现，即创伤性体验重现、回避和麻木、警觉性增高。

1. 创伤性体验重现　创伤性体验重现即病理性重现，也称闪回，主要表现为患者的思维、记忆或梦中反复、不自主地出现与创伤有关的情境或内容，也可出现严重的触景生情反应，甚至感觉创伤性事件好像再次发生一样。

2. 回避和麻木　回避和麻木主要表现为患者极力回避与创伤经历有关的事件或情境，拒绝参加有关的活动，回避创伤的地点或与创伤有关的人或事，有些患者甚至出现选择性遗忘，不能回忆起与创伤有关的事件细节。许多患者存在情感麻木的现象，给人以淡漠、木然的感觉，与人疏远、不亲切、害怕或不愿和别人有情感的交流。

3. 警觉性增高　警觉性增高主要表现为过度警觉、惊跳反应增强，可伴有注意力不集中、容易激惹及焦虑情绪。

除以上核心症状外，有些患者还可表现为滥用成瘾物质、攻击性行为、自伤或自杀行为等，这些行为往往是患者心理行为应对方式的表现。抑郁症状也是很多创伤后应激障碍患者常见的伴随症状。

儿童与成人的临床表现不完全相同，有些症状是儿童所特有的。例如，儿童的创伤性体验重现表现为噩梦，反复再扮演创伤性事件，玩与创伤有关的主题游戏，面临相关的提示时情绪激动或悲伤等；回避症状在儿童身上常表现为分离性焦虑、黏人、不愿意离开父母；高度警觉症状在儿童身上常表现为过度的惊跳反应、高度的警惕、注意障碍、易激惹或暴怒、难以入睡等。

三、心理康复方法

（一）心理治疗

1. 针对创伤的认知行为治疗　认知行为治疗通常需要 12 周的疗程，目的在于增进患者对于创伤后应激障碍的理解，减少抑郁、焦虑和愧疚感，提高患者的生活能力。其主要步骤包括：①了解自己的创伤后应激障碍症状；②觉察自己的想法和感受；③挑战自己的想法；④理解创伤之后的改变。

2. 眼动脱敏与再加工治疗　按照固定的程序帮助患者产生一种类似于快速眼动睡眠的神经生物状态，这种状态可以减轻由海马调节的关于创伤性事件的记忆发作强度，同时也可以减轻相关的负性情感，促进那些与创伤相关的负性认知的重建。在临床应用中，主要用来处理闪回和一些恐惧或焦虑症状。一般认为，症状越强烈效果越明显。

链接

眼动脱敏与再加工治疗

1987年，美国心理学家夏皮罗在一次散步的途中发现伴随着自己眼球的左右运动，正在思索的令她烦心的想法竟消失了。依据此发现，她创立了眼动脱敏与再加工治疗（Eye Movement Desensitization Reprocessing，EMDR）。这种方法的原理在于，人类具备一种内在的适应性信息处理系统进行思维和情绪的自我调节。激发强烈情绪反应的创伤性事件，使当事人内在的信息处理系统的功能发生"凝结"和"阻滞"。当人们的眼睛跟着治疗师的手指有规律地运动时，在回忆创伤性事件的同时，与之相关的情绪、思维、感觉和行为都会发生迅速的适应性变化。实证研究证明了该方法对于处理创伤后应激障碍症状的有效性。

3. 暴露治疗　通过现场或想象暴露于创伤情境，诱发患者的情绪与生理反应；鼓励患者讲述自己的创伤性经历及具体的症状表现，讨论与创伤相关的想法及感受来进行暴露与脱敏。帮助患者认识到其目前已经处于安全的环境，对情绪及生理反应具有一定的掌控感。同时结合放松技术，把焦虑恐惧情绪和放松相结合，形成习惯性的缓解模式。

4. 团体治疗　将经历过相似创伤事件者聚集在一起，应用暴露、认知行为等方法进行干预。在团体的氛围中，患者会觉得自己不是孤军作战，产生情感上的共鸣，获得强大的被接纳感、被理解感和被支持感，并共同学习和练习克服创伤影响的方法和策略。

（二）药物治疗

由于个体差异较大，应在精神科医生的指导下，充分考虑个人情况并给予合适的药物。

1. 选择性5-羟色胺再摄取抑制药　选择性5-羟色胺再摄取抑制药可减轻闯入性回忆，改善抑郁情绪，疗效较好，副作用小，为治疗创伤后应激障碍的一线药物。

2. 苯二氮䓬类　苯二氮䓬类药物可改善创伤后应激障碍患者的焦虑症状和睡眠，但有一定的成瘾性和依赖性，只能短期服用。

3. 抗肾上腺能药物　抗肾上腺能药物可改善创伤后应激障碍患者警觉性过高的问题，如可乐定等。

4. 心境稳定剂　心境稳定剂，如丙戊酸钠缓释片、碳酸锂等，能减少患者的攻击行为。

（三）联合治疗

心理治疗和药物治疗相结合的方法能取得更好的效果，在临床中被广泛推荐。

第4节　适应障碍的心理康复

案例 7-4

文某，女，13岁，初一学生。她刚上初中2个月，近期出现情绪低落、委屈、哭泣、上课注意力不集中、学习效率下降、不完成作业等情况。她与同学的关系疏远，感觉自己无法融入班集体。患者自诉小学时一直学习不错，但进入初中后无法适应新的环境，过去的学习方法好像不管用了，自己现在已经产生了厌学的情绪，担心无法继续完成学业，内心十分焦虑。

问题：1. 文某的心理出了什么问题？

2. 怎样帮助文某减轻其心理不适？

一、概　　述

适应障碍是指在明显的生活改变或环境变化时所产生的短期和轻度的烦恼状态和情绪失调，常影响到社会功能，但不出现精神病性症状。本病的发生是对于某一明显的处境变化或应激性生活事件所表现的不适反应，如伤残、患重病、退休、丧偶、离婚、失业或变换岗位、迁居、转学、经济危机等。引起适应性障碍的应激源可以是一个，也可以是多个；可以是突然而来，也可以是较慢的。本病较常见，任何年龄皆可发病，但多见于成年人，病前具有易感人格基础。

二、临 床 表 现

发病一般在应激性事件发生后1～3个月之内，临床表现形式多样，主要以情绪障碍为主，如抑郁、焦虑，也可以适应不良的行为为主，与年龄有一定关系。根据临床表现的特点，可分为以下几种情况。

1. 以情绪障碍为主要表现　患者表现为抑郁，如情绪低落、委屈哭泣、兴趣减退、无望感、沮丧等，也可表现为焦虑，如紧张不安、心烦意乱等，但达不到焦虑障碍或抑郁障碍的诊断标准。

2. 以品行障碍为主要表现　患者多见于青少年，表现为逃学、偷窃、说谎、斗殴、酗酒、破坏公物、过早开始性行为等。

3. 以躯体不适为主要表现　患者出现各种躯体症状，如头痛、腰背痛、胃肠道不适（恶心、呕吐、便秘、腹泻）等，检查未发现特定的躯体疾病。

4. 以社会退缩为主要表现　患者不愿参加社交活动，不愿上学或上班，经常闭门在家。

5. 以退行行为为主要表现　患者多见于儿童，表现为退化现象，如尿床、幼稚言语或吸吮拇指等。

适应性障碍的临床表现不一定与应激源的性质相一致，症状的严重程度也不一定与应激源的程度相一致。一般而言，症状的表现及严重程度主要取决于患者的病前个性特征。病程一般不超过6个月。若应激源持续存在，病程可能延长。不论病程长短、起病急缓，预后都是良好的，尤其是成年患者。

三、心理康复方法

（一）环境治疗

症状较轻的适应性障碍患者在改变环境或消除应激源后，情绪或行为症状可逐渐消失。因此，应尽可能减少或消除应激源。例如，对住院的儿童应提倡家长陪护，以减轻儿童对医院的恐惧感。

（二）心理治疗

消除应激源后，情绪或行为异常仍无明显好转者，或应激源无法移除者，则需要进行心理治疗。

1. 支持性治疗　鼓励患者把他们因为应激源引起的恐惧、焦虑、愤怒、绝望、无助感等用言语表达出来，确定由应激引起的主要功能紊乱是什么，然后找出减少应激的方法或提高患者对不能改变的应激源的应对能力，帮助患者调整心理的失衡。

> 链接
>
> **如何提高社会适应能力**
>
> 社会适应能力是指人随着外界的改变而相应地改变自己的行为方式、心理状态、思维方式等以适应变化与外界相和谐的能力。适应能力包含着内外两个方面：内心的理解能力和外在的执行能力。适应能力变差表现为我们无法理解外界的规则、要求或执行外界要求的条件。要想达到社会适应的状态，可以从三个方面调整：①改变环境使之适合个体自身的需要；②接受情境，个体改变自己的态度和价值观，遵从新情境的规则和要求，主动地作出与情境相符的行为；③个体采用成熟恰当的心理防御机制来处理由新情境的要求和个体需要的矛盾所产生的压力和焦虑。

2. 认知疗法　发现患者焦虑、抑郁情绪或适应不良行为背后的自动思维，并加以纠正，用新的功能适应性的思维替代旧的思维，并养成习惯。例如，下肢截肢的患者可能会有自我价值感的丧失。与患者一起分析，患者逐步认识到自己仍保留有许多其他的能力，还可以从事许多有意义的工作，还可以过性生活等。否则，患者的“一切都完了”的灾难化思维会取代患者对应激源的反应而使患者不能正常工作。

3. 家庭治疗 患者出现的问题可能与家庭因素密切相关，家庭治疗着眼于整个家庭系统，从扰动家庭成员的交往和互动模式入手，改善沟通，消除家庭中的应激源因素。对于儿童患者，家庭治疗尤为重要，主要不是治疗儿童本人，而是指导其父母。

（三）药物治疗

对于症状较严重的患者，或为加强心理治疗的效果，可短期选用抗焦虑药、抗抑郁药或镇静安眠类药物，以低剂量为宜。这样有助于加快症状的缓解。对于有自杀意念或冲动行为的患者，应转入精神专科医院住院治疗，既有利于脱离应激源，又利于系统治疗。

自 测 题

选择题

A 型题

1. 应激是个体受到各种内外环境因素刺激时所出现的一种
   A. 特异性全身反应　　B. 非特异性全身反应
   C. 损害性全身反应　　D. 代偿性全身反应
   E. 防御性全身反应
2. 以下哪项不是急性应激障碍的特征
   A. 可出现意识障碍
   B. 精神运动性兴奋与抑制
   C. 内容常涉及心因与个人经历
   D. 病程一般不超过一个月
   E. 遭受异乎寻常应激的人都会发展为急性应激障碍
3. 创伤后应激障碍是
   A. 在异乎寻常的威胁或灾难性打击之后，延迟出现或长期持续的精神障碍
   B. 由剧烈的、异乎寻常的精神刺激、生活事件或持续困境的作用引发的精神障碍
   C. 由于心理社会应激因素与个体素质共同作用的结果，表现为烦恼、抑郁等情感障碍，以及适应不良行为和生理功能障碍
   D. 以显著持久的心境低落为主要特征的一组疾病
   E. 以焦虑为主要表现，表现为持续性紧张或发作惊恐状态
4. 关于适应障碍的描述，正确的是
   A. 应激源一般较严重
   B. 病程多超过半年
   C. 可出现持久人格改变
   D. 病前具有易感人格基础
   E. 易发展成抑郁障碍

X 型题

5. 能作为应激源的是
   A. 噪声　　B. 心律失常
   C. 精神性因素　　D. 器官功能紊乱
   E. 职业变动
6. 急性应激反应的临床特点是
   A. 病程长
   B. 病前遭受突如其来且超乎寻常的应激性生活事件
   C. 症状的出现与应激源无关
   D. 预后差
   E. 有精神运动性兴奋与抑制两种表现
7. 创伤后应激障碍的典型症状包括
   A. 选择性遗忘
   B. 幻觉
   C. 创伤性体验反复重现
   D. 妄想
   E. 回避与创伤事件有关的情境
8. 关于适应障碍下述哪些是正确的
   A. 任何年龄皆可发生
   B. 发病决定于生活事件的严重程度
   C. 临床表现以情绪障碍为主
   D. 不同年龄有不同的临床特点
   E. 精神障碍的出现在应激源后 1～3 个月内

（朱红华　梁志锋）

第8章 心理生理障碍的心理康复

临床上很多疾病的发病与心理因素有关。在综合医院就诊的初诊患者中，有大约1/3的患者患的是与心理因素密切相关的躯体疾病。从“心身统一”的整体观和多元化角度认识健康和疾病，解决临床问题，已成为现代医学发展的趋势。掌握心理生理障碍相关的危险因素、发病机制及康复原则，对防治心理生理障碍、维护心身健康具有重要意义。

第1节 心理生理障碍概述

一、心理生理障碍的概念

心理生理障碍或称心身疾病，其发病、发展、预后、转归及预防和治疗都与心理社会因素密切相关。随着现代医学模式及多因素发病理论的推进，心身疾病的定义也在不断扩展，有狭义和广义之分。狭义的心身疾病是指心理社会因素在发病、发展过程中起重要作用的躯体器质性疾病，如原发性高血压、消化性溃疡等。对于心理社会因素在发病、发展过程中起重要作用的躯体功能性障碍，则被称为心身障碍，如神经性呕吐、偏头痛等。广义的心身疾病是指心理社会因素在发病过程中起重要作用的躯体器质性疾病和躯体功能性障碍。

在临床实践中发现不少疾病的发病与心理因素有关。掌握心身疾病的危险因素、发病机制及康复原则，对防治心身疾病、维护心身健康具有重要意义。心身疾病一般有以下几个特点：①以躯体症状为主，有明确的病理生理过程；②某种人格特质是疾病发生的易患因素；③疾病的发生、发展与心理社会因素有关；④生物或躯体因素是某些心身疾病发病的基础，社会因素起“扳机”的作用；⑤心身疾病一般发生在自主神经支配的系统或器官；⑥心身综合治疗比单用生物学治疗效果好。

二、心理生理障碍的诊断标准

心理生理障碍在临床上非常多见，在诊断前，首先需要通过病史、体检及其他辅助检查，排除单纯的躯体疾病。同时具备下述三条标准即可判定为心身疾病：①具有由心理社会因素引起的躯体症状；②有明确的器质性病理改变，或者有已知的病理生理学为基础；③不是焦虑障碍或精神病。要注意的是，有时心身疾病和焦虑障碍可以同时共存。

另外，在诊断心理生理障碍时首先要排除以下疾病：①一些本身包括躯体症状的精神障碍，如转换型障碍，躯体症状是由于心理冲突所致；②躯体化障碍，这种躯体症状没有器质性病理基础；③疑病障碍，患者对自己的健康过度关注；④经常与精神障碍相关联的躯体主诉，如在恶劣心境中，患者常有肌肉无力、虚弱、疲劳等；⑤与物质滥用有关的躯体不适，如与吸烟有关的咳嗽。

三、心理生理障碍的范围

心身疾病不是一组独立的疾病单元，它已经包含在有关躯体疾病或其他疾病分类体系之中，迄今尚无国际公认的心身疾病分类方法。目前较有代表性的心身疾病分类法包括美国精神病学分类法、世界卫生组织国际疾病分类法，以及日本精神身体医学会分类法。

1. 心血管系统　冠状动脉粥样硬化性心脏病、原发性高血压、急性心肌梗死、心脏性猝死、二尖瓣脱垂综合征、肢体动脉痉挛症（雷诺病）、心绞痛、神经性低血压等。

2. 消化系统　消化性溃疡、慢性胃炎、慢性胰腺炎、神经性厌食、心因性呕吐（神经性呕吐）、过敏性结肠炎、肠易激综合征、胆道系统疾病等。

3. 呼吸系统　支气管哮喘、通气过度综合征、神经性咳嗽等。

4. 内分泌系统　糖尿病、甲状腺功能亢进、单纯性肥胖、心因性多饮多尿多汗症、甲状腺功能减退等。

5. 神经系统　偏头痛、眩晕症、紧张性头痛、脑血管功能障碍、面肌痉挛等。

6. 生殖系统　功能性不孕不育、无菌性前列腺炎、性功能障碍等。

7. 内科其他心身障碍　类风湿关节炎、坐骨神经痛、系统性红斑狼疮、痛风、过敏性紫癜、胃癌、原发性肝癌、乳腺癌、食管癌、肺癌等。

8. 妇产科　功能失调性子宫出血、月经失调、经前期紧张、心因性不孕、乳腺增生、原发性痛经、产后综合征、更年期综合征等。

9. 儿科　哮喘、儿童溃疡病、儿童肥胖、神经性厌食、神经性呕吐、遗尿、心因性发热、心因性呼吸困难、肠道功能紊乱、夜惊、口吃等。

10. 骨伤及外科　骨科外科疼痛、肋软骨炎、骨质疏松、肩-手综合征、术后肠粘连、术后精神障碍等。

11. 皮肤科　神经性皮炎、银屑病、荨麻疹、瘙痒症、多汗症、斑秃、湿疹等。

12. 眼科　原发性青光眼、眼睑痉挛、上睑下垂等。

13. 耳鼻咽喉科　梅尼埃病、慢性鼻窦炎、突发性耳聋、癔症球（咽部异物感）等。

14. 口腔科　口腔黏膜溃疡、心因性牙痛、颞颌关节炎、牙周炎等。

15. 其他　如焦虑障碍、抑郁障碍、疑病障碍、重型精神病所表现出的心身障碍、职业中毒性心身障碍、与生活相关的心身疾病等。

四、心理生理障碍的发病机制

（一）心理生理障碍的成因

心身疾病由多种因素引起，且各因素之间又互相联系和影响。目前认为，在心身疾病发生和发展过程中，生物学因素、心理学因素与社会学因素联合作用，共同构成了心身疾病发病的危险因素。

1. 生物学因素　生物学因素主要包括微生物感染、理化和药物损害、遗传和老化、营养代谢障碍、器官功能障碍、免疫和变态反应，以及性别、年龄、血型等。心身医学理论认为，生理因素决定个体对疾病的易患性及所患疾病的种类，是心身疾病的物质基础；心理社会因素主要通过对生理变化的调节，最终导致或加重躯体疾病。

2. 心理学因素　心理学因素是指影响人类健康和疾病过程的认知、情绪、人格特征、价值观念以及行为方式等。心理学因素可导致个体产生损失感、威胁感和不安全感，是心身障碍的重要致病因素。

在社会中，人们对信息刺激会做出认知和主观评价，合理的认知和评价可导致积极的情绪体验，而不合理的认知和评价则可能导致消极的情绪体验，而后者若强度过大、持续时间过久，则可能造成个体心血管系统功能紊乱，出现心律失常、高血压、冠心病及胃肠道恶性肿瘤。

人格特征和行为类型对心身疾病的发生、发展和病程的转归具有明显影响。同样的刺激因素作用于不同人格特征和行为类型的个体，可导致不同的生理生化改变，引发不同类型的心身疾病。

此外，个体不适应的价值观念，也会导致强烈负面情绪体验和不良行为方式的产生，进而诱发心身疾病。

3. 社会学因素　人既是生物有机体，又是社会成员，必然受到各种社会文化传统的影响、规范或制约。社会学因素主要包括社会制度、经济条件、文化传统、宗教信仰、风俗习惯、种族、生活和工作环境、生活方式、职业、人际关系、家庭状况等。在这些特定的社会文化环境中，个体可能会由于适应不良而产生心理冲突，继而影响机体的生理状态，严重且持久的影响则可能造成机体内稳态的失调，由此引发心身疾病。

总之，以上三方面的因素在心身疾病的发生和发展过程中相互作用、相互影响，经过心理、生理中介机制而导致某些器官和组织疾病的发生。

（二）心理生理障碍的中介机制

1. 神经生理机制　神经调节是人体生理功能调节的主要方式，通过各级神经中枢对刺激产生相应的生理反应，利用反馈控制系统使之更趋完善、准确，以维持人体正常的生理功能。情绪中枢在丘脑，情绪反应的调节整合中枢和自主神经高级中枢在边缘系统和丘脑下部。大脑皮质是人类最高级神经中枢，产生各种认知、评价、情感、人格、情绪等心理活动，又能直接或间接地调节人体各种生理活动。而内脏器官的生理活动直接受自主神经的支配。因此，人类的心理活动与生理活动是可以相互作用的，有心理活动必然产生生理变化。任何应激源的刺激经过丘脑，一方面上传至大脑皮质，产生认知评价等心理活动，通过反馈机制再作用至丘脑产生情绪。另一方面，借助网状结构传至丘脑下部、边缘系统，引起情绪变化和内脏相应的生理反应。若持续时间过久或刺激强度过大就可能导致相应器官发生器质性损害。

2. 神经内分泌机制　内分泌系统直接或间接地受中枢神经系统的控制，二者在生理功能上是紧密联系在一起的，而人体的新陈代谢、生长发育、生殖等生理功能的维持都与内分泌系统的调节有关。因此，当心理、社会因素作用于中枢时，必然引起内分泌系统功能紊乱，使体内各内分泌腺分泌激素过多或过少，导致疾病的发生。例如，紧张、恐惧可通过中枢神经系统使丘脑下部-腺垂体-肾上腺皮质系统激活，进而促进肾上腺皮质激素特别是糖皮质激素的合成与分泌，以利于机体产生相应的生理、行为变化。通过神经内分泌机制，心理社会因素引起的情绪反应转变为躯体的生理反应。

3. 神经免疫学机制　免疫力降低是心身疾病发生的重要诱因。免疫系统通过免疫细胞上的递质和激素受体受神经内分泌系统的影响。紧张的心理应激可以引起神经-内分泌系统激活，糖皮质激素分泌增加，从而降低机体免疫力。

4. 神经递质机制　在情绪应激时都伴有中枢神经递质的改变。中枢神经递质的改变，可以继发性导致自主神经功能和内分泌腺活动的改变，并可相互影响、相互制约，这些改变在心身疾病的发生发展过程中都起到一定的作用。

综上所述，心理社会因素作用于人体，经神经生理、神经内分泌、免疫系统、神经递质共同作用，可将精神因素转变为生理、躯体的因素。若持续、强烈地存在不良情绪刺激，可使上述四个系统作用失衡，从而引起心身疾病。

五、心理生理障碍的康复原则

从现代医学的角度出发，心身疾病的康复应该采取整体的、多维的和综合的康复措施；从内容上，包括针对心理和生理的措施；从形式上，包括个体和社会康复；从方法上应包括心理咨询、心理治疗、药物治疗和物理治疗及对症治疗等。心理和社会水平上的干预、治疗，主要围绕3个目标：①努力帮助患者从客观上消除致病的心理社会因素，如消除应激源；②提高患者对应激的认识水平，增强患者的应对能力；③努力矫正由应激引起的生理反应，以减轻其对身体器官的冲击。具体方法如下。

（一）个体层面

个体康复在心身障碍的康复过程中发挥着非常重要的作用。个体康复主要是指提高个体认知能力。

1. 制订个性化健康教育方案　根据患者的疾病特点、文化程度等选择合适的教育内容、教育时机，进行疾病相关知识的个性化健康指导，使其了解治疗方法、预后、自我管理方法等，并进行健康生活方式的指导。

2. 提高自我认知能力　加强个人修养，提高辨别能力，并学会从不同角度观察问题。

3. 培养健全的人格　人格是在一定遗传素质的基础上，在特定的社会制度、文化传统和家庭、学校、社会的教育和影响下，以及个人实践中逐步形成的。因此，个体康复应依据社会文化背景特点，加强家庭和学校教育，有目的地陶冶情操，健全人格。

4. 保持良好的情绪　有目的地培养个人心理防御机制，提高个体抵御挫折的能力，在应激条件刺激下，减弱或消除紧张、不安和痛苦等负面情绪，恢复心理平衡。

5. 提高社会适应能力　调整心理和行为，使之适应社会的要求，做到人与社会和谐；有目的地丰富个人生活经历，提高自身适应环境的能力；掌握正确的认知评价模式，提升个人社会容忍度。

（二）心身层面

鉴于心理因素在心身障碍发生、发展过程中的重要作用，从心理和身体两个层面加强心身障碍的治疗与康复已得到高度重视。

1. 心理治疗　根据患者自身及疾病的特点，灵活采用多种心理治疗方法，影响患者的人格、应对方式，调整其情绪，减轻过度心理紧张引起的生理异常。

2. 身体治疗　身体治疗的基本手段之一是药物治疗，目前认为在心理咨询和心理治疗的同时，采用适当的药物治疗，对调节心身障碍或情绪活动非常重要。引发心身障碍的主要情绪障碍是抑郁和焦虑情绪，这些负面情绪水平过高或持续过久，或者认知能力很差时，使用药物可减低负性情绪水平，控制过度的心理生理反应，对于促进疾病康复具有显著的疗效。

（三）社会层面

每个人无论年龄、性别、职业、社会地位如何，都有可能遭遇各种各样的心理应激，从而影响疾病的康复。因此，应通过全社会的力量，创造一个良好的工作环境和心理环境，形成良好的社会氛围，消除心理社会因素的不良刺激，避免人为的精神创伤，促进心身障碍患者早日康复。心身疾病的心理干预手段，应视不同层次、不同方法、不同目的而决定，松弛训练、支持疗法、环境控制、生物反馈、认知疗法、行为矫正疗法和家庭治疗等心理治疗方法均可选择使用。

医者仁心

从业六十余载，初心不改

马玙是中国疾病预防控制中心结核病防治临床中心的一名医生，从临床大夫到科主任，从主任医师到知名教授，再到享誉国内外结核病学界的权威专家，漫长的从医生涯中，她始终没有动摇过那份济世救人的信念。60多年来，她一直坚守在结核病诊疗、防治一线，至今仍在从事临床工作，状态饱满地为患者服务。2018年3月，彭丽媛曾以世界卫生组织结核病和艾滋病防治亲善大使身份为她颁发“最美防痨人”证书。马玙曾说：“医生最大的敌人是冷漠，最有效的处方是爱。”春夏轮回，从业六十余载，她初心不改。

第2节　常见心理生理障碍的心理康复

一、冠状动脉粥样硬化性心脏病的心理康复

案例 8-1

李某，男，62岁，干部，因胸闷、心慌2年余，病情加重，伴心前区疼痛2周入院。入院诊断：冠状动脉粥样硬化性心脏病。患者2年前因退休后不适应，情绪波动大，开始出现胸闷、心慌，持续几分钟，休息可缓解。患者1年前劳累后出现胸闷、心慌及心前区疼痛等症状，伴气短、乏力，行冠状动脉支架置入术，半个月前自觉症状加重，行走20米即觉胸闷，伴心前区疼痛。患者平素性格好强，较真，易急躁易怒，自发病以来，食欲下降，睡眠差，需服用助眠药物。入院后，他遇见稍不顺心的事，即向医护人员发脾气，坐立不安，出汗多，过分关注心脏症状，担心睡眠中猝死，伴有恐惧感。

问题： 1. 目前影响该患者康复的主要问题是什么？

2. 如何处理该问题？

冠状动脉粥样硬化性心脏病，简称冠心病，是由于冠状动脉粥样硬化，导致心肌缺血、缺氧而引起的心脏病。在中国，随着人口老龄化和社会城镇化步伐的加快，冠心病的发病率和患病率均持续上升。影响冠心病的危险因素很多，除了高血压、血脂异常、糖尿病、肥胖、冠心病家族史、不健康饮食习惯、高同型半胱氨酸血症等生物学因素以外，吸烟、饮酒、缺乏运动、心理压力大、不良情绪以及 A 型行为等心理行为因素也是冠心病发生的重要危险因素。心理社会因素在冠心病的发生、发展、治疗、康复的全过程中起着重要作用。

（一）发病原因

1. 心理应激　心理应激在促发心脏事件和猝死方面具有关键作用，其可降低致死性室性心律失常发生的阈值。应激、焦虑和敌意也可加大动脉硬化的发生风险。心血管疾病伴发的心理因素可影响患者的康复和生活质量。急性心理应激与白大衣高血压和急性冠状动脉事件有关，慢性心理应激与冠心病有密切的关系。急性精神压力引起的血压升高可使冠状动脉易损斑块破裂，导致心肌梗死。在冠状动脉狭窄和心肌缺血的情况下，急性精神应激时交感神经兴奋，导致室性心律失常。应激之所以会导致疾病的发生，其实是以情绪反应作为中介来实现的。在心理应激之下，患者会产生紧张、焦虑、抑郁等反应，而这些反应又会诱发甚至加重冠心病。人际关系紧张、职业的变化、恋爱挫折、婚姻不幸福、亲人的死亡等均可导致冠心病的发生。

2. 行为类型　弗里德曼（Friedman）等把人的行为特征分为 A 型行为类型和 B 型行为类型。A 型行为类型表现为过度竞争意识、强烈的时间紧迫感、较强攻击性、缺乏耐心和富有敌意等行为模式。与之相反，B 型行为类型表现为悠闲自得、不易紧张、不喜好争强、一般无时间紧迫感、有耐心、能容忍等行为模式。A 型行为是引起冠心病的一个危险因素。康纳斯—鹿特丹协作组对 3365 人进行 10 年随访发现，具有 A 型行为的冠心病患者中，发生心绞痛及致命性心脏并发症的概率 2 倍于 B 型行为的冠心病患者。研究发现在 A 型行为中，对他人存在敌意被认为是与心脏事件增加和死亡率升高相关的因子之一，敌意较多的男性较敌意较低者更有可能死于冠心病，其风险增加了 1.6 倍。A 型行为者引起冠心病的发病机制主要是通过应激反应中的神经递质的分泌变化而产生作用。A 型行为可以使去甲肾上腺素（NE）、5-羟色胺（5-HT）分泌增加，使血清中儿茶酚胺水平升高，且 A 型行为类型的人易紧张，交感神经兴奋，反复的神经递质分泌水平变化逐步促使冠状动脉痉挛，或动脉内血栓的形成，进而引发冠心病。

3. 情绪因素　负性情绪一般通过两方面对冠心病产生影响。一方面当人处于负性情绪时，更容易采用不健康生活方式；另一方面负性情绪本身容易产生一些生理上的变化，增加了冠心病的易感性。抑郁可导致患者依从性降低，表现为不依从推荐的生活方式和药物干预。焦虑在冠心病患者中也很常见，并会对冠心病结局产生不良影响。心肌梗死后的焦虑会导致不稳定型心绞痛再入院和心肌梗死复发比率增加。恐惧性焦虑症导致冠心病发生风险增加。

4. 行为危险因素　行为危险因素如吸烟、缺乏运动、肥胖，以及对社会压力的适应不良与冠心病的发生有密切关系。这些因素往往是在特定社会环境和心理环境条件下行为学习的结果。例如，一定的经济条件、饮食习惯、文化背景易造成肥胖；特定的工作条件和技术的进步常造成运动的缺乏等。行为危险因素则又进一步通过机体的生理病理作用促进冠心病的形成。

（二）心理康复

1. 健康教育　在冠心病的不同临床阶段，通过面对面个别、集体或线上健康教育方式，针对患者的不同临床症状和心理反应，开展有针对性的健康教育指导，帮助患者认识疾病，减轻其对疾病的担忧恐惧，给予精神上的支持和鼓励，减轻患者心理压力，促进疾病康复。

2. 行为矫正治疗　在患者病情基本稳定以后指导其对 A 型行为和其他冠心病危险因素进行综合行为矫正。首先，评估患者是否属于 A 型行为类型，在此基础上，分析患者需要矫正的行为特点。康复治疗师与患者一起协商确定矫正目标，制订矫正计划，并明确具体的矫正措施。其次，进行效果评估。根据评价标准，评估患者的行为矫正是否达到预期目标。如未达目标，则共同寻找原因，提出改正措施，进一步修订矫正计划并认真实施。具体矫正措施可包括：督促患者每天记录自己主观的紧张或紧迫感以及与哪些因素有关；进行放松训练，帮助患者改善情绪状态，教会患者自我控制技术以控制其行为，并将松弛反应泛化到日常生活中。

3. 认知疗法　认知疗法是通过找出患者对疾病错误或歪曲的认知、不合理的健康信念、不良的生活行为习惯，进行认知重建，提高自我效能，主动形成健康的生活行为方式，另外对疾病诊断、治疗预期的态度进行认知干预。

4. 生物反馈疗法　焦虑和抑郁是在冠心病的病程中的一种常见应激反应，这种负性的情绪往往与冠心病互为因果、恶性循环。抑郁或焦虑情绪会导致自主神经功能失调，影响对血压和心率变化的调节，进一步加重心脏自身的负担。生物反馈疗法可使患者形成较为稳固的操作性条件反射，在对抗焦虑、抑郁时，有意识地协调自主神经系统，调节生理变化和内脏平滑肌的功能，并能通过改善自主神经系统平衡及心理状态，提高冠心病患者的预后。

5. 音乐疗法　轻柔舒缓的音乐可使患者交感神经兴奋性降低，焦虑情绪和应激反应得以缓解，促使患者处于放松状态，在一定时期内能使冠心病患者的心率减慢、心脏供血改善、消除或减轻临床症状。

6. 正念疗法　正念疗法对心血管疾病有一定的治疗作用。人在情绪改变时，大脑皮质和丘脑下部兴奋性增高，体内会产生肾上腺素、血管紧张素等，这些物质会使血管痉挛。正念疗法使患者注重当下、不做评判，有利于患者情绪稳定、内心平静，从而有利于控制血压。同时，正念作为一种减压方式，能够降低急慢性交感神经系统的刺激，在高血压长期治疗中发挥辅助作用，同时能够降低代谢综合征中的胰岛素抵抗和自主神经系统的张力，进而对冠心病患者起到治疗作用。

链接

正念疗法

正念疗法是对以正念为核心的各种心理疗法的统称，较为成熟的正念疗法包括正念减压疗法、正念认知疗法、辩证行为疗法和接纳与承诺疗法。正念疗法被广泛应用于治疗和缓解焦虑、抑郁、强迫、冲动等情绪心理问题，坚持练习某些类型的正念疗法在改善心血管系统问题、提升免疫力、缓解疼痛等方面也有助益。

7. 运动康复　在康复过程中，患者情绪变化波动，常伴躯体不适，康复师需要判断这种不适是否由心脏病本身引起，很多时候这种表现与神经失调有关。运动康复可非常有效地缓解这种症状，同时有助于患者克服焦虑、抑郁情绪，提高自信心。

8. 药物治疗　抗抑郁药和抗焦虑药能有效改善情绪状态。多种药物可用于改善冠心病患者的抑郁，但是要注意药物间的相互作用。选择性 5-羟色胺再摄取抑制药常作为首选药物之一，其中舍曲林治疗冠心病伴有的抑郁较为安全。对于伴有焦虑者，应优先选择既有抗抑郁作用又有抗焦虑作用、不良反应少、依从性好的药物。其他常用的药物主要有苯二氮䓬类抗焦虑药、β 受体阻滞剂，或者小剂量抗精神病药。由于长期使用苯二氮䓬类药物会出现药物的耐受性和依赖性问题，临床上主要使用抗抑郁药，苯二氮䓬类药物仅在急性阶段短期使用。另外，氟哌噻吨美利曲辛可改善焦虑、抑郁状态及伴有的躯体化症状，如胸闷、心慌、心悸等，临床上也常被使用。

二、糖尿病的心理康复

案例 8-2

赵某，女，53 岁，近半年出现乏力、消瘦、多饮，伴有心烦、坐立不安，偶有胸闷。夜间睡眠差、汗出多，早醒，记忆力下降，注意力不集中。近半年因父母分配房产不公，她与兄弟处于冷战状态。她曾至综合医院内分泌科诊治，诊断为糖尿病，予盐酸二甲双胍口服，服药一段时间后血糖控制不理想，仍有乏力和多饮。

问题：1. 目前影响该患者康复的主要问题是什么？

2. 如何处理该问题？

糖尿病是一组由于胰岛素分泌缺陷和（或）胰岛素作用缺陷引起的，以慢性高血糖伴碳水化合物、脂肪和蛋白质的代谢障碍为特征的代谢性疾病。糖尿病可造成眼、肾脏、心脏、血管和神经系统等多种器官的慢性损害、功能障碍和衰竭。近 30 多年来，随着生活方式改变带来的超重和肥胖患病率的增加、人口老龄化程度的加剧，糖尿病患病率逐年升高。心理社会因素在糖尿病的发生、发展、治疗和预后方面的重要作用越来越受到人们重视。糖尿病已经成为全球公认的心身疾病。

（一）发病原因

糖尿病的病因尚未完全阐明，是复合病因所致的一种临床综合征，一般认为与遗传因素、自身免疫因素及环境、心理、社会方面等因素有关。这里主要讨论环境、心理、社会方面的因素。

1. 应激状态　强烈的生理应激和精神创伤，可以通过下丘脑-垂体-肾上腺轴系统，使肝糖原分解、糖原异生，或延缓体内糖类的处理，致使血糖升高，出现或加重糖尿病。心理应激可以使正常人显示糖尿病的某些症状，如糖耐量减低、血糖升高、尿中糖和酮体含量增多。与糖尿病患者不同的是，正常人在应激解除后很快恢复正常，而糖尿病患者则很难恢复。动物实验发现，在应激状态下，生长激素、皮质类固醇、肾上腺素、去甲肾上腺素和胰高血糖素被释放出来，抑制胰岛素的作用，阻止了血中葡萄糖转化为脂肪，使血糖增高，易于产生糖尿病。以上说明，强烈的生理应激或应激的持续状态可以诱发糖尿病。

2. 生活环境　生活环境的变化与糖尿病发病及病情有一定的关系。安定、良好的情绪状态可使病情缓解，而紧张、抑郁和悲愤等常常导致病情加剧或恶化。稳定的生活环境往往带给人安定、良好的情绪，反之，会使人紧张和抑郁，甚至悲愤。

3. 人格因素　情绪不稳、神经过敏、适应力差、内向、被动、依赖、幼稚、不安全感、优柔寡断、缺乏自信和有抑郁心理的人较正常人易发糖尿病。

4. 社会因素　随着现代物质生活水平的提高，膳食营养结构发生了巨大变化，体力劳动减少，致使营养过剩，肥胖者日益增多，2 型糖尿病患者逐渐增加。

（二）心理康复

2 型糖尿病患者可能伴有焦虑、抑郁等负性情绪，给患者身心健康及社会功能造成不利影响。引起糖尿病患者焦虑的常见因素是对高血糖、未达降糖目标、胰岛素注射或输液（针头恐惧症、血液恐惧症、低血糖）以及并发症的担忧。糖尿病患者心理干预的主要目的是改善患者的情绪反应，帮助其建立有效的社会支持系统，提高他们对糖尿病治疗的依从性和康复的主动性，从而提高生活质量。

1. 自我管理教育和支持　糖尿病是一种长期慢性疾病，患者的日常行为和自我管理能力是影响糖尿病控制状况的关键因素之一，因此，糖尿病的控制不是传统意义上的治疗而是系统的管理。糖尿病自我管理教育和支持致力于临床、教育、社会心理和行为方面的照顾，可促进患者不断掌握疾病管理所需的知识和技能，对糖尿病患者的临床、心理和社会行为方面都有明确的益处。接受糖尿病自我管理教育的患者，血糖控制优于未接受教育的患者，拥有更积极的态度、更丰富的糖尿病知识和较好的糖尿病自我管理行为，更有战胜疾病的信心。总之，个性化的自我管理教育和支持能提高患者应对糖尿病相关问题的能力，更好地改善情绪障碍及糖代谢状态。

2. 支持性心理治疗　糖尿病患者由于长期受疾病折磨，容易丧失治疗信心，治疗师要关心、体贴患者，耐心细致地了解患者心理状态，通过支持、解释、疏导、鼓励等方法缓解患者的焦虑、紧张心理，帮助患者树立生活和治疗的信心；指导患者建立有规律的生活方式，科学地安排饮食和体力活动，针对患者的各种不良情绪做好应对指导工作。另外，同伴支持模式有助于缓解糖尿病患者的心理压力，提高心理弹性，使患者具有正确应对和良好适应的能力。

3. 认知行为治疗　认知行为治疗对糖尿病患者的抑郁和焦虑有较好的改善作用，还有助于增强患者的自我管理效能，帮助患者纠正错误认知和不良习惯，从而发挥其主观能动性，积极配合治疗，进而帮助患者控制血糖。糖尿病治疗过程漫长，甚至需终身治疗，因此有必要把疾病的防治知识教给患者，消除患者对疾病认知的误区及错误信念，改善负性情绪，提高患者的自我管理效能，使其自觉地执行康复治疗方案。其中包括自我监控、控制进食、应对诱惑、认知重建和放松技巧等。干预过程中，应对患者表达充分的尊重和共情，仔细倾听并建立信任，不忽略任何细微进步，给予及时、适当的奖励和称赞。认知部分推动对生活有益的信念；行为方面帮助患者学习采取更为健康的行动。接纳与承诺疗法，作为新一代认知行为疗法，能够提高 2 型糖尿病患者的心理灵活性及自我效能。

链接

接纳与承诺疗法

接纳与承诺疗法是新一代认知行为疗法，通过正念、接纳、认知解离、以自我为背景、明确价值和承诺行动等过程以及灵活多样的治疗技术，帮助来访者增强心理灵活性，投入有价值、有意义的生活。接纳与承诺疗法主要强调让患者主动接受与拥抱痛苦，强调“对你造成伤害的并非事件本身，而是你对待已发生事件的错误态度或认知”。

4. 情绪管理　糖尿病患者的焦虑、抑郁情绪均可导致血糖波动，影响糖尿病病情的稳定。精神和身体的松弛有助于胰岛素分泌增加，血糖水平下降，改善糖耐量，增加外周血流量，改善微循环。可通过松弛疗法和生物反馈疗法来稳定情绪，降低血糖；另外，正念疗法能够很好地改善糖尿病患者的不良情绪，增强健康管理能力，提高依从性等，间接地起到降低血糖水平的作用。同时通过正念疗法使糖尿病患者树立正念的生活态度，当发现自己的不适时，能够客观公平地观察对待，情绪保持平和，避免负性情绪对糖尿病的影响。针对糖尿病患者还可以通过正念进食来帮助体重管理。

5. 药物治疗　选择性 5-羟色胺再摄取抑制药、5-羟色胺和去甲肾上腺素再摄取抑制剂常作为糖尿病合并抑郁焦虑患者的一线选择药物，同时可能改善患者血糖控制。但某些抗抑郁药物可能对血糖控制和体重造成不良影响。

三、睡眠障碍的心理康复

案例 8-3

李某，男，62 岁，退休职工，主诉反复入睡困难两年余。患者自患严重的湿疹以来出现入睡困难，睡眠浅，有时彻夜难眠，经常感到皮肤瘙痒，躺在床上辗转反侧，过往的生活事件也容易在大脑里浮现。因睡眠欠佳导致白天精神状态欠佳，精力、体力下降，自我调整效果欠佳。患者心理压力较大，经常担忧睡眠不足会进一步加重湿疹。

问题：患者的入睡困难存在哪些方面的心理因素？

睡眠障碍是指睡眠量的异常及睡眠质的异常或在睡眠时发生某些临床症状，如睡眠减少或睡眠过多、睡行症等。正常人对睡眠的需求因年龄、个体差异而不同，新生儿每天平均睡眠16个小时，儿童一般为10个小时，成人为6～8个小时，老年人则睡眠需求逐渐减少，通常为5～7个小时。

（一）发病原因

1. 生理、药物因素　人体生理环境的变化很容易影响到大脑，继而诱发睡眠障碍的问题。其中比较常见的诱发睡眠障碍的生理因素如慢性躯体疾病、疼痛、咳嗽、激素水平的变化、肿瘤等消耗性疾病。长期服用具有中枢兴奋性的药物也可能诱发睡眠障碍，其中比较常见的如苯丙胺、甲状腺素、咖啡碱、氨茶碱等。

2. 心理因素　精神紧张、焦虑、恐惧等心理状态均会诱发睡眠障碍。在不良情绪的影响之下，神经高度紧张，交感神经过度兴奋引起入睡困难。这一类型的患者通常会伴随有头痛、头晕、健忘、乏力等症状。很多精神疾病都会伴有睡眠障碍，如抑郁障碍患者常见的睡眠障碍为早醒，而焦虑障碍的患者则以入睡困难为主。

3. 环境因素　环境不利于睡眠也是引起睡眠障碍的重要原因，如生活习惯改变、更换住所、值班、声音嘈杂、光线过强、温度过高或过低、床具不舒适等。

（二）睡眠障碍的表现和分类

1. 失眠障碍　基本特征是入睡困难或维持睡眠困难所致的对睡眠数量或质量的不满意。失眠的不同表现可以发生在睡眠期间的不同阶段。失眠可引起焦虑、抑郁或恐惧心理，并导致精神活动效率下降，妨碍社会功能。主要临床表现为入睡困难、睡眠不深、易醒和早醒、醒后再次入睡困难，还有些表现为睡眠感的缺失，其中以入睡困难最多见。常并发焦虑情绪，对失眠本身的恐惧和对失眠所致后果的过分担心反而加重了失眠，失眠者常陷入这种恶性循环。长期失眠可导致情绪不稳、个性改变。

2. 嗜睡障碍　以日间过度思睡或日间毫无征兆突然入睡为特征。临床表现为在安静或单调环境下，经常困乏嗜睡，且不分场合，甚至在需要十分清醒的情况下也出现不同程度不可抗拒的入睡，并非睡眠不足、药物、酒精、躯体疾病所致，也非某种精神障碍所致，过多的睡眠可引起显著痛苦或社交、职业或者其他重要功能的损害。常有认知和记忆功能障碍，表现为记忆力减退，思维能力下降，学习新鲜事物出现困难，甚至意外事故发生率增加。这些问题常常使患者情绪低落，甚至被别人误认为懒惰，不求上进，造成严重的心理压力。

3. 睡眠-觉醒节律障碍　睡眠-觉醒节律障碍是指睡眠-觉醒节律与常规不符而引起的睡眠紊乱。本病常见于成年人，儿童期和青少年发病者较少，临床表现为睡眠-觉醒节律紊乱，有的睡眠时相延迟，如患者常在凌晨入睡，下午醒来；有的入睡时间变化不定，总睡眠时间随着入睡时间的变化而长短不一，有时可连续2～3天不入睡，有时整个睡眠时间提前，过于早睡或过于早醒，患者多伴有忧虑或恐惧，并引起精神活动效率下降，妨碍社会功能。

4. 睡行症　睡行症过往习惯称为梦游症，是指一种在睡眠过程尚未清醒时起床，在室内或户外行走或做一些简单的活动的睡眠或清醒的混合状态，发作时难以唤醒，刚醒时意识障碍，定向障碍，警觉性下降，反应迟钝。本症在儿童中发病率很高，可高达1%～15%，成人低于1%，男孩多见，可伴有夜惊症以及遗尿症。睡行症的临床表现为患者在入睡后不久突然从床上起来，四处走动，常双目向前凝视，一般不说话，询问也不回答，患者可有一些复杂行为，如能避开前方的障碍物，能倒水、开抽屉等，但难以被唤醒，持续数分钟到数十分钟，然后自行上床或被人领回床上再度入睡。待次日醒来，对睡行过程完全遗忘。通常出现在睡眠的前三分之一段的深睡期，次日醒来对发生经过不能回忆。

（三）心理康复

睡眠障碍的治疗方法包括心理治疗、睡眠卫生教育、药物治疗和物理治疗等。下面以临床最常见的失眠障碍为例。

1. 认知调整　大部分睡眠障碍患者对睡眠存在不合理的认知，过分关注睡眠障碍的不良后果，导致负性情绪积累，使睡眠进一步恶化，睡眠的恶化又反过来影响患者的情绪，形成一个不良循环。认知调整的目的在于改善患者对睡眠的认知偏差，修正患者对于睡眠问题的不合理信念及态度。

2. 刺激控制法　目的在于消除床/卧室与睡眠的负性联系，重建床/卧室与正常睡眠联系，即打破条件性觉醒，加强床和卧室作为睡眠的刺激。主要操作要点：①仅在有睡意时才上床；②无论夜里几点开始入睡，睡了多久，每天都坚持在固定的时间起床；③只在卧室内睡眠，除了睡眠外，不在床上或卧室内做任何事情；④醒来后的15～20分钟一定要离开卧室。

3. 放松训练　减低与失眠相关的躯体和心理焦虑，使内心平静并放松身体，达到降低高唤醒状态的目的。放松方法有渐进式肌肉放松、生物反馈、想象放松、正念冥想、腹式呼吸等。

链接

睡眠效率

睡眠效率是总睡眠时间与卧床时间之比。一般以大于80%作为正常的参考标准。睡眠效率与年龄密切相关，儿童和青少年睡眠效率较高。睡眠质量的好坏并不取决于总睡眠时间，而是取决于睡眠效率。要提高睡眠效率，可通过增加实际睡眠时间或减少卧床时间来实现。

4. 药物治疗　安眠药对症治疗可以短期使用，应根据患者失眠的种类和患者的体质选择不同药代动力学特点的安眠药，且应遵循个体化、按需、间断、足量的原则。药物治疗效果一般在1～2周后就会减弱，不宜长期应用，且长期使用可导致依赖。应用大剂量安眠药在撤药时宜逐步减量。对于原因不明的失眠患者，应解除其顾虑，使患者明白人体在无特殊原因的情况下能自身调节而获得所需的睡眠。可首选非苯二氮䓬类药物，如佐匹克隆、右佐匹克隆、唑吡坦、扎来普隆，其次可选用苯二氮䓬类药物，如艾司唑仑、劳拉西泮等。褪黑素受体激动剂，如雷美替胺可参与调节睡眠-觉醒周期，改善时差变化引起的症状和昼夜节律失调性睡眠障碍。具有镇静作用的抗抑郁药物，如曲唑酮、米氮平、氟伏沙明和多塞平，适用于伴有抑郁和（或）焦虑的失眠患者。

5. 物理治疗　经颅磁刺激治疗是一种无痛、无创、无损、安全、有效的治疗方法，其原理是利用时变的脉冲磁场作用于中枢神经系统（主要为皮质），改变皮质细胞膜电位，使之产生感应电流，影响脑内代谢和神经电活动，从而引起一系列生理生化反应。其他的物理治疗方法还有经颅直流电刺激、光照疗法等。

自 测 题

一、选择题

A型题

1. 心理生理障碍是
   A. 心理社会因素在病因上起主导作用的躯体疾病
   B. 由心理社会因素引起的精神疾病
   C. 心理社会因素在发病过程中起重要作用的躯体器质性疾病和躯体功能性障碍
   D. 由心理社会因素引起的神经症
   E. 由心理社会因素引起的生理反应
2. 下列疾病中，不属于心理生理障碍的是
   A. 十二指肠溃疡　B. 抑郁症
   C. 癌症　D. 糖尿病
   E. 支气管哮喘
3. 心理生理障碍的康复原则从形式上看包括
   A. 生理和心理　B. 个体和社会
   C. 心理治疗和药物治疗　D. 物理治疗和对症治疗
   E. 整体和多维
4. 下列属于与冠心病发病有关的生活方式是
   A. 不吸烟　B. 喜欢运动
   C. 人际关系协调　D. 过食
   E. 社会交往多
5. 失眠的临床表现不包括
   A. 入睡困难　B. 嗜睡
   C. 睡眠不深　D. 易醒和早醒
   E. 醒后再次入睡困难
6. 睡眠障碍的类型不包括
   A. 多梦　B. 失眠障碍
   C. 嗜睡障碍　D. 睡眠-觉醒节律障碍
   E. 睡行症

X型题

7. 冠心病的发病原因为
   A. 心理应激　B. 行为类型

C. 情绪因素　　D. 行为危险因素

E. 以上都不是

8. A 型行为类型的特征为

A. 过度竞争意识　　B. 强烈的时间紧迫感

C. 较强攻击性　　D. 缺乏耐心

E. 富有敌意

9. 与冠心病发生有密切关系的行为危险因素主要有

A. 吸烟

B. 缺乏运动

C. 肥胖

D. 对社会压力的适应不良

E. 以上都不是

二、简答题

1. 心理生理障碍的原因有哪些？

2. 心理生理障碍的心理康复原则是什么？

（刁　倩　梁桂铭）

第9章

肢体功能障碍的心理康复

中枢、周围神经系统病变、外伤或其他原因可能导致个体的肢体功能丧失或缺损，从而影响患者的生活质量。因治疗和康复周期长，恢复缓慢，患者常会出现不同程度的焦虑、抑郁或应激反应。这些心理反应如果处理不当，往往会使病情加重或反复。因此，采取适当的心理康复策略是改善患者临床症状、提高康复水平的重要环节。

第1节　脑卒中患者的心理康复

案例 9-1

赵某，女，64 岁，退休工人，因右侧肢体功能障碍 3 个月住院。入院诊断：脑出血恢复期。主要表现为言语不利，右侧肢体运动障碍和感觉障碍。头颅 MRI 检查显示：左侧基底节区、放射冠出血。近期出现情绪低落，哭泣，悲观，焦虑，担心未来，感觉自己拖累了家人，容易急躁发脾气，参与康复治疗的主动性和积极性较差。食欲下降，体重减轻，失眠，睡眠过程中有时躁动不安。

问题： 1. 目前影响该患者康复的主要问题是什么？

2. 如何处理该问题？

脑卒中是供应脑的动脉血管病变（破裂、闭塞或痉挛）引起的脑局灶性血液循环障碍，而致意识障碍和（或）脑局灶症状（言语障碍、面瘫、肢瘫）。

脑卒中是神经系统疾病中最常见的危重病。由于脑部受损以及病残引发的心理社会因素，脑卒中患者容易出现情绪障碍。

一、生物-心理-社会因素

脑卒中患者的心理障碍形成原因十分复杂，是生物、心理、社会等因素共同作用的结果。

（一）生物学因素

1. 神经内分泌的改变　脑卒中患者的心理障碍可能与中枢神经损伤后机体内分泌的改变有关，如去甲肾上腺素能神经元和 5-羟色胺能神经元及其通路受损引起的这两种神经递质合成和分泌减少，从而导致情绪障碍。脑卒中患者的血清脑源性神经生长因子水平降低，与脑卒中后抑郁有关。下丘脑-垂体-肾上腺皮质轴功能异常和促炎因子水平增加抑制海马神经元再生，降低前额叶皮质神经可塑性导致抑郁的发生和发展。

2. 损伤部位与症状的关系　脑卒中患者心理障碍的临床表现与脑部受损的部位、范围和程度有关。例如，左半球比右半球及脑干损伤更容易产生心理障碍，左侧前部优势半球额叶皮质和基底节区损伤较其他部位更易出现抑郁。右侧损伤多表现为病理性的欣快和躁狂。脑部多发性病灶的抑郁发生率明显高于单发性病灶。

3. 神经功能缺损程度　脑卒中患者的心理障碍与神经功能缺损程度密切相关。患者的神经功能缺损程度越严重，肢体活动功能和言语功能越差，日常生活上面临更多的不便，越容易出现焦虑或抑郁情绪。

（二）心理因素

1. 心理压力　脑卒中往往起病较急，患者从一个健全的人，突然变为偏瘫、失语的残障人士，且治疗费用较高，康复速度较慢，患者自觉压力巨大，认为自己患病给家人带来了负担和麻烦。

2. 性格因素　性格内向、自卑、害羞的人，更容易感到孤独、无助和劳累，A 型性格的人脾气急躁，容易激动，争强好胜，时间紧迫感强，这两类人更容易出现脑卒中，且发生脑卒中后很难接受患病和后遗症的现实。

3. 认知功能　文化程度高，认知功能较好的患者，更能正确理解自己的病情，积极配合治疗，主动参与训练，心理障碍的发生率相对较低；相反，文化程度低，认知功能较差的患者，理解能力差，训练配合度低，康复效果欠佳，更容易出现心理问题。

（三）社会因素

1. 家庭因素　家庭关系和睦，家人能够给予患者充分的关怀和支持，满足患者合理的精神和物质需求，沟通良好，患者对康复的信心更强，训练的主动性更好，心理烦恼就越少。如果家人对患者漠不关心，照顾少，或者经常批评、指责患者，则患者容易产生心理冲突或心理失衡。此外，康复治疗的费用较高，家庭良好的经济条件也能减轻患者的很大一部分心理压力。

2. 社会支持　社会隔离状态（缺少与家庭以外的人接触或沟通，不愿参加集体活动）是社会支持不足的重要原因，长时间处于这种状态会导致患者逐渐变得孤僻、退缩，进而容易产生恐惧、抑郁等心理障碍。周围人对患者的歧视、冷漠或者怜悯的态度，也会对患者造成不良的心理影响。

3. 医护人员的态度　医疗、护理和康复治疗人员的态度对脑卒中患者的心理状态有重要影响。如果康复治疗人员能够对患者保持耐心，详细地解释各项操作的原理、步骤和注意事项，并给予患者不断的鼓励，患者的不良情绪就会减轻很多，训练的配合度也更好。

二、临床表现

脑卒中患者的心理障碍主要表现为抑郁、焦虑或情感淡漠等，也有部分患者表现为幻觉、妄想、躁狂、行为紊乱、情绪不稳、人格改变等。

（一）抑郁

1. 卒中后抑郁的概念　卒中后抑郁是指发生于卒中后，表现为一系列抑郁症状和相应躯体症状的综合征，是卒中后常见且可治疗的并发症之一。

2. 临床表现　卒中后抑郁的临床症状分为核心症状和非核心症状。

（1）核心症状　①情绪低落，悲伤，对前途悲观失望，对现状缺乏改变的信心和决心，认为自己的生活毫无价值；②兴趣缺乏，患者对各种以前喜好的活动缺乏兴趣，体验不到任何乐趣；③精力减退，容易疲惫，活动水平下降。

（2）非核心症状　①体重减轻，入睡困难，多梦，睡眠浅，早醒，食欲下降（少数患者表现为食欲亢进），性欲下降；②犹豫不决，自我评价低，自责，自罪，自伤自杀，注意力不集中。

3. 卒中后抑郁的特点　卒中后抑郁具有以下临床特点：①患者一般不主动叙述自己情绪的不良体验，而多以失眠、躯体不适、容易哭泣等症状为主诉；②有些表现为治疗依从性差或被动依赖性强，导致康复效果不佳；③由于患者常伴随一定的认知功能损害，可表现为执行功能减退、记忆力下降、注意力不集中；④抑郁症状多为轻中度，常伴发焦虑或者躯体化症状。

4. 卒中后抑郁评估方法　卒中后抑郁是卒中后常见的情绪障碍，我国临床医师往往容易忽略，加之卒中后抑郁的临床表现形式多样，不被关注，导致众多潜在的卒中后抑郁患者未得到及时有效的识别和治疗。因此，对卒中后抑郁患者进行评估显得尤为重要。

应对所有脑卒中患者进行多时间点筛查卒中后抑郁，除询问卒中的病史外，着重询问患者的心境、愉快感、自卑和自责、轻生观念、迟滞、激越、注意、记忆、睡眠、食欲、体重、乏力等内容。如果患者有明显风险的抑郁症状存在，则需要更多的时间对患者的抑郁程度进行严格评估，有必要时则对照诊断标准进一步明确诊断。但重度卒中后抑郁患者建议请精神科医师会诊或者转诊。

卒中后抑郁可以发生在卒中急性期及康复期的任何阶段，常见于卒中后 1 年内，所有卒中后患者均应该考虑发生卒中后抑郁的可能性。在筛查过程中，还应对卒中后抑郁的风险因素进行评估，包括卒中后生存状态、功能依赖、认知损害、既往抑郁史、日常生活自理能力等，若有 2 个及以上的风险因素则容易发生卒中后抑郁。由于评估卒中后抑郁的最佳时间尚未确定，故卒中后抑郁筛查建议在卒中后的多个不同阶段进行。特别是在病情反复（如急性加重或经久不愈）或治疗地点变更（如从急性治疗地点到康复治疗地点或在回归社会前）的时候，重复筛查是十分必要的。由于目前国内脑卒中人群数量非常庞大，故对脑卒中患者推荐使用一些简便易行的问卷以筛选可能的抑郁患者，如采用“90 秒四问题提问法”或者患者健康问卷-9 项量表。若“90 秒四问题提问法”[①过去几周（或几个月）是否感到无精打采、伤感，或对生活的乐趣减少了？②除了不开心之外，是否比平时更悲观或想哭？③经常有早醒吗（事实上并不需要那么早醒来）？④近来是否经常想到或者感觉没意思？]的回答均为阳性，或患者健康问卷-9 项量表的前两项（①做什么事都没兴趣，没意思；②感到心情低落，抑郁，没希望）回答为阳性，则需要使用抑郁症状评估量表进一步评估抑郁严重程度。

5. 卒中后抑郁常用量表　对于经以上筛查后阳性的脑卒中患者，需做进一步的评估，以判断抑郁症状的严重程度，指导临床诊断和治疗。抑郁症状评估量表分他评和自评，他评量表包括汉密尔顿抑郁量表、蒙哥马利-艾森贝格抑郁评定量表等。自评量表包括患者健康问卷-9 项量表、Zung 抑郁自评量表、贝克抑郁自评量表、医院焦虑抑郁量表等。除了常规的抑郁评估量表，还包括一些特殊人群的评估量表，如适用于老年患者的老年抑郁评估量表，适用于失语患者的卒中失语症患者抑郁调查表-10 和失语症抑郁量表等。

（二）焦虑

1. 卒中后焦虑的概念　卒中后焦虑障碍是发生于脑卒中后以焦虑为主要临床表现的一种情绪障碍。

2. 临床表现　卒中后焦虑障碍的表现与广泛性焦虑障碍类似，但总体程度较轻，且躯体化相对明显，主要表现在如下几方面。①精神方面：心烦意乱，紧张不安，忧心忡忡，没有明确的担心内容或对象，对外界刺激容易出现惊跳反应，或者坐立不安，搓手顿足。②生理方面：自主神经功能亢进，表现为心悸、气促、头晕、多汗、口干、面部发红或苍白、胃肠不适、腹痛腹泻、便秘、性功能减退、肌肉紧张、月经紊乱等。这些症状使患者注意力水平下降，工作或生活受到影响。

（三）情感淡漠

1. 卒中后淡漠　卒中后淡漠主要表现为对外界刺激缺乏相应的情感反应，对周围的事情漠不关心，其核心特征为动机的缺乏或丧失。情感淡漠和抑郁在卒中后初期是相互独立的症状，但随着时间的推移，两者多有重叠。多数观点认为右半球损伤和情感淡漠有关。年龄较大者更容易发生情感淡漠。情感淡漠与患者的认知损害程度和运动障碍的严重程度密切相关。

2. 临床表现　情感淡漠的核心症状是动机的缺乏，目标指向行为减少，目标指向认知活动减少和情绪减退，至少存在 4 周，且导致确切的功能损害。与抑郁的负性心境不同，情感淡漠表现为中性心境。卒中后抑郁与卒中后淡漠的区别见表 9-1。要注意不能将失语症患者视为情感淡漠。

表 9-1　卒中后抑郁与卒中后淡漠的区别

卒中后抑郁症状	卒中后淡漠症状
对活动失去兴趣；其他人鼓励/促进参与时仍无改善	参与活动的主动性降低；其他人鼓励/促进参与时仍能享受活动
患者自诉心情悲伤、低落、郁闷	患者否认心情悲伤或低落
经常哭泣	一般无情绪反应
患者因症状而烦恼	与患者相比，家人更担心患者症状

三、心理康复方法

脑卒中引起的肢体运动、感觉、认知和言语多种障碍的康复是一个长期的过程，而康复的效果又具有不确定性，这会给患者带来相当大的心理压力。无论是心理压力，还是卒中后抑郁、焦虑和情感淡漠都会影响患者康复训练的主动性、积极性，以及训练时的注意力水平，从而可能造成康复效果不佳。可以采取心理治疗的方法处理患者的心理问题，如支持性心理治疗、认知疗法、行为治疗、音乐治疗等，较为严重或者心理治疗效果不佳的患者可以采取药物干预。

（一）支持性治疗

1. 建立良好的治疗关系　以热情、尊重的态度接待患者，解除患者及家属的紧张和不安，理解和宽容患者在康复治疗过程中出现的烦躁、愤怒等情绪。选择一个安静、安全且患者喜欢的环境进行治疗。与患者及其家属协商制订治疗计划和治疗方案，充分调动患者参与心理康复的积极性。

2. 鼓励患者倾诉　对于患者心中的各种烦恼、抱怨或者委屈，治疗师要保持接纳、不评判的态度，耐心地倾听患者，理解其言语背后的情感需要。与家属一起，努力满足患者的合理性需要。

3. 安慰和鼓励患者　可以采用递纸巾、拍拍患者的肩膀或膝盖等身体语言来安慰患者。告诉患者剧烈的情绪波动可能导致血压突然升高，再次发生脑卒中而导致病情恶化。指出患者康复的各种有利条件，列举康复成功的案例，帮助患者建立信心，提高患者自觉训练的积极性。

（二）认知疗法

患者缺少脑卒中的相关知识，对它的发生原因、治疗方法和预后不了解，将会增加患者对该疾病的恐惧和焦虑。通过健康教育的方法，帮助患者理解相关知识，有助于增强患者对疾病的掌控感。

此外，患者可能存在一系列错误认知，如“肢体功能障碍可能永久存在”“肢体功能障碍意味着自己将来会成为一个没用的人”“残疾给家人带来了负担和麻烦”“再也不能像过去一样过美好生活了”。这些想法导致患者容易产生焦虑、沮丧的情绪，从而影响患者康复的积极性。通过纠正这些错误或者非适应性的认知，帮助患者建立更加符合客观现实的合理性认知，如“虽然肢体活动能力受到了一定的限制，但是我的思考能力依然很好”“麻烦子女反而让父母和子女之间的关系变得更好了”“不是什么也做不了，还能为家里做一点力所能及的事情，发挥余热”等。新的认知有助于患者改善不良情绪，保持乐观情绪，积极配合治疗。

（三）行为治疗

对于有紧张、恐惧情绪的患者，可以采用渐进性肌肉放松训练或者呼吸放松训练的方法进行缓解。对于情绪低落、活动水平下降、生活不规律的患者，可以采用行为激活的方法，与患者一起制订日常生活行为活动表，循序渐进地增加活动内容，依照计划执行任务，并且生活作息规律，把注意力从不良情绪转向生活和康复训练。对于沉闷少语、不愿接触外界的患者，要打破社会隔离，增加社交活动，与他人建立心理联结，有助于从交流中获得社会支持。可以按照亲朋好友、邻居、陌生人、集体或组织这样的顺序逐步恢复社会交往。

链接

社会隔离

社会隔离是指个体在人际关系上处于孤立或被隔离状态。动物或人类个体在成长过程中，如果长期处于被隔离或孤立状态，就会在认知、情绪、行为等方面的发展上产生明显的障碍。社会隔离是发生抑郁症等精神疾病的危险因素。

（四）其他心理治疗

家庭功能不良或者家庭成员之间存在沟通障碍，如长期夫妻关系不和谐，家庭成员对患者过多批评指责，会影响患者康复的积极性。这时可以进行家庭治疗。对于病情稳定的慢性期患者，可以采用经验交流会、文娱活动或者讲座的形式开展集体治疗。音乐治疗对于改善患者的步态、行走能力以及言语能力有较好的效果。

（五）药物治疗

对于明显抑郁的患者，可以配合使用抗抑郁药。目前临床上常用的是氟哌噻吨美利曲辛和选择性5-羟色胺再摄取抑制药（安全性比较高的如舍曲林、西酞普兰、艾司西酞普兰）。这些药物也有抗焦虑的作用。对于焦虑的患者，还可以使用苯二氮䓬类药物，如劳拉西泮、阿普唑仑、奥沙西泮。对于失眠的患者，可以使用艾司唑仑、酒石酸唑吡坦或佐匹克隆。针对情感淡漠的药物主要有胆碱酯酶抑制剂、中枢神经系统兴奋药及多巴胺能药物。

第2节　脊髓损伤患者的心理康复

案例 9-2

李某，男，54岁，职员，患者在进行滑翔伞运动时不慎从高空坠落，臀部着地，因摔伤致双下肢活动不利伴二便障碍20天入院。入院诊断：脊髓损伤（T12、L1）。主要表现为双下肢肢体运动障碍、感觉障碍、二便障碍。行腰骶椎CT示：T11、T12椎体及L1、L2椎体及其附件多发骨折，术后来医院行康复治疗。住院期间患者生活不能自理，自觉腰痛、双下肢外侧及鞍区麻木，二便失禁，留置尿管，因疼痛、麻木影响睡眠，有时彻夜难眠。患者曾有一次导尿时大量出血，非常恐惧，接受不了自己的身体状况，容易急躁发脾气，情绪低落，悲观，觉得这一辈子废掉了，对康复治疗没信心、依从性差。

问题： 1. 目前影响该患者康复的主要问题是什么？

2. 如何处理该问题？

脊髓损伤是指各种致病因素（外伤、炎症、肿瘤等）引起的脊髓结构、功能的横贯性损伤，造成损伤节段平面以下的脊髓神经（运动、感觉、括约肌及自主神经）功能障碍。

脊髓损伤是严重的致残性损伤，患者多由突如其来的脊柱外伤导致损伤节段以下肢体严重的功能障碍。脊髓损伤不仅会造成患者身体、生活的巨大痛苦和不便，还会给患者心理造成巨大的损害，引发各种精神心理障碍，进而影响患者恢复。因此，必须进行积极有效的心理康复，提高患者的康复效果。

一、生物-心理-社会因素

（一）生物学因素

脊髓损伤后，除了创伤或疾病本身等剧烈刺激影响患者的心理状态，脊髓损伤所导致的各种严重并发症会进一步加重对患者日常生活、工作、学习等的影响，从而导致患者的心理障碍。常见并发症的影响：①脊髓损伤造成四肢瘫或截瘫，瘫痪肢体长期缺乏活动，会发生肌肉萎缩和肌腱缩短，常导致关节挛缩，甚至关节畸形，使关节活动受限，从而影响患者日常生活活动及社交，致使患者易出现焦虑、烦躁；②脊髓损伤造成神经源性膀胱及直肠功能障碍，严重影响患者的日常生活护理，大小便失禁给患者带来沉重的心理压力，致使患者自卑、自闭、抑郁；③脊髓损伤后常并发疼痛，原因复杂，主要为中枢性疼痛和躯体性疼痛，长期疼痛影响患者的生活质量，也会导致严重的心理障碍。④脊髓损伤患者多数有不同程度的性功能障碍，也会影响患者的生活质量，加重患者的心理障碍。

（二）心理因素

脊髓损伤尤其是完全性损伤常导致严重且延续终身的残疾，多数患者在伤后短时间内无法接受终身残疾的现实，会否认自己的身体状况，拒绝康复治疗。随着时间推移，患者逐渐认识到自身的残疾后，又会出现愤怒、抑郁等情绪，严重者甚至发生自杀行为。另外，为缓解终身残疾所致的不安、睡眠障碍、疼痛等，患者长期使用镇静剂和镇痛药物，极易导致药物或酒精依赖。

（三）社会因素

不良的社会环境，如社会对残疾人的歧视、社会支持和保障系统的不完善等，均可直接或间接影响脊髓损伤患者的心理状态，导致消极情绪，不利于康复。另外家庭因素中，脊髓损伤患者的父母、配偶、子女对患者的态度有一个演变过程。不同阶段有不同态度，这些不同的态度对康复会有不同影响。脊髓损伤患者的家庭都会感到不幸，并有一种内疚感。家人对患者开始是百般照顾，四处求医，易造成患者的依赖思想。如果医治无效，家人开始绝望、灰心丧气，对康复失去信心，甚至采取放弃态度。家人的不良情绪、言语及行为均会对患者的心理产生消极影响，甚至导致患者产生严重的心理障碍。

二、临床表现

（一）抑郁

抑郁是脊髓损伤后最常见的心理障碍，严重的抑郁限制了患者的生活功能和生活质量，同时消耗了大量医疗资源。抑郁患者在康复治疗中延长了住院时间，同时限制了患者的功能康复、降低了患者功能独立性。抑郁同时可增加继发并发症，如压疮和尿路感染等。许多个人因素会引起脊髓损伤患者的抑郁，如脊髓损伤前有适应不良的病史、心理障碍疾病史、酒精和药物滥用倾向、应对生活事件能力存在问题均可导致脊髓损伤患者的抑郁。相反，具备良好解决问题的能力、具有强烈生活目标和追求的患者抑郁发生率较低。抑郁的其他保护因素包括工作、社会的高质量支持、轮椅运动的参与。脊髓损伤患者自杀相关因素包括酒精滥用、药物滥用、犯罪史、精神病史、家庭问题、发病或住院期间存在自杀企图。

（二）焦虑

脊髓损伤患者的焦虑可能源于与脊髓损伤相关的创伤情境。1 年以上的脊髓损伤患者的焦虑水平仍高于一般人群。另外，焦虑水平并不随着病程的延长而下降。脊髓损伤患者的焦虑水平与年龄无关，与患者的生活压力有关。

脊髓损伤患者常出现社交焦虑，脊髓损伤患者的社交焦虑与年龄有关，而与损伤类型或者发病时间无关。不考虑损伤的类型和损伤后的时间，年长者比年轻人更容易焦虑，脊髓损伤患者的社会技能有助于减轻他们的社会不适感和逃避心理。

（三）疼痛

疼痛是脊髓损伤患者常见的并发症。慢性疼痛与低生活质量密切相关。麻醉剂滥用或者其他具有潜在滥用可能的药物如地西泮在这类人群里占比非常高，他们都是疼痛的高危人群。通过酒精滥用进行自我疼痛治疗也是一种危险因素，需要加以管理。

（四）创伤后应激障碍

脊髓损伤本身是种创伤，使患者容易患上创伤后应激障碍。

（五）适应

脊髓损伤患者回归社会及家庭后，他们的生活质量随着时间的推移是不断改善的。多数患者会逐渐习惯损伤的状态，也能适应新的生活方式。应对策略与心理痛苦水平有密切关系。抑郁和焦虑通常是一种逃避策略，积极的应对策略包括接受、乐观地重新评估和解决问题。问题解决的应对方式会带来控制感、自我效能感和创伤后的成长。相反，逃避的应对方式会导致抑郁、焦虑、自我忽视和药物滥用问题。因突然创伤而造成脊髓损伤后，患者心理会发生阶段性变化，不同阶段会表现不同的心理反应。一般会经历以下 6 个不同的心理过程，或称其为不同的心理适应阶段，也可能只经历其中 1～2 个阶段。6 个不同的心理适应阶段依次是无知期、震惊期、否认期、抑郁期、反对独立期、适应期。

三、心理康复方法

（一）心理康复原则

在脊髓损伤发生初期，许多患者会对参与心理康复产生阻抗。大多数患者住院主要是以肢体功能康复为首要康复目标，并不会重视心理康复。鉴于许多存在心理问题的患者并不具有足够的内省力，若让其强行接受心理康复，会让患者感到被侮辱、被“贴标签”。为解决这一问题，可以将心理评定作为入院检查流程的必需环节。评定患者心理障碍的性质和程度，可以为制订心理康复计划提供科学依据，同时，还可以评估心理康复的效果。

心理康复可以根据患者表现的主要心理问题或者并发症如抑郁、疼痛、酗酒和药物滥用、性功能障碍等采取针对性的干预措施。心理康复要根据患者的心理变化规律，进行有针对性的治疗，以确保患者能顺利度过心理危机期，接受其他康复治疗，顺利回归家庭和社会。不同的心理康复阶段患者有不同的心理表现，需要采取不同的干预策略。

（二）主要心理问题的康复

1. 抑郁　抑郁患者主要表现为情绪低落、行为被动、对生活绝望，应主动对患者进行心理干预，及时了解患者的心理状况，帮助患者尽早调整抑郁状态。认知疗法对抑郁有明显的效果，有些患者的抑郁来自于错误或不合理的观念，治疗师可针对患者不合理的观念给予纠正，从而改善适应不良的行为。脊髓损伤患者存在较高的自杀率，因此，预防自杀也是心理康复的重点。如果患者出现自杀企图，应及时转介，当出现自残或自伤的情况，应按照危机进行处理。临床上，不仅要密切关注和减少脊髓损伤后自杀的危险因素，更要注重预防自杀的积极因素，如增加家庭亲密感、懂得共情等。对于中重度抑郁患者，需同时配合抗抑郁药物治疗。目前选择性5-羟色胺再摄取抑制药、5-羟色胺和去甲肾上腺素重摄取抑制剂对脊髓损伤患者来说是耐受性相对好的抗抑郁药。文拉法辛缓释剂型可显著改善抑郁心境、快感缺乏、精神焦虑等，还可显著减轻脊髓损伤患者的伤害感受性疼痛，同时不增加痉挛。针对脊髓损伤患者使用抗抑郁药应基于副作用、药物相互作用、既往治疗史，以及患者个人偏好。如果对抗抑郁药物治疗反应不佳，应考虑：重新评估诊断、换用抗抑郁药物、联用其他药物、电休克治疗或者重复经颅磁刺激治疗。

2. 疼痛　脊髓损伤后疼痛常导致抑郁、物质滥用问题。抗癫痫药物如加巴喷丁或普瑞巴林可能对神经源性的脊髓损伤后疼痛有效。

3. 酗酒和物质滥用　动机访谈技术是一种用来提升患者改变动机的心理学干预技术，广泛用于戒烟、戒酒问题的团体治疗中。此外，这一技术在增强患者短期目标和康复持续性方面优于一般治疗技术。

（三）常用心理康复策略

1. 认知疗法　认知疗法是管理情感障碍的常用心理干预方法。适应证包括抑郁、焦虑和适应障碍。干预目标：脊髓损伤患者更多的问题是对未来的不确定感和恐惧感，自己认为应对能力差而导致适应障碍。脊髓损伤患者的非适应性认知包括：对自我和他人过度负面否定、损伤后对自我价值的负面评价、对持续失败的预测、发展过度的个人权利意识、过度的脆弱感。通过改变非适应性认知，降低焦虑和抑郁；改变对损伤后果的负性评价，提高适应能力。

2. 心理教育　急性脊髓损伤患者可以参加结构性心理教育团体。治疗团体应更加关注脊髓损伤患者必须面对的现实话题。一个有经验的脊髓损伤患者的出现对团体讨论非常重要，家庭成员常被邀请参加，治疗通常由康复小组成员引导。康复治疗师的角色是安排团体计划表、组织讨论、为康复的每一阶段提供信息帮助。关于脊髓损伤的讨论话题包括：社会技能和辅助残疾人的设备、残疾人的立法、性功能和生育问题、膀胱和直肠功能、饮食、皮肤护理、旅行、娱乐、陪护的管理、药物治疗、物质滥用等。康复治疗师在康复初始阶段要设立合理的目标，关注病史的评估、个性和行为模式、建立融洽的治疗关系，参与到心理教育的过程中。患者和家属在出院后出现问题仍可以联系治疗师，康复小组成员也会提供间接干预措施，如使用行为管理技术、提供应对情感障碍或情境的引导。

3. 职业和教育问题　对于年轻人来说，学生是一个重要的社会角色，毕业后参加工作就有了明显的社会角色。这些角色的参与，使这类人群脊髓损伤后具有更优越的社会心理适应性。帮助脊髓损伤者再就业的方法包括：职业咨询、总结早期工作经验、参加职业教育项目、进行职业规划和职业兴趣测试。同时可以借助就业支持系统和在职辅助技术。

第 3 节　截肢患者的心理康复

案例 9-3

于某，女，43 岁，工人，因“自觉左下肢疼痛半年，加重 10 天”以“幻肢痛”入院。患者因工作时出现意外致四肢、躯干、面部 85%的皮肤严重烧伤，后因左下肢皮肤伤口久不愈合而发生癌变，半年前遂于某医院行截肢手术。术后患者自觉左侧下肢仍存在，伴疼痛，部位不固定，以大拇趾、小趾为主，残端抽搐、跳痛，天气变化时疼痛明显，曾口服止痛药物、镇静催眠药等，效果不佳，另因截肢术中输血，感染了丙型肝炎病毒，患者术后出现情绪抑郁，兴趣下降，疲乏，悲观绝望，食欲减退，发病以来体重下降 5kg，睡眠差，时有心慌、胸闷、头晕。

问题：1. 目前影响该患者康复的主要问题是什么？

2. 如何处理该问题？

截肢是指将已失去生命能力、危害患者生命和没有生理功能的肢体截除的手术。截肢是因伤情所迫，在肢体损伤或感染严重，应用目前技术无法修复的情况下所使用的一种治疗方法。截肢最常见原因是周围血管病，大多是由 2 型糖尿病引起。其他原因还包括严重感染、创伤、肿瘤、先天性肢体发育异常、神经疾病或外伤引起的肢体运动感觉功能障碍合并营养障碍。心理障碍是截肢患者常见的共病，许多截肢患者存在适应障碍、焦虑、情绪障碍和创伤后应激障碍。截肢将会导致永久性残疾，影响患者的心理、自尊、社交和生活质量。

一、生物-心理-社会因素

（一）生物学因素

1. 疼痛因素　截肢后疼痛是截肢术后患者常见并发症，截肢后疼痛常见的有伤口痛、残肢痛、幻肢痛等，其中截肢后幻肢痛比较常见，这种疼痛可能会持续半年甚至更长时间。持续超过半年的幻肢痛常常变为慢性疼痛，难以治疗。抑郁是幻肢痛常见不良反应。幻肢痛人群比无症状人群抑郁症发生率高 3 倍。后背痛和残肢痛也和抑郁症有联系。

2. 残疾因素　截肢患者心理障碍的临床表现与截肢部位、范围、活动受限程度有关。截肢部位、范围及活动受限的程度不同，对患者生活的影响、对患者外观的影响、对患者工作的限制程度均不同，继而对患者心理的影响也不同。

3. 体象因素　截肢患者需要适应截肢后戴或不戴假肢的体象，在此过程中，患者可能表现轻微或强烈哀伤，一些人甚至会对自我产生负性评价。截肢患者还会产生羞耻甚至厌恶自己，负性体象是抑郁的信号。

（二）心理因素

1. 心理压力　许多患者在社会和家庭中均为主要劳动者，承担了更多的社会、家庭责任，突如其来的打击与肢体缺损造成劳动能力的丧失，朝夕之间身体发生重大改变，心理压力剧增，无法接受现实，容易出现焦虑、恐惧、抑郁，甚至厌世轻生，还有的患者极度悲伤、痛苦，痛恨生活不公，产生病耻感，进而出现拒绝治疗、自暴自弃的行为。

2. 性格因素　性格内向、自卑、敏感的人，在截肢术后，患者自身形象、工作、生活方式、社交等均面临巨大挑战，使得患者内心变得更加敏感，自卑。有的患者由于身体原因，无法承受之前的正常工作，没有收入来源，担心自己成为累赘，负性情绪明显。

（三）社会因素

1. 家庭因素　家庭亲密度是影响患者心理状态的重要因素，且应激障碍水平与有无配偶、工作学习、家庭关系及社会交际情况密切相关，家人帮助患者塑造新的生活方式及充分的支持显得尤其重要。家属能够意识到并能理解患者承受的痛苦和恐惧，不予患者过多的苛责，在精神和心理上给予患者适当的鼓励与支持，能够提高截肢患者战胜疾病的信心及患者愈后生活质量。

2. 社会支持　截肢患者因肢体的残疾和缺陷，影响外在形象，感觉其他人都在关注他，截肢早期容易产生强烈的病耻感、生活质量下降。如果长期社会支持不足，患者逐渐会出现社会隔离，进而出现抑郁、恐惧等心理障碍，抑郁情绪还会加重社会化的负性评价，形成恶性循环。另外，社会支持较少的患者比社会支持好的患者还更容易出现幻肢痛。

3. 人口学因素　性别、年龄、文化程度、收入等因素密切影响患者截肢术后心理状态。女性患者更加关注自己的外表，术后容易出现自我形象紊乱，男性患者则更注重病后的社会角色，如社会地位、工作能力等，男性比女性更少发生抑郁。老年人较中青年人有更少的体象障碍、焦虑和抑郁。不同文化程度的患者对待疾病的态度不同，文化程度越高的患者能够更加客观看待自己的情况，能够减轻对疾病的恐惧心理，且患者文化程度越高接受能力越强，更有利于学习新技能、新知识，以提高生存质量。收入是人们赖以生存的物质基础，有稳定收入的截肢患者，患病时更容易获得较好的医疗服务，因而生存质量更高。

二、临 床 表 现

（一）急性应激反应

因突发事件导致截肢者，在遭遇突发事件伤害与伤残之后几分钟至数小时内，可出现急性应激反应，因遭遇事件的严重程度和发作时间不同而表现出反应的强烈程度及持续时间不同。一般维持数天症状便可消失，最长 1 个月。表现为紧张不安，反复重现灾难性体验，回避能引起创伤性回忆的刺激，如不愿谈起有关的话题，甚至回避那些能勾起创伤性回忆的事物等。患者还可能出现警觉性增高的一些症状，如入睡困难、易激惹、对声音敏感、注意力不集中等，可伴有自主神经系统症状，如心慌、出汗、震颤等。

（二）幻肢痛

幻肢痛是指感觉已被切除的肢体仍然存在，并伴有不同程度和性质的疼痛。主要症状为幻肢感、残肢痛、幻肢痛，和焦虑、抑郁等相伴随，且幻肢感及残肢痛经常与幻肢痛同时存在。幻肢痛多与术后并发症如坏死、粘连、感染、局部缺血等有关。临床研究发现，截肢平面越高，年龄越大，其发生率越高，而性别、上下肢对其发生率影响差异不明显，而且截肢后 1 个月及 1 年内是其发生的两个高峰。幻肢痛迁延日久，不仅会给患者带来极大痛苦，而且会严重影响患者的生活质量与工作能力。幻肢痛被认为是一种顽固的神经病理性疼痛，虽然现有的治疗方法众多，但是仍有很多幻肢痛患者的症状未得到很好的控制。常见的治疗方式有药物治疗、物理治疗、心理行为治疗、微创的神经阻滞、局部注射和射频消融等。

（三）焦虑和抑郁

截肢患者因肢体永久性缺陷、功能丧失及形象改变，导致其生活、工作、学习、婚姻、社交活动受到一定程度影响，开始出现各种担心，如担心自己不能应对未来的一切、担心不被社会接纳、担心康复治疗效果、担心安装假肢和支具不能代替发挥功能等。这些担心表现为不同程度的烦躁不安、易怒、恐惧、入睡困难等。患者也常出现抑郁情绪，表现为持久的情绪低落、对生活缺乏兴趣、懒散乏力，有的患者整天沉浸在悲伤中不能自拔，对生活绝望，甚至产生轻生念头和行为。

三、心理康复方法

截肢患者的心理康复措施一般包括针对急性应激反应的支持性心理治疗；针对情绪障碍的认知疗法、团体治疗和其他治疗；针对疼痛的药物治疗、行为治疗、物理治疗；改善社会功能的职业康复、心理教育等。

（一）心理治疗

1. 支持性心理治疗　在建立良好治疗关系的基础上，根据患者的心理状态和心理需求采用劝导、启发、同情、说服、鼓励、支持等方法，帮助截肢患者应对突发事件和截肢后心理创伤的应激反应。认真倾听患者的述说，积极共情，合理地运用非言语沟通技巧。鼓励患者充分表达内心的负性情绪，解除患者对自己表现出的负性情绪和行为的担心，进行情绪疏导。在急性期心理干预时，建议不要过早或过多地触及患者内心深处的伤痛，如让他们回忆事故发生时的恐怖场面和痛苦经历，或让他们接受紧急截肢的现实。

2. 认知疗法　在急性期心理应激反应过后，可采用认知疗法，帮助患者积极、合理地评价事件本身和截肢后出现的具体问题，如自我形象改变、病耻感、截肢后生活方式改变等，帮助患者建立应对心理问题的积极思维模式。通过认知疗法，帮助患者改变其不合理的思维方式，消除负性情绪，使其积极配合治疗，提高生活质量。

3. 叙事疗法　叙事疗法有助于减轻患者的负性情绪，同时可提高其社会心理适应能力，帮助患者正视截肢，更快走出悲观、焦虑等负性情绪。

链接

叙事疗法

叙事疗法是受到广泛关注的后现代心理治疗方式，它摆脱了传统上将人看作问题的治疗观念，透过“故事叙说”“问题外化”“由薄到厚”等方法，使人变得更自主、更有动力。透过叙事心理治疗，不仅可以让当事人的心理得以成长，同时还可以让咨询师对自我的角色进行重新统整与反思。叙事疗法具有操作性强、效果显著等特点，具有较高的推广价值。

4. 接纳与承诺疗法　这是新一代认知行为疗法，通过正念、接纳、认知解离、以自我为背景、明确价值和承诺行动等过程以及灵活多样的治疗技术提高患者的心理灵活性，使他们能够接纳现实，积极融入生活，建立价值观并承诺行动。接纳与承诺疗法能提高截肢患者的心理灵活性，从而改善患者的心理、生理状况及生活质量。

（二）同伴支持

同伴支持是指在具有相同经历或面临相同问题的朋辈人群中，通过在一起分享观念和交流知识，实现教育目标的教育形式。同伴支持干预作为一种利用朋辈影响力在患者之间传递知识与信念的干预方式，强调了社会支持干预对患者心理的影响。另外，由同伴支持者主导的患者援助计划可为患者带来积极的体验。

（三）建立家庭及社会支持系统

家庭作为患者的主要陪伴者，为患者提供日常生活、精神与经济支持，在患者康复和治疗中起到重要作用。良好的家庭环境可以为患者提供持续情感支持，使其心理上得到安慰，有利于疾病康复。建立良好的社会支持系统，为患者提供情感支持、信息支持和判断支持。心理治疗师可以根据患者喜好、宗教信仰、社会交往、生活习惯等制订周密生活计划，为患者提供足够的正性社会支持，同时，帮助患者正确认识到社会支持的作用，并主动寻求各种社会支持，营造良好的社会环境，共同讨论以解决问题。

（四）行为治疗

虽然幻肢痛被大多数学者认为是神经病理性疼痛，但行为治疗仍然可以作为幻肢痛的辅助治疗。行为刺激、镜像疗法等都有一定的效果。患者通过镜子看到健肢的影像，并活动健肢，让患者产生一种视觉错觉，以为是患肢在运动并反馈到大脑皮质，这种积极的运动可能通过激活引发幻肢痛的脑部调节中心或者中断疼痛循环而起到减轻幻肢痛的作用。

（五）重复经颅磁刺激

重复经颅磁刺激是近年来快速发展的一种无创伤性的物理治疗方法。将放置在颅骨表面的线圈循环通过一定的电流幅度，并持续一定的时间和刺激方向，诱导颅内神经元及其轴突去极化，从而调节神经系统损伤后运动皮质之间的兴奋性均衡。重复经颅磁刺激不仅作用于初级运动皮质，还可影响周围较远范围的脑皮质和疼痛较为相关的亚结构单元，起到缓解慢性幻肢痛的作用。

（六）药物治疗

针对情绪障碍的药物治疗可以参考脑卒中的康复治疗章节。积极治疗幻肢痛，有利于心理障碍的康复。药物治疗目前以治疗神经病理性疼痛的一线药物为首选，对幻肢痛有明显疗效的药物有曲马多、吗啡、阿米替林、加巴喷丁。

自 测 题

一、选择题

A型题

1. 脑卒中后抑郁最常见的病灶为
A. 左半球额叶皮质
B. 左半球额叶皮质或基底节区
C. 脑干
D. 部位不恒定
E. 小脑

2. 脑卒中后抑郁的表现不包括
A. 自我评价过低、自责或有内疚感
B. 睡眠障碍，如失眠、早醒或睡眠过多
C. 对平时所爱好、有兴趣的活动或事情不像以往一样愿意去做并从中获得愉悦
D. 食欲降低或体重明显减轻
E. 精力旺盛、兴奋话多

3. 下列哪项不是卒中后抑郁的核心症状
A. 大部分时间总是感到不开心、闷闷不乐，甚至痛苦
B. 兴趣及愉快感减退或丧失
C. 体重减轻、入睡困难
D. 易疲劳或精力减退
E. 可能有自杀倾向

4. 截肢患者发生心理障碍的影响因素不包括
A. 截肢部位　　B. 年龄
C. 性别　　D. 截肢原因
E. 遗传因素

X型题

5. 肢体功能障碍患者常用的抗焦虑、抗抑郁药物包括
A. 选择性5-羟色胺再摄取抑制药
B. 5-羟色胺和去甲肾上腺素重摄取抑制剂
C. 苯二氮䓬类药物
D. 氟哌噻吨美利曲辛
E. 以上都不是

6. 脊髓损伤患者心理障碍的主要临床表现包括
A. 抑郁　　B. 焦虑
C. 疼痛　　D. 创伤后应激障碍
E. 以上都不是

7. 截肢患者心理障碍的主要临床表现包括
A. 急性应激反应　　B. 幻肢痛
C. 焦虑　　D. 抑郁
E. 以上都不是

二、简答题

1. 脑卒中患者的心理干预方法有哪些？
2. 影响脊髓损伤患者心理状态的因素有哪些？

（刁　倩　郭志华）

第 10 章
感觉器官功能障碍的心理康复

感觉是人们对客观事物个别属性的反映。人对各种事物的认识是从感觉开始的，感觉是最初级的认识活动，也是人的全部心理现象的基础。视觉和听觉是人类接收外界刺激的重要器官，视觉或听觉的损伤会影响个体对事物的准确感知，因此视觉障碍者和听觉障碍者更容易出现认知、情绪等方面的问题，进而影响他们的心理状态和生活质量。

第 1 节　视觉障碍者的心理康复

案例 10-1

患者，女，10 岁，从小双目失明，和父母及爷爷奶奶生活在一起，家里还有一个妹妹。由于先天缺陷，家人对她比较溺爱，一切事情都由家人代劳。患者在学校的交往范围很小，仅限于和个别同学来往，且很被动，也不愿意同其他同学交流，上课注意力不集中，有时低头咬指甲。妈妈反映患者对什么都不感兴趣，精神状态不好，经常失眠。

问题： 1. 患者存在的心理问题是什么？

2. 如何处理患者的心理问题？

视觉是人类最重要的一种感觉，个体从外界所获得的信息中，80%来自于视觉，视觉在人们的日常生活和学习中起着重要的作用。视觉障碍也可以称为视力残疾，是指各种原因导致双眼视力低下并且不能矫正或视野缩小，以致影响其日常生活和社会参与。《2021 中国残疾人事业统计年鉴》中显示，截至 2020 年 12 月 31 日，全国已办理残疾人证的视力残疾人约 419 万。

链接

盲和低视力

视觉障碍一般包括盲和低视力两类。①盲狭义上指视力丧失到全无光感，广义上指双眼失去辨析周围环境的能力，即最佳矫正视力小于 0.05 或视野半径小于 10°。②低视力是指患者能利用残余视力接受教育及进行生活、工作等活动的视力状况，即最佳矫正视力等于或大于 0.05 而小于 0.3。

一、临床表现和心理特征

视觉障碍可以分为视敏度障碍和视野障碍。视敏度是指人的视觉器官辨认外界物体的敏锐程度。视敏度障碍包括近视、远视、白内障等。视野是指人的头部和眼球固定不动的情况下，眼睛观看正前方物体时所能看到的空间范围。视野障碍见于视网膜色素变性、青光眼、黄斑变性等。

由于视觉在个体心理发育过程中有着举足轻重的作用，会直接影响个体认知、性格及情绪情感等的形成和发展，因此视觉障碍会对个体心理特征造成不同程度的影响。

（一）感知觉特点

为了弥补丧失的视觉信息，视觉障碍者必然要从其他的感觉通道得到一些信息的补偿，由此也会导致他们在感知觉方面形成一系列不同于常人的感知特点。

1. 听觉　由于视觉功能受到限制，所以听觉成为视觉障碍者认识世界、获取外界信息的重要途径之一，凭借听觉，视觉障碍者可以获取知识、辨别他人及进行空间定向等。一般认为，视觉障碍者的听力比正常人更灵敏，实际上，由于视觉信息的缺失，视觉障碍者会更多地依靠听觉，使听觉得到锻炼，因此听觉功能显著增强。随着听觉功能的增强，他们的听觉辨别能力和听觉选择水平都会随之不断提高，不仅能察觉出各种声音的细微差别与变化，而且还能利用这些声音信息去认识环境，视觉障碍者这种利用声音进行定向的能力是其在行走、认识活动、工作与生活中进行空间定向的重要依据。此外，视觉障碍者往往具有较高的听觉注意力与较强的听觉记忆力。

2. 触觉　触觉也是视觉障碍者接收外界信息的一种重要途径，在视觉障碍者的学习和生活中起到不可替代的作用。一方面，视觉障碍者通过触觉认识物体的形状、大小、轻重、温度、硬度、粗细及质地等特征，而且通过手指的触摸和运动，视觉障碍者能学会分辨盲文；另一方面，在生活中通过脚底的触觉，盲人能够辨别不同材料的路面，为他们的定向、行走、生活和运动提供方便。长期的触摸训练可以提高触觉的感受性，因此，视觉障碍者的触觉灵敏度高于普通人，是后天强化练习的结果。

3. 运动觉　运动觉也称本体觉，主要反映身体各部分的位置、运动以及肌肉的紧张程度，是内部感觉的一种。运动觉对视觉障碍儿童学习定向，学习用身体准确地向左、向右转动有十分重要的作用。另外，部分视觉障碍儿童会表现出摇头、揉眼、摇摆身体、点头、玩手指等习惯，这是由于视觉障碍儿童缺乏大量的视觉刺激来源，只能通过自我身体部位的刺激运动来弥补。

4. 知觉　知觉是在实践活动中发展起来的，需要依赖过去的知识和经验。视觉的受损使得视觉障碍者在获得信息的主要通道方面异于普通人，其空间知觉和时间知觉存在以下特点。

（1）空间知觉　空间知觉是对物体的空间关系的认识，它包括形状知觉、大小知觉、深度与距离知觉、方位知觉与空间定向等。视觉在空间知觉的形成过程中起着重要的作用，人们利用客观物体在视网膜上的投影得到物体的形状、大小、距离等信息，通过视觉与触觉、运动觉相结合，来探索物体的外形等。视觉障碍者由于缺少视觉的参与，所以在形成空间知觉时有很大的困难，他们主要是借助听觉、触觉、运动觉、嗅觉等方面的信息来形成空间知觉，同普通人相比，准确性不是很高。

（2）时间知觉　受视觉缺陷的影响，视觉障碍者无法对时间进行感性的体验，没有直接形象的事物与其时间知觉发生相应的联系，无法通过日出、日落等自然变化而获得准确的时间知觉线索，但是生活中的一些经验、活动的规律，仍可以帮助他们精确地判断时间，如一节课的时间、阅读一篇文章的时间等。

（二）认知特点

1. 注意　视觉障碍者由于视觉系统出现障碍，因此他们注意的广度会缩小，只有把注意力集中在较小范围内，才能获得相对较多的有关刺激物的信息。视觉障碍者在听觉、触觉和嗅觉等方面的有意注意较为突出、听觉注意增强、注意分配能力较强，注意的稳定性也相对较高。

2. 记忆　视觉障碍者主要依靠听觉、触觉、嗅觉等感知为记忆基础来对事物进行再认和回忆。由于缺乏视觉信息，他们获取的信息往往不全面、不完整，因此他们的记忆特点表现为缺乏视觉表象或视觉表象不完整。另外，视觉障碍者的记忆以听觉记忆和触觉记忆为主，他们的机械识记能力较强，短时记忆和长时记忆较好。

3. 思维　由于缺乏视觉参与到认识活动过程中，视觉障碍者获得的感性材料非常有限，这在一定程度上制约了视觉障碍者思维的发展，往往表现出与常人不同的思维方式。由于欠缺具体事物的视觉经验，不能认识事物的本质属性，再加上他们感知到的事物特征往往不完整、不准确，所以容易形成错误的概念。另外，视觉障碍者的分类归纳能力、概括与抽象能力较差，推理发展不平衡，先天盲童因果推理能力的发展好于类比推理能力的发展。

（三）语言特点

在视觉障碍者语言发展特点方面，存在着不同的观点，但大部分学者研究认为，语言的习得主要是依靠听觉而不是视觉，所以视觉障碍本身并不会影响语言发展。视觉障碍儿童的语言发展遵循着普通儿童语言发展的共同规律，凡是以口语进行的活动，视觉障碍者都能很好地完成，但是由于缺乏视觉表象，视觉障碍者的语言与实物容易脱节，他们在借助表情、手势、动作来帮助说话方面有较大困难，有些视觉障碍者存在发音不准、口吃、颤音等问题。

（四）情绪和情感特点

情绪不稳定是视觉障碍者特别是视觉障碍学生突出的特征。有些视觉障碍学生比较敏感，常常感觉自己在受到别人的注意，对于他人的言行容易多心，最忌讳他人触及他们的缺陷之处，也不善于调整自己的心态，较易受到心理暗示，并因此影响自己的情绪。视觉障碍儿童的情绪多偏向于消极，即缺乏积极、热情、振奋和乐观的情绪，而倾向于消沉、颓废、松懈、灰心和焦虑等消极情绪状态。另外，视觉障碍者表现出较普通人更多的负面情绪情感，如孤独感、自卑感、内疚感和怨恨感等。抑郁已成为低视力人群的常见情感障碍，且呈逐年增多的趋势。

二、心理社会问题

视觉障碍由于限制了功能活动，直接影响了个体感知觉、认知、性格及情绪情感等方面的形成和发展，这必然会对视觉障碍者的心理状态产生不利影响。

（一）日常生活活动障碍

日常生活活动是指个人为了满足日常生活的需要每天所进行的必要活动。日常生活活动一般包括运动、自理、交流、家务劳动和娱乐活动等。视觉的缺陷会对视觉障碍者的日常生活活动产生重大的影响，特别是成年后出现的视觉损害对完成许多日常生活功能的影响更大，会对先前建立的与身体、心理和社会功能相关的行为造成巨大的影响。另外，阅读、户外活动、休闲娱乐活动及购物是视觉障碍者活动受限最严重的领域。

（二）心理社会适应困难

残疾人适应性行为是指残疾人在日常生活中，个体能够根据周围环境、事物的变化，及时调整自己的身心状态，并且能够将这种状态与周围环境保持一致。克服因环境变化所产生困难的能力，不仅包括残疾人对社会大环境的适应，也包含了残疾人对自身身体状况的接纳和适应。视觉障碍者对视觉丧失的心理调整困难会导致抑郁和焦虑症状、躯体不适症状以及社会孤立和退缩等人际关系障碍。视觉障碍者如果不能合理调整、适应盲或低视力造成的不便，将会进一步降低生活质量。

视觉障碍者的心理社会适应状况主要取决于个体对于视觉障碍的认识和接受程度。部分视觉障碍者能够正视自己的生理缺陷，在主要的社交领域、婚姻和家庭方面能够进行合理的调节，而也有部分人很难接受自己的生理残疾，容易产生自卑心理和防备心理，人际关系较为紧张，难以适应社会。

（三）自尊心低下

由于视觉的缺失，视觉障碍者缺少对自我形象、他人形象的客观掌握与评价。不适的机能可能会改变一个人的自尊水平，视觉的缺陷会在一定程度上影响视觉障碍者自尊的发展，视觉障碍者表现出较低的自尊水平。

三、心理康复方法

视觉障碍者的心理康复必须要结合个体的实际情况，针对其心理特点及年龄特征合理地实施。一般先进行自我评价及自我控制能力的康复，当视觉障碍者能够理性客观地认识自我能力、接受视觉障碍的事实并认同视觉康复目标后，再实施各种针对性的心理康复，包括感觉、知觉、心理过程康复等。

（一）自我评价及自我控制能力康复

自我评价及自控能力的康复是视觉康复有效实施的前提，因此在康复过程中，要做到以下几点。

1. 通过积极有效的周围环境因素来改善视觉障碍者的自我概念及控制能力。
2. 通过恰当的交流方式、临床知识及案例让视觉障碍者正确认识并勇敢面对视觉障碍。
3. 通过康复目标的合理制订以及尽可能多次的阶段性成功，并结合表扬、鼓励，让视觉障碍者逐步认同康复治疗的有效性，并有效提升其自信心。
4. 通过亲友的关怀及帮助，让视觉障碍者拥有克服困难的动力。

（二）感觉功能康复

由于视觉缺陷，视觉障碍者的感觉渠道不再以视觉器官为主，为了让他们有效地获取外界信息，需要针对各自的感官功能特点，指导他们在有效利用残余视觉的同时，充分提高其他正常感官的功能。例如，利用各种声音、气味、实物等逐步训练强化听觉、嗅觉、触觉、温度觉、味觉、运动觉等，以代偿视觉的缺陷。视觉障碍者的感觉补偿训练对其生活及工作都有重要意义，通过训练，让视觉障碍者真正实现由“看”世界向“感知”世界的全面转变，从而提高患者的独立生活和工作能力。

触觉对视觉障碍者的生活、学习具有重要意义。良好的触觉要经过训练才能达到，通过训练，可以逐步提高触觉的感受力。例如，摸读字训练，可由练习摸直径较大的点字开始，逐渐缩小点的直径和点的距离。

听觉在视觉障碍者的学习和生活中起着至关重要的作用，如视觉障碍者可以通过广播、录音、阅读有声读物以及使用读屏软件等方式获取所需信息，增长知识；通过听觉训练，视觉障碍者可以在生活中判断汽车的运动、人的语声、交通工具的种类等。

除了触觉和听觉外，视觉障碍者还可以配合嗅觉的学习来区分各种气味，以此来区分不同的物体。此外，还可以训练视觉障碍者根据气味来认识环境，如小吃店的气味、书店的气味等，因此，嗅觉的经验可以帮助视觉障碍者在街上定向。

（三）知觉功能康复

当视觉障碍者具备了一定的感觉功能后，就可以对其实施知觉功能训练。

空间知觉训练主要是指让视觉障碍者通过整合各种感觉信息来建立自己对周围事物整体特性的空间知觉，包括全面认识周围事物，掌握各种概念，如日常生活用品、交通工具等；对周围物体及自身进行准确定位，如利用一些高对比度的标志物或患者最为敏感的声音、气味等让其逐渐对周围环境及各个物体进行定位等。

不同的视觉障碍者对于时间的知觉也有自己独特的途径。有光感者可以凭借阳光或灯光来判断时间，辨别白天和黑夜。全无光感者可以通过触摸特制的手表以确定时间，也可以利用客观事件与身体生物节律或周期性活动形成的联系，来感知各个事件的先后关系和时间长短。

在知觉训练的基础上，还应积极实施各种注意力、记忆力、思维能力等方面的训练，以全面提高其学习、工作及生活能力。

（四）心理过程康复

对于视觉障碍者，可以通过沟通交流、鼓励关怀，并结合各种有效的心理疗法，如支持疗法、认知疗法、团体心理治疗等进行积极的心理治疗，帮助患者有效摆脱视觉障碍的困扰，消除抑郁、自卑、偏执等不良情绪及情感，逐步形成独立自信、乐观坚强的意志。

团体心理辅导能帮助残疾人更好地悦纳自我，建立积极的自我意识，提高心理健康水平，尤其对残疾人提高自信心方面有独特的效能。团体辅导过程中，视觉障碍者对大家共同关心的话题进行多向沟通和讨论，不仅能够集思广益，加深对问题的认识，还能从多个角度观察自己、了解自己，学习模仿其他团体成员的适应行为，解决自己的具体问题。

第2节 听觉障碍者的心理康复

案例 10-2

患者，男，20岁，在超市工作。患者双耳听力损失均为中度，双耳配戴助听器，助听效果为较适。患者为先天性耳聋，但发现较晚，5岁配戴助听器后开始进行语言训练，语言训练后可使用口语进行简单交流，但清晰度较差。7岁进入普通小学就读，但受听力和语言能力影响，成绩一直落后，直至初中毕业。患者家庭条件一般，父母一直在外打工，平时都是由爷爷奶奶照顾，初中时奶奶去世，患者非常伤心。患者工作认真负责，但性格十分内向、忧郁，不爱与人打交道，经常自己一个人吃饭，不喜欢人多的地方，常常独来独往，不愿意与人多交流，也很少和人有眼神的交流和互动。在与陌生人的交流中，常常出现手足无措、忸怩不安的表现。

问题：1. 患者存在的心理问题是什么？

2. 如何处理患者的心理问题？

听觉作为人体最重要的感觉之一，其作用贯穿人类成长的每个阶段。通过听觉，人不仅能够感知来自外界的各种声音，而且还可以通过对这些声音的分辨来对各类事物的识别。此外，听觉是人类习得语言及进行言语交流的重要途径，其对个体的心理发展与参与社会活动具有极其重要的作用。

听觉障碍，或听力残疾，是指各种原因导致双耳不同程度的永久性听力障碍，听不到或听不清周围环境声及言语声，以致影响其日常生活和社会参与。《2021 中国残疾人事业统计年鉴》中显示，截至 2020 年 12 月 31 日，全国已办理残疾人证的听力残疾人约有 320 万。

一、临床表现和心理特征

按照听力障碍的临床诊断标准和听力残疾的评定标准，当听力损失达到一定程度时即可诊断为听觉障碍或听力残疾。声音从外耳传至大脑形成听觉需要经过一系列复杂的传导和加工过程，与此过程有关的任何组织、器官的病变或者功能异常都可能导致听觉障碍。引起听觉障碍的原因包括先天性和后天性两个方面。先天性听觉障碍中约有一半与遗传因素有关，此外还包括宫内感染、孕妇患甲状腺功能低下等疾病或使用耳毒性药物以及接触放射性物质等，新生儿黄疸、新生儿溶血病、新生儿窒息等也可造成先天性听觉障碍。后天性听觉障碍常见原因有传染性疾病、使用耳毒性药物、外伤、中耳炎、老龄、过度噪声等。

听觉障碍剥夺了患者感知声音的能力，是导致听觉障碍人群产生语言交流障碍的重要因素。儿童期听力损失可直接阻碍听觉障碍儿童语言能力的发展，进而对认知发展和社会性发展造成不可逆的负面影响。

（一）感知觉特点

由于听觉受损，听觉障碍者主要依靠视觉、触觉等途径感知外界事物，因此限制了感知觉活动的范围和深度。

1. 视觉　对普通人而言，有 80%的信息来自于视觉，而听觉障碍者所接受到外界刺激 90%以上来自于视觉，因此视觉是听觉障碍者获得信息的主要途径。其实，听觉障碍者并没有天生的视觉优势，只是长期对视觉的依赖和使用，使其视知觉经验不断丰富，视觉补偿能力得到发展。

2. 触觉　听觉障碍儿童的听觉和语言训练，经常要经由手触摸发声物而感知声音的振动、声音的节律和高低特性。听觉障碍者还经常使用触觉系统来获得环境刺激的信息，这使得他们的触觉更加敏感。

3. 振动觉　振动觉也属于触压觉的范围。振动觉的作用对听觉起到了较大的补偿作用，也称为“接触听觉”。听觉障碍者在振动触觉感受性方面更敏感，听觉障碍者可以靠振动觉感受音乐、体会发音器官的振动、学习语言及辨别物体的运动等，如通过木质地板的振动，听觉障碍者能够感受到音乐的节奏，并能跟随节奏跳舞。

4. 言语动觉　言语动觉是指发音时自己体会发音器官的各部分是如何动作的，包括发音器官的位置、语言运动的方向、发音器官紧张的力度或强度、语言运动的时间等。对于健听人来说能够听到自己的发音及学习说话都是通过听觉来调节，而听觉障碍者主要是靠这种自我感觉来调节发音活动。此外，言语动觉在听觉障碍者"看话"中也起着重要作用。

（二）认知特点

听觉损伤影响交流能力和运用语言进行思维的能力，因而会影响听觉障碍者的认知能力。

1. 注意　对于健听人来说，一般引起和保持他们注意的刺激主要来自视觉和听觉，由于听觉障碍者的听力部分或全部丧失，他们更多采用以目代耳去认识世界，他们的注意大部分都是由视觉刺激引起的。听觉障碍儿童的注意主要以无意注意为主，有意注意发展较为缓慢，有意后注意发展比较困难。另外，在注意的品质方面，听觉障碍者注意的范围相对狭窄，注意的分配比较困难，注意的转移能力较差，注意的稳定性也差。

2. 记忆　视觉是听觉障碍者获取信息的主要途径，视觉注意占优势，因此他们的视觉记忆也相对占优势。听觉障碍者的形象记忆能力较强，而对语音、语调及文字材料的记忆比较困难，原因可能是听觉障碍者对语音的感知存在困难，另外也与听觉障碍者自身的语言能力及对语言材料的理解程度有关。

3. 思维　思维的发展与语言的发展密切相关，语言发展的高度在一定程度上直接影响了思维尤其是抽象思维的发展。听觉障碍儿童的思维发展经历着和健听儿童同样的发展阶段，但思维发展水平却长时间地处在形象思维阶段，即使进入抽象思维阶段，形象思维仍起着支撑作用。在抽象逻辑思维发展方面，听觉障碍儿童也遵循着由低到高和由少到多的发展规律，但在发展速度和发展程度上都落后于健听儿童，健听儿童 10～11 岁抽象思维能力获得高速发展，听觉障碍儿童 15～16 岁抽象思维才占据主导地位，但是听觉障碍儿童的抽象逻辑思维会随着语言的发展和经验水平的提高而提高，甚至达到健听人的水平。

（三）言语语言特点

听觉是人类习得语言及进行言语交流的重要途径，听觉障碍剥夺了患者感知声音的能力，必然对其言语和语言的发展产生影响。在言语方面，听觉障碍儿童表现为发音不清；音量不当，音色或音质不好；声调不准或缺乏；语言不流畅或语速不当。在语言方面，听觉障碍儿童表现为语音清晰度差；词汇量小；在口语交流中句法比较简单，经常发生语法错误；不擅长表达交流意愿等。另外，对于听觉障碍者来说，手语也是他们表达愿望、进行交流的主要工具之一，其功能与口语一致。听觉障碍儿童早期接触手语，对他们的语言产生和语言理解都会有一定的促进作用，并且随着年龄的增长，口语和手语交流在听觉障碍儿童成长过程中会体现出越来越多的互补效应。

（四）情绪和行为特点

听觉障碍者受听力损失和语言障碍的影响，其与别人的交往受到阻碍，进而导致其情绪障碍的发生率较高，做事较为冲动。一方面，当听觉障碍者听不清或听不懂别人的语言，对别人的指令或要求不能做出正确的反应时，可能会受到一些指责，此时他们可能就会感觉到不被环境所接纳，有的会产生冷漠、退缩、自卑等情绪，有的可能会出现烦躁不安、焦虑，甚至故意破坏东西等行为。另一方面，听觉障碍者的语言表达受阻，在表达自己的需要和情感上存在困难，如果这些困难长时间没有被理解就会出现情绪障碍，并会导致问题行为出现。

二、心理社会问题

听觉障碍不仅会严重影响患者的听觉、言语能力的发展，还可能导致其产生不良的心理状态，对其身心健康、生活质量及社会交往能力产生严重影响。

（一）社会交往障碍

听觉障碍与视觉障碍、肢体障碍不同，它具有不易觉察的特点，以致听觉障碍者在日常交往中出现困难时难以得到谅解或获得帮助，从而导致人际交往障碍和社会适应性不良，进而诱发心理问题。例如，听觉障碍儿童融入学校班级生活的过程存在一定困难，他们不喜欢和健听同伴交友，特别是当班级中有两个及以上的听觉障碍儿童时，听觉障碍儿童之间更容易形成较为牢固的伙伴关系，而排斥其他儿童的介入。另外，听觉障碍青少年在普通学校里也普遍感到孤独和被隔离，在特殊学校就没有这种感觉，有些听觉障碍儿童虽然表现出更多地和健听儿童交流的行为和意愿，但他们普遍感到自己的社交能力差，对自己社交能力的自信心不足会导致他们与健听同伴的进一步疏远。

成年后发生听觉障碍的患者，不管是突发性耳聋患者还是老年性耳聋患者，他们大都存在人际关系敏感、交流恐惧等心理问题。虽然成人听觉障碍者在出现听力障碍前已经形成健全的认知方式，但是伴随听力损失的持续存在，听觉系统的输入功能、自我监测和自我校正功能逐渐丧失，导致患者语言能力、特别是口语交流能力严重衰退，影响其正常参与社会生活。这种相对“封闭”的生活环境可以引发并加剧患者的孤独体验和自卑心理，使其在人际交往中愈发缺乏自信，人际交往中常常处于被动状态，久而久之就会引发社交障碍。

（二）精神障碍

与普通人群相比，听觉障碍者焦虑和抑郁症状的发生率更高。由于自身存在的听觉障碍和言语发展障碍，他们接收外界信息的渠道不畅通，造成了认知、情感、个性等方面的缺陷。当遇到竞争或挫折时，听觉障碍者倾向于压抑内心感受，缺乏向外界寻求支持的有效手段，久而久之易产生焦虑、抑郁等症状。另外，由于听觉障碍者受到语言障碍的影响，不能顺畅地与外界交流，再加上听觉障碍影响了知觉的完整性，使得听觉障碍者容易曲解视觉信息，导致认知偏差，也容易形成偏执心理。

三、心理康复方法

听觉障碍不仅导致言语交流障碍，还将引发听觉障碍者的不良情绪体验，影响认知能力的发展及健全人格的形成。因此，需要对听觉障碍者进行必要的心理援助和心理疏导。

（一）提高听觉障碍者的交流能力

提高听觉障碍者交流能力的方法包括听觉康复和语言康复。听觉康复主要解决患者“听”的问题，语言康复主要解决患者“说”的问题。听说能力的提高有利于听觉障碍者社交能力的发展。

助听器和人工耳蜗是两种主要的人工听觉装置，在改善和重获听力的同时，也有助于改善患者不良的心理状态，提高其社会交往能力。助听器对于轻度至中度听觉障碍者的作用比较明显，而对于中重度听觉障碍者来说，人工耳蜗植入更加有效。

佩戴助听器和植入人工耳蜗对听觉障碍者焦虑和抑郁症状有积极影响，主要是由于他们的听力状况得到了改善。例如，使用助听器的听觉障碍老年人抑郁的发生率较低，并且助听器对已患有抑郁症的听觉障碍老年人也有积极影响，他们比以前更自信，更积极参与社交活动。人工耳蜗术后的听觉障碍者耳鸣减轻，焦虑、抑郁症状较术前也明显减轻。

链接

听觉补偿与重建

助听器：将声音信号放大并传入耳内的弥补性装置，它有助于提高听觉障碍者的听觉能力。主要适用于感音神经性听觉障碍（如先天性听觉障碍、老年性听觉障碍、突聋的稳定期等）、部分混合性听觉障碍及少部分传导性听觉障碍者。

人工耳蜗：又称电子耳蜗，是一种特殊的永久性植入到耳蜗中的声-电转换装置，其功能是取代内耳毛细胞直接电刺激听神经而产生听觉。人工耳蜗植入主要适用于双耳重度或极重度听觉障碍、不能受益于特大功率助听器且病变部位位于耳蜗的听觉障碍者。

听觉障碍导致人与人之间产生交流障碍。由于口语交流在大部分人类社会交往中处于中心地位，而听力的丧失对这种交往方式具有很大影响，因此语言康复的目的就是要提高患者的口语交流能力。语言康复内容不仅包括口语，还包括手语和书面语言。手语和口语沟通的共同使用，可以加强听觉障碍者的沟通能力，进而减少情绪障碍的发生率，减轻情绪障碍的程度，心理社会问题也大大减少。但是有时手语也带有较大的局限性，许多心理活动无法单靠手语准确地表达出来，这时书面语言就起到了很好的沟通桥梁作用，听觉障碍者可以借助书面语言来表达需求、寻求帮助及交流感情等。

当发生听觉障碍后，及时进行正确的听力学、病理学、言语、语言等方面的评价和诊断，通过有效的听觉补偿（佩戴助听器、植入人工耳蜗等），再经过适当的言语语言康复训练，听觉障碍者可以改善听觉能力和交流能力，进而提高其社会交往能力。

（二）改善与听觉障碍者的交流方式

由于视觉是听觉障碍者获取信息的重要途径，所以在面对听觉障碍者时，康复工作者首先要与患者面对面，目光平视患者，康复治疗中保持室内光线充足，保证患者可以清楚地看到治疗师，以帮助他理解治疗师的谈话意思。另外，与听觉障碍者讲话时语速要慢，句子结构要简单，声音要稍大，但切勿大声喊，必要时凑近一些，多说两遍，以便听觉障碍者能听清话语。如果听觉障碍者不理解治疗师的谈话，可以尝试使用不同的词语来表达同样的意思，必要时也可以配合手势语或者书写文字、画图等方式来与听觉障碍者沟通交流，务必让听觉障碍者理解治疗师的意思，并让听觉障碍者用不同形式反馈以确保他已经理解。

（三）心理干预

对于存在心理障碍（如焦虑、抑郁、社交恐惧等）的听觉障碍者，特别是突发性耳聋患者，要及时地给予科学的心理干预。突发性耳聋是指突然发生的、原因不明的感音神经性听力损失，主要临床表现为单侧听力下降，可伴有耳鸣、耳堵塞感、眩晕、恶心、呕吐等症状。突发性耳聋是常见的多发病，但由于其发病的突然性、症状的复杂性和疗效的不稳定性，患者极易产生焦虑、不安等情绪，从而导致患者出现精神心理障碍。以个体心理辅导和团体心理辅导的方式对突发性耳聋患者进行积极心理干预，可有效地促进突发性耳聋患者听力的恢复和心理应激的改善。

听觉障碍者的心理干预可以采用认知疗法，听觉障碍者存在的错误的、不合理的观念，是导致其产生抑郁、焦虑等症状的原因，因此可针对他们不合理的观念给予纠正，使其正确认识疾病，从而改善不良情绪。另外，可以使用放松疗法，使听觉障碍者的应激状态与不良情绪得到有效的改善。

自 测 题

选择题

A 型题

1. 听觉障碍者获取外界信息最主要是通过
   A. 触觉　B. 视觉
   C. 振动觉　D. 言语动觉
   E. 嗅觉
2. 下列哪项不是听觉障碍者的认知特点
   A. 注意的范围相对狭窄
   B. 视觉记忆相对占优势
   C. 视觉注意占优势
   D. 对文字材料记忆较为困难
   E. 形象记忆能力弱

X 型题

3. 提高听觉障碍者交流能力的方法包括
   A. 肢体康复　B. 听觉康复
   C. 运动康复　D. 语言康复
   E. 视觉康复
4. 视觉障碍者的心理康复方法包括
   A. 感觉功能康复
   B. 知觉功能康复
   C. 自我评价和自我控制能力康复
   D. 心理过程康复
   E. 语言康复
5. 听觉障碍者存在的心理问题包括
   A. 焦虑　B. 抑郁
   C. 社交障碍　D. 偏执心理
   E. 自卑

（王　娜）

第 11 章 精神障碍的心理康复

精神障碍是个体认知、情感或意志行为等精神活动出现异常的总称，包括焦虑障碍、抑郁障碍、精神分裂症等。其致病因素有多方面，是生物、心理和社会因素交互作用的结果。精神障碍的患病率总体呈上升趋势，患者对心理康复的需求越来越迫切。

第 1 节　心理异常概述

案例 11-1

刘某，女，41 岁，公务员。患者近 2 个月感觉工作及家庭压力大，逐渐变得容易紧张、担心多，发脾气，烦躁，有时伴上肢及躯体肌肉紧张、全身游走性疼痛、头晕头痛及下肢乏力等，夜间入睡困难，易醒，白天工作状态差，为此感到很苦恼，去医院神经内科检查头颅 CT 等未见明显异常。

问题： 1. 该患者是普通的心理问题还是心理异常？

2. 如何处理该问题？

一、心理异常相关概念

心理正常与异常之间没有明确的分界线。至今，“心理异常”还没有统一明确的概念，相关的概念有心理障碍、心理变态、精神障碍等。心理障碍是伴有痛苦或妨碍个人功能的症状或行为的总称，是认知、情绪、行为的改变，常伴有痛苦体验和心理功能损害。该词与精神障碍所涉及的内容相似，但前者更多地从心理学角度对异常心理现象进行研究和理解，而后者则更偏重医学或精神病学的视角。按照心理过程或症状，心理障碍可分为感觉障碍、知觉障碍、注意障碍、记忆障碍、思维障碍、情感障碍、意志障碍、行为障碍、智力障碍、人格障碍等。心理症状在患者身上往往并不是孤立存在，而是多种症状出现并形成一定的综合征（表 11-1）和症状群。

表 11-1　常见综合征

综合征	主要临床表现
幻觉妄想综合征	以幻觉为主，多为幻听、幻嗅，在幻觉的基础上形成妄想，妄想一般无系统化倾向，幻觉与妄想相互影响
精神自动综合征	在意识清晰的情况下出现假性幻觉、被动体验和各种妄想等
疑病综合征	对自身健康过分关注，相信自己患了某些实际上并不存在的疾病，并对一些微不足道的症状和体征过分夸张，而且终日焦虑紧张
紧张综合征	由木僵、蜡样蜷曲、违拗、被动服从、刻板动作、刻板言语、模仿动作、模仿言语、作态和紧张兴奋等症状组成的一种综合征
情感综合征	1. 躁狂综合征：活动过多、心境高涨或易激惹、自命不凡 2. 抑郁综合征：情绪低落、思维缓慢、语言动作减少和迟缓

二、正常与异常心理的判断

评定心理现象是否异常，有赖于制订明确的客观标准。然而，心理的正常与异常之间的界限往往只是相对而言，不一定十分清楚，有时又可互相重叠。心理异常的标准主要有以下几种。

（一）精神疾病诊断标准

当患者的心理异常严重到一定的程度，就有可能达到相应的疾病诊断标准。目前国内外公认的诊断标准有《中国精神障碍分类与诊断标准（第 3 版）》、《疾病和有关健康问题的国际统计分类（ICD-11）》（国际疾病分类 ICD-11）、美国《精神障碍诊断与统计手册》（第 5 版）等。

链接

《精神疾病诊断与统计手册》

《精神障碍诊断与统计手册》（DSM）由美国精神医学学会出版，是一本在美国与其他国家最常使用来诊断精神疾病的指导手册。DSM 之所以被发展出来，一开始是为了提供更多客观的词汇给精神病学研究。在 DSM 之前，精神病学家之间的沟通并不统一，尤其是在不同的国家间。建立特定标准也是为使有关精神健康的研究更为容易。第一版（简称为 DSM-Ⅰ）于 1952 年出版，最新的版本 DSM-5 发布于 2013 年 5 月。

（二）统计学标准

在普通人群中，人们的心理特征，在统计学上服从正态分布。这样，一个人的心理正常与异常，就可根据其偏离平均值的程度来决定。以统计数据为依据，确定正常与异常的界限，多以心理测验为工具。

（三）内省经验标准

内省经验涵盖两个方面：一是患者的内省经验，如患者自己觉得有焦虑、抑郁或说不出明显原因的不适感，自己觉得不能控制自己的行为等。二是观察者的内省经验，如观察者把被观察的行为与自己以往经验相比较，从而对被观察者做出心理正常与否的判断。

（四）社会适应标准

正常情况下，人能够维持生理和心理活动的稳定状态，能依照社会生活的需要和道德规范行事，可维持正常的日常生活，保持良好的社会功能。如果由于器质或功能的缺陷，某个人的日常生活和社会行为能力受损，不能按照社会认可的方式行事，那么，我们就认为此人有心理异常。

三、心理异常的原因

心理异常出现的原因复杂多样、因人而异，目前其发生机制尚未完全清楚，按照目前生物-心理-社会医学观点，可将心理异常的原因分为生物学因素、心理因素和社会因素三个层次。

（一）生物学因素

1. 遗传　染色体数目和结构异常、基因突变等遗传因素是导致心理异常的常见原因，临床常见的有 21-三体综合征引起的智力低下等。

2. 感染　全身感染、中枢神经系统感染和其他系统感染均可引起心理异常，如梅毒螺旋体可通过性传播进入脑内引起神经梅毒，出现精神症状等。

3. 化学物质滥用　多种化学物质对中枢神经系统有害，可引起心理异常，如海洛因、吗啡及酒精等精神活性物质。其他如阿托品、利血平等医用药物，有机汞、苯等重金属和有机磷农药、一氧化碳等也可诱发心理异常。

4. 其他　颅脑和内脏器官疾病等在一定程度和阶段也可出现心理异常。年龄和性别对某些心理异常的发生也有着重要作用。

（二）心理因素

1. 心理素质　心理素质是先天条件，人格是心理素质的体现。通常内向、敏感多疑、脾气暴躁的人在心理应激过程中更易受到挫折，导致心理异常。

2. 心理应激　心理应激是指某种事件或处境对个人心理产生的压力和不利影响。生活中常见的应激源包括各种生活事件，如离异、丧偶、失业、亲人离世、患病等，此外地震、水灾、车祸等天灾人祸也可诱发短暂甚至持久的心理异常。

（三）社会因素

个体处于经常变动的社会环境中，在不同时期承受着不同的社会影响，良好的社会因素可对心理健康起到保护作用。例如，在个人出现生活重大变故（如离异、失业等）时，家庭和社会的支持有利于个人对生活变故的适应，帮助个人渡过难关，避免出现心理异常。

第2节　精神病性障碍的心理康复

案例 11-2

周某，女，28岁，工厂工人，患者1年前无明显诱因逐渐出现自语自笑、行为异常。患者能凭空听到有人在耳边说话，有男有女，这些人在讨论自己，说自己坏话。患者认为自己和家人被监视，电视里说的都是跟自己有关的事情，有人要害自己全家，于是把自己和家人都锁在家里不让出门，导致患者和家人无法正常生活和工作。

问题： 1. 目前该患者的主要问题是什么？

2. 如何处理该问题？

一、概　　述

精神病性障碍是指大脑功能活动发生紊乱，导致严重的现实检验能力下降和社会功能障碍的精神病态，属于重性精神障碍。临床多以幻觉、妄想、思维和行为与现实相脱离为突出表现，病程长短不一，部分患者会出现持久的功能损害。常见的精神病性障碍有急性短暂性精神病性障碍、精神分裂症、妄想性障碍等。绝大多数患者缺乏自知力，不承认自己有病，不主动寻求医生的帮助。

二、临 床 表 现

精神病性障碍的临床症状复杂多样，可涉及感知觉、思维、情感、意志行为及认知功能等方面，个体之间症状差异很大，即使同一患者在不同阶段或病期也可能表现出不同症状。

1. 感知觉障碍　精神分裂症可出现多种感知觉障碍，最突出的是幻觉，包括幻听、幻视、幻嗅、幻味及幻触等，而幻听最为常见。

2. 思维障碍　思维障碍是精神病性障碍的核心症状，主要包括思维形式障碍和思维内容障碍。思维形式障碍是以思维联想过程障碍为主要表现，即思维联想过程缺乏连贯性和逻辑性。妄想是最常见、最重要的思维内容障碍。常见的妄想有被害妄想、关系妄想、嫉妒妄想、夸大妄想等。

3. 情感障碍　情感淡漠及情感反应不协调是精神病性障碍患者最常见的情感症状。此外，不协调性兴奋、易激惹、抑郁及焦虑等情感症状也较常见。

4. 意志和行为障碍　多数患者的意志减退甚至缺乏，表现为活动减少、离群独处，行为被动，缺乏应有的积极性和主动性，对工作和学习兴趣减退，对将来没有明确打算。

5. 认知功能障碍　精神病性障碍患者的高级认知功能受损，如工作记忆、推理能力、学习、执行功能等存在缺陷。

以最常见的精神分裂症为例，其特征是多种心理模式的紊乱，包括思维（例如，妄想、思维逻辑混乱）、感知（例如，幻觉）、自我体验（例如，一个人的感觉、冲动、思想或行为受到外力控制的体验）、认知（例如，注意力、言语记忆和社会认知受损）、意志（例如，动力丧失）、情感（例如，情感表达迟钝）和行为（例如，行为显得怪异或无目的、不可预测或不适当的情感反应干扰行为）。可能存在精神运动障碍，包括紧张症。持续性妄想、持续性幻觉、思维障碍以及被影响、被动或被控制的体验被视为核心症状。症状必须持续至少一个月，才能确定精神分裂症的诊断。这些症状不是另外一种疾病（如脑瘤）的表现，也不是由于某种物质或药物对中枢神经系统的影响，其中包括戒断（例如，酒精戒断）。

链接

自　知　力

自知力指患者对其自身精神状态的认知能力，即能否察觉或识辨自己有病和精神状态是否正常，能否分析判断并指出自己既往和现在的哪些状态和表现属于正常，哪些属于病态的能力。自知力完整的患者通常能够认识到自己患病，知道自己需要治疗，并积极配合医生治疗。精神病患者一般均有不同程度的自知力缺陷，在疾病的不同阶段，自知力的完整程度也不同，并随病情变化。

三、心理康复方法

（一）药物治疗

在精神病性障碍的治疗中，抗精神病药起着重要作用。抗精神病药物主要包括第一代抗精神病药物和第二代抗精神病药物，其中第一代抗精神病药物以氯丙嗪、氟哌啶醇及奋乃静等为代表，此类抗精神病药物锥体外系等不良反应较明显。第二代抗精神病药物有阿立哌唑、奥氮平、利培酮等。

（二）健康教育

精神病性障碍患者的自知力和依从性较差，健康教育可改善其自知力和依从性。向患者和家属普及精神病性障碍的知识，介绍常见症状表现及自伤自杀的预防，帮助家属了解抗精神病药物的正确应用、服药必要性、可能出现的不良反应及处理原则，使家属能及时发现和识别患者的前驱期症状，及时诊治。

（三）心理治疗

精神病性障碍患者存在一些不合理认知，在认知疗法过程中针对患者的幻觉、妄想等症状进行干预，给予合理归因等。例如，患者觉得周围人咳嗽是针对自己，帮助并引导患者分析其他可能原因，如“嗓子不舒服”“喝水呛到”等，使患者的妄想症状松动，并帮助患者缓解因症状带来的紧张、焦虑等情绪。

（四）物理治疗

目前针对精神病性障碍的物理治疗包括经颅磁刺激、无抽搐电休克治疗及深部脑刺激等。应用比较成熟的是无抽搐电休克治疗。

（五）其他康复措施

药物自我管理训练可以帮助患者掌握抗精神病药物的一般常识及正确用药方法，教患者识别不良反应及应对方法，提高患者服药依从性，从而最大程度上预防复发。症状自我监控程式训练可以帮助患者独立地控制自己的精神症状。此外，针对精神病性障碍患者的人际交往能力训练及职业康复等也很重要，这对患者出院后更好地回归社会和适应正常的工作、生活意义重大。

第3节　抑郁障碍的心理康复

案例 11-3

张某，女，32岁，公司职员。她1个月前无明显诱因出现心情不好，高兴不起来，以前感兴趣的事情现在也不想做了，睡眠不好，早醒，醒来后想到一天将要面对的事情觉得很痛苦。张女士在公司做事情被动，感觉完成工作吃力，近日休假在家无法坚持工作。在家里她总是躺在床上，吃饭觉得没胃口，不愿做家务，感觉自己什么都做不了，拖累家人。

问题： 1. 目前患者存在的主要问题是什么？

2. 如何处理该问题？

一、概　　述

抑郁障碍以显著而持久的心境低落为主要临床特征，是心境障碍的主要类型。临床可见心境低落与其处境不相称，情绪的消沉可以从闷闷不乐到悲痛欲绝，自卑抑郁，甚至悲观厌世，可有自杀企图或行为；甚至发生木僵；部分病例有明显的焦虑；严重者可出现幻觉、妄想等精神病性症状。每次发作持续至少2周，长者甚至数年，多数病例有反复发作的倾向，每次发作大多数可以缓解，部分可有残留症状或转为慢性。

二、临 床 表 现

1. 心境低落　心境低落主要表现为显著而持久的情绪低落，即一天中的大部分时间情绪低落或对活动的兴趣减弱，在持续至少2周的时间内几乎每天都是如此。轻者闷闷不乐、无愉快感、兴趣减退，重者痛不欲生、悲观绝望、度日如年。典型患者的抑郁心境有晨重夜轻的节律变化。在心境低落的基础上，患者会出现自我评价降低，产生无用感、无望感和无助感，常伴有自责自罪。

2. 思维迟缓　患者思维联想速度缓慢，反应迟钝，主动言语减少，语速明显减慢，声音低沉，对答困难，严重者交流无法顺利进行。

3. 意志活动减退　患者意志活动呈显著持久的抑制。临床表现为行为缓慢，生活被动，不想做事，不愿和周围人接触交往，回避社交。严重时连吃、喝等生理需要和个人卫生都不顾。

4. 认知功能损害　抑郁障碍伴发的认知症状主要是注意力下降，此症状是可逆的，可随着治疗的有效而缓解。

5. 生理症状　生理症状主要有睡眠障碍、乏力、食欲减退、体重下降、便秘、疼痛等。躯体不适的主诉可涉及各脏器。睡眠障碍主要表现为早醒，一般比平时早醒2～3小时，醒后不能再入睡，这对抑郁发作具有特征性意义。

6. 其他症状　许多患者伴有明显的焦虑症状，表现为坐立不安、搓手顿足或踱来踱去等症状。严重的患者出现自杀观念或行为。

链接

心 境 恶 劣

心境恶劣又称恶劣心境，是以慢性心境沮丧为特征的轻度抑郁，而不出现躁狂。患者在大部分时间里感到心情郁闷、压抑、沮丧；兴趣下降、无热情；缺乏自信，对前途丧失信心，对未来悲观失望；常有精神不足、疲乏、效率降低等体验，严重时也会有轻生念头；常伴有焦虑、躯体不适和睡眠障碍等。持续至少2年，其症状的严重程度或每次发作的持续时间均弱于抑郁障碍。社会功能受损较轻，自知力较完整。

三、心理康复方法

（一）家庭干预

家庭干预是康复治疗的重要组成部分，医务人员要积极帮助患者建立家庭支持系统，向家庭成员传授康复知识及应对技巧，使家庭成员更好地帮助患者恢复健康。尝试改善家庭氛围，减少不良刺激，提高患者维持治疗的依从性，预防抑郁障碍的复发。

（二）心理治疗

心理治疗对抑郁障碍的治疗十分重要，可以减轻和缓解症状，帮助恢复社会功能及改善服药依从性等。针对患者的不同情况，目前常用的心理治疗技术有认知行为治疗、人际关系治疗及婚姻和家庭治疗等。

（三）药物治疗

药物治疗是抑郁障碍的有效治疗方法。目前主张首选安全性高、疗效好的第二代抗抑郁药物，如选择性 5-羟色胺再摄取抑制药、选择性 5-羟色胺和去甲肾上腺素重摄取抑制剂、特异性 5-羟色胺能抗抑郁药等。临床工作中应根据患者的症状特点、年龄、是否共病及治疗成本等，选择合适的药物。

第 4 节　焦虑障碍的心理康复

案例 11-4

谭某，女，35 岁，家庭主妇，患者于 1 年前每当生气时容易出现胸口疼痛不适，当时未予重视。3 个月前患者孩子出现高热惊厥，患者为此感到紧张，担心孩子的身体，通过中药治疗后患者情况好转。10 余天前患者出现全身明显发抖，肌肉绷紧，难以放松，自觉害怕，没有安全感，需丈夫陪伴在侧，食欲下降，胡思乱想，后悔以前的事情。

问题： 1. 目前患者存在的主要问题是什么？

2. 如何处理该问题？

一、概　　述

焦虑障碍是以焦虑综合征为主要临床表现的一组精神障碍。焦虑综合征表现为精神症状和躯体症状。精神症状是指一种提心吊胆、恐惧和忧虑的内心体验伴有紧张不安；躯体症状是在精神症状基础上伴发自主神经系统功能亢进症状，如心慌、胸闷、气短、口干、出汗、颤抖、颜面潮红或苍白等。常见的焦虑障碍是广泛性焦虑障碍和惊恐障碍。

二、临 床 表 现

（一）广泛性焦虑障碍

广泛性焦虑障碍是一种以焦虑为主要表现的精神障碍，患者常常有不明原因的提心吊胆、紧张不安，显著的自主神经功能紊乱症状、肌肉紧张及运动性不安。患者能够认识到这些担忧是过度和不恰当的，但不能自控。

1. 精神性焦虑　精神性焦虑是广泛性焦虑障碍的核心症状，主要表现为对未来可能发生的、难以预料的某种危险或不幸事件的经常担心。如果患者不能明确意识到他担心的对象或内容，而只是一种提心吊胆、惶恐不安的强烈内心体验者，称为自由浮动性焦虑。但患者担心的也可能是现实生活中可能将会发生的事情，然而其担心、焦虑的程度与现实不相称。患者可能同时存在有注意力难以集中、入睡困难及易惊醒等表现。

2. 运动性不安　运动性不安具体表现为搓手顿足，来回走动，不能静坐，可见眼睑、面肌或手指震颤，有的患者双眉紧锁，面肌和肢体肌肉紧张、疼痛或感到肌肉抽动等。

3. 躯体症状　广泛性焦虑障碍患者躯体症状多发且较明显，主要表现为心动过速、胸闷气短、头晕头痛、皮肤潮红、出汗、胃部不适、尿频尿急、痛经及闭经等。患者常因躯体症状就诊于综合医院，做一些不必要的检查和治疗，辗转多次才来到精神科就诊。

（二）惊恐障碍

惊恐障碍是突然发作的、不可预测的、反复出现的、强烈的惊恐体验，伴有濒死感或失控感，并伴有自主神经功能失调，一般历时 5～20 分钟。

1. 惊恐发作　典型的表现是患者正在进行日常活动时突然感到心悸，胸闷、胸痛、胸前有压迫感或呼吸困难，严重者有窒息感，同时出现强烈的恐惧感，有濒死感，这种紧张心情使患者难以忍受，患者会惊叫、呼救。常伴有严重的自主神经功能紊乱症状，如过度换气、头晕、多汗等。此种发作历时很短，一般为 5～20 分钟，很少超过 1 小时，症状可自行缓解。

2. 预期焦虑　大多数患者在反复出现惊恐发作之后的间歇期，常担心再次发病。

3. 求助和回避行为　惊恐发作时，由于强烈的恐惧感，患者难以忍受，常立即要求给予紧急帮助。在发作的间歇期，60%的患者由于担心发病时得不到帮助，因而主动回避一些活动。

三、心理康复方法

（一）健康教育

向患者及家属进行焦虑障碍知识的宣传教育，指导患者及其家属正确对待焦虑症状，告知患者从事正常工作、学习和生活的必要性，培养患者和家属树立正确的就医观念。

（二）心理治疗

1. 认知行为疗法　帮助患者识别并纠正错误认知，特别是对发病时的躯体感觉和情感体验的不合理解释，让患者意识到这类感觉和体验并非对身体健康有严重损害，以减少焦虑、恐惧和回避。使患者通过想象，暴露于惊恐发作时的躯体感受，以消除患者对各种自主神经反应的恐惧。对有恐怖性回避行为或继发广场恐怖的患者，宜采取现场暴露使患者能逐步适应害怕的情境。

2. 放松训练　对广泛性焦虑障碍患者实施放松训练，指导患者进行焦虑控制训练，以及利用生物反馈信息训练患者放松，以减轻患者焦虑，本法对治疗广泛焦虑障碍有效。

3. 森田疗法　帮助患者理解精神交互作用，减少对身体的过分关注，打破恶性循环。

（三）药物治疗

1. 抗焦虑药　目前临床主要应用苯二氮䓬类药物与丁螺环酮等。惊恐障碍宜选用前者，广泛性焦虑障碍可选用其中一种。

2. 有抗焦虑作用的抗抑郁药　抗抑郁药不仅有抗抑郁作用，也有抗焦虑作用，且无依赖性，可作为苯二氮䓬类的替代药物长期使用。其中最常用的是选择性 5-羟色胺再摄取抑制药。

3. β 受体阻滞剂　通常用于控制严重持续的心悸，而该症状通常对其他抗焦虑药物无效。单用 β 受体阻滞剂对广泛性焦虑障碍的作用有限，在使用时必须注意药品说明书中的注意事项及禁忌证。

第 5 节　强迫障碍的心理康复

案例 11-5

周某，女，50 岁，个体经营者。患者 20 年前出现怕脏，反复检查，后渐出现反复洗手，摆放物品必须放到固定的地方和位置，卖东西收钱时要反复核对钱的金额，甚至需要家人帮忙确认，明显影响生活质量。2021 年 9 月份患者病情加重，自感脑子里有两个人在对话，脑子里反复思考同一问题，要把问题想明白才能做其他事，无法维持正常工作和生活。

问题： 1. 目前影响该患者的主要问题是什么?
2. 如何处理该问题?

一、概　　述

强迫障碍是一组以反复出现的强迫思维或强迫行为为主要临床表现的精神障碍。患者深知这些强迫症状不合理、不必要，但却无法控制或摆脱，因而焦虑和痛苦。

二、临 床 表 现

（一）强迫思维

强迫思维是指反复进入头脑中的不需要的或闯入性想法、怀疑、表象或冲动。强迫思维一般包括怕脏，需要对称、精确、有序等。常见形式有强迫联想、强迫回忆、强迫怀疑、强迫性穷思竭虑等。

（二）强迫意向

患者感到有一种冲动要去做某种违背自己心愿的事。例如，见到电源插座就想去触电，站在阳台上就想往下跳，抱着自己的孩子就想往地上摔。患者不会真的去做，也知道这种想法是非理性的，但这种冲动却无休止，欲罢不能。

（三）强迫行为

强迫行为指患者感到不得不反复进行的行为或精神活动，这是为了阻止、抵消和控制强迫思维所带来的不适感和焦虑而出现的一些仪式性的反复的行为动作。强迫行为一般包括强迫洗涤、强迫检查、强迫计数、强迫重复、强迫祈祷、强迫仪式动作等。

需要注意的是，强迫症状应具备以下特点：患者清楚强迫症状起源于自己内心，不是别人或外界强加给他的；患者认为症状反复出现没有意义并感到不快甚至痛苦，因此试图抵抗，但不能奏效。

此外，强迫思维或行为可以引起患者明显的情绪反应，如焦虑、抑郁及恐惧。患者因为强迫的表现浪费大量时间，往往影响其日常功能，甚至强迫他人顺从自己的强迫表现而干扰他人生活。

三、心理康复方法

强迫障碍的治疗目标：减轻强迫症状，恢复社会功能，能够有效地应对压力和减少复发，其治疗方法如下。

（一）心理治疗

强迫障碍的一线心理治疗是个人或团体的认知行为治疗。较严重患者可能需要更长时间和（或）更多次数的会谈。认知行为治疗通过建立治疗关系、识别歪曲认知、认知重建、心理教育、暴露和反应阻断等方式来改善患者的强迫症状。

（二）药物治疗

目前在治疗强迫障碍时的一线药物有舍曲林、氟西汀、氟伏沙明、帕罗西汀，二线药物有氯米帕明，其他还有抗抑郁药。当足量足疗程的单药治疗方案效果不佳时，考虑联合用药可以增强疗效，常用药物有利培酮、喹硫平、奥氮平、阿立哌唑等。

（三）物理治疗

物理治疗常用于强迫障碍的增效治疗。常用的治疗包括重复经颅磁刺激、改良电休克治疗、脑深部电刺激、迷走神经刺激等。

第6节　恐惧症的心理康复

案例 11-6

王某，男，25岁，公司职员。患者6个月前无意在网络上浏览到“砍头”视频，感到极其紧张、恐惧，出现夜间不敢入睡、噩梦多及早醒，白天精神状态欠佳，看到动物血液时感到心跳加速，自觉害怕，远离后不适缓解。近2个月因恐惧、害怕导致无法正常工作，影响社交功能。

问题：1. 目前患者存在的主要问题是什么？

2. 如何处理该问题？

一、概　述

恐惧症是以过分和不合理地惧怕外界某种客观事物或情境为主要表现，患者明知这种恐惧反应是过分的或不合理的，但仍反复出现，难以控制。恐惧发作时常常伴有明显的焦虑和自主神经症状，患者极力回避导致恐惧的客观事物或情境，或是带着畏惧去忍受，因而影响其正常活动。

二、临 床 表 现

恐惧症的临床表现形式多种多样，较常见的有广场恐惧症、社交恐惧症及特定恐惧症等。各种恐惧症状可单独出现，也可合并存在。

（一）恐惧症的共同特征

不同类型的恐惧症具有如下共同特征：均由外界特定的客观对象或情境所诱发；恐惧的程度与实际危险不相称；恐惧时常伴有明显焦虑和自主神经症状，如头晕、晕倒、心悸、心慌、颤抖、出汗等；患者有反复的或持续的对恐惧客体和情境的极力回避；患者知道这种恐惧是过分的、不合理的，或不必要的，但无法控制；常有预期性焦虑，即担心自己会遇见引起恐惧的物体、情境或活动。

（二）常见临床类别

1. 广场恐惧症　患者主要表现为对某些特定环境的恐惧，如广场、密闭的环境和拥挤的公共场所等。患者害怕离家或独处，害怕进入商店、剧场、车站或乘坐公共交通工具，因为患者担心若在这些场所出现恐惧感，得不到帮助，无法逃避，因而回避这些环境，甚至根本不敢出门，焦虑和回避行为的程度可有很大差异。恐惧发作时还常伴有抑郁、强迫、社交焦虑等症状。

2. 社交恐惧症　社交恐惧症又称社交焦虑障碍，其特点是明显而持久的害怕社交性情境或可能诱发使人感到尴尬的社交行为和活动，一旦面临这种情景立即“手足无措”，不敢与人对视，出现严重的焦虑反应。患者很清楚这种反应是过分和不合理的，但无法控制，患者因为害怕在人前出丑或难堪而尽力回避各种社交场合，明显地影响了个人的生活、职业和社会功能。

3. 特定恐惧症　患者的恐惧局限于特定的情景或物体，如害怕接近特定的动物，害怕高处、雷鸣、黑暗、飞行、封闭空间、在公厕大小便、进食某些东西、牙科治疗、目睹流血或创伤，害怕接触特定的疾病，害怕促发惊恐的具体情景。特定恐惧症一般在童年或成年早期就出现。对恐惧情境的害怕一般不波动，导致功能残缺的程度取决于患者回避恐惧情境的难易程度。性传播疾病特别是艾滋病是疾病恐怖的常见对象。

三、心理康复方法

1. 行为疗法　许多患者在疾病过程中已经学会如何回避令他们产生恐惧的对象和场景而不影响自己的日常社会功能。行为疗法是治疗恐惧症的常用方法。系统脱敏疗法、暴露疗法对恐惧症效果良好。

基本原则是消除恐惧对象与焦虑恐惧反应的条件性联系，对抗回避反应。

2. 认知疗法　认知疗法强调对患者不合理认知的调整。对社交恐惧症患者，其歪曲的信念和信息处理过程使得症状持续存在，纠正这些歪曲的认知模式是治疗中非常关键的内容。

3. 社交技能训练　社交恐惧症的患者常有社交技能缺陷或低估自己的社交技能，因此可以通过一定时间的训练来改善患者的症状，包括治疗师的示范作用、社交性强化、自我肯定训练等。

4. 药物治疗　药物对单纯恐惧一般没有效果，但可用苯二氮䓬类药物来暂时缓解单纯恐惧，如飞行恐怖。选择性 5-羟色胺再摄取抑制药如帕罗西汀、舍曲林等治疗社交焦虑障碍有效，三环类抗抑郁药丙米嗪和氯米帕明、单胺氧化酶抑制剂吗氯贝胺对恐惧症也有疗效，但药物的不良反应限制了应用。

第 7 节　人格障碍的心理康复

案例 11-7

李某，男，25 岁，未婚，无业，初中文化。自幼被家人溺爱，性格偏激，脾气暴躁。上学期间经常打架生事，多次盗窃他人财物，后被学校要求退学。生活中，虽然在父母无微不至的照顾、偏护中长大，却经常打骂父母。退学之后终日无所事事，与社会上的不良青年鬼混，经常夜不归宿。曾与一女子交往，致其怀孕后又抛弃该女子，之后该女子自杀。19 岁因报复行凶，致人重伤而被判处 6 年有期徒刑。在狱中李某不守监规，与其他犯人吵架甚至斗殴，辱骂管理人员，某日在挖土时与另一犯人发生口角，用工具击打该犯人的面部、腰部，造成其当场昏倒、颧骨骨折。

问题：1. 李某是什么心理问题？

2. 李某的问题是如何造成的？

一、概　　述

人格障碍是指人格特征显著偏离正常，使患者形成了特有的行为模式，对环境适应不良，明显影响其社会和职业功能，或者患者自己感到痛苦。人格障碍通常开始于童年或青少年期，并一直持续到成年或终身。部分人格障碍患者在成年后有所缓和。人格障碍是变态心理范围中一种介于精神疾病与正常人之间的行为特征。

人格障碍与人格改变不能混为一谈。人格改变是指严重脑和躯体疾病、精神疾病或精神创伤后所致的人格特征偏离，是原发疾病的症状。

二、临 床 表 现

（一）偏执型人格障碍

偏执型人格障碍以猜疑和偏执为主要特点。表现为没有任何依据的条件下怀疑他人伤害或欺骗自己，怀疑朋友或同事的忠诚，不能信任他人；毫无根据地害怕一些信息会被恶意地用来对付自己，善意的谈论或事件会被当作隐含有贬义或威胁性的意义；持久地心怀怨恨（例如，不能原谅他人的侮辱、伤害或轻视），感到自己的人格或名誉受到打击，但在他人看来并不明显，且迅速做出愤怒的反应或做出反击；对配偶或性伴侣的忠贞反复地表示猜疑，尽管没有证据；爱嫉妒，对别人的成功和荣誉感到紧张不安；自以为是，对自己的能力估计过高，习惯于把失败和责任归咎于他人。

（二）分裂样人格障碍

分裂样人格障碍的基本特征是社交关系脱离和人际交往中情感表达受限。表现为缺少对亲密关系的愿望，社会隔离，包括成为家庭的一部分；偏好机械或抽象的任务，很少从活动中获得乐趣；没有除亲属外的亲密朋友或知己，几乎总是选择独自活动；对批评和肯定无动于衷；情绪冷淡、疏离或情感平淡；对与他人发生性行为兴趣很少或不感兴趣。

（三）分裂型人格障碍

分裂型人格障碍的基本特征是社交和人际关系缺陷。表现为对亲密关系感到强烈的不舒服感和建立亲密关系的能力减弱，且有认知或感知的扭曲和古怪行为；常有牵连观念；可能迷信或对其亚文化常模之外的异常现象有先占观念；可能觉得自己有特异功能和魔力；语言离奇、松散含糊；猜疑并有偏执观念；人际交往僵化或受限；行为古怪离奇；没有或少有亲密的朋友和知己；具有社交焦虑，偏好独处，且焦虑不会随着熟悉程度增加而减弱，且与偏执性的恐惧有关，而不是因为对自己的负性评价。

（四）反社会型人格障碍

反社会型人格障碍的基本特征是漠视或侵犯他人权利，始于儿童或青少年早期并持续到成年。许多人在 15 岁之前具有品行障碍的一些症状，如攻击他人或动物、破坏财物、欺诈或盗窃、严重违反规则等。反社会型人格障碍具体表现为不能遵守社会规范，多次违法乱纪；欺诈，为了个人利益或乐趣而多次说谎，使用假名或诈骗他人；冲动性或事先不制订计划；易激惹和攻击性，重复性的斗殴或攻击；冷酷无情，鲁莽且不顾他人或自身的安全；一贯不负责任，重复性地不坚持工作或不履行经济义务。缺乏懊悔之心，做出伤害、虐待或偷窃他人的行为后显得不在乎或合理化。

（五）边缘型人格障碍

边缘型人格障碍的基本特征是人际关系、自我形象和情感不稳定以及显著的冲突，始于成年早期。具体表现为极力避免被遗弃；不稳定且紧张的人际关系模式，极端理想化和极端贬低交替变化；身份紊乱，持续而不稳定的自我形象或自我感觉；自我损伤的冲动性，如消费、性行为、物质滥用、鲁莽驾驶、暴食等；反复发生自杀行为或自残行为；情绪不稳定，如烦躁、易激惹或焦虑，通常持续几个小时，很少超过几天；慢性的空虚感；不恰当的强烈愤怒或难以控制发怒，如经常发脾气、持续发怒；与应激有关的偏执观念。很多人会患有重度抑郁、双相情感障碍、物质成瘾、进食障碍等。

链接

边缘型人格障碍与情绪否定

边缘型人格障碍与童年时期的情绪否定有一定的关系。情绪否定是指一个人和自己的沟通使自己感觉自身的情绪是无效的，或不合理、不理智的，或应压抑、隐藏的。有四种常见的情绪否定的情形：①父母认为孩子的行为或感受是孩子的性格问题或思想问题。②父母无法忍受负面情绪，因而禁止子女表达负面情绪。③父母否定子女对自身情绪或意愿的描述和解释。④父母过度低估孩子面临的困难，过度简化解决问题的程序。

（六）表演型人格障碍

表演型人格障碍又称癔症型或寻求注意型人格障碍，基本特征是过度的情绪化和寻求他人的注意。表演型人格障碍的个体在自己不能成为关注中心的场合中感到不适；外表和行为带有不恰当的性诱惑或性挑逗；他们的情绪表达变换迅速而肤浅；戏剧性地表达自己强烈的见解；自我戏剧化的夸张的情绪表达；容易受他人暗示（即容易被他人或环境所影响）；认为与他人的关系比实际上更为亲密；思维肤浅，不习惯于逻辑思维，言语举止和行为显得天真幼稚。

（七）自恋型人格障碍

自恋型人格障碍的基本特征是对自我价值感的夸大。他们幻想自己很有成就，自己拥有权力、聪明和美貌；遇到比自己更成功的人就产生强烈嫉妒心；自尊心很脆弱，过分关心别人的评价，要求别人持续的注意和赞美；对批评感到内心的愤怒和羞辱，但外表以冷淡和无动于衷的反应来掩饰；不能理解别人的细微感情，缺乏共情，人际关系常出现问题；常有特权感，期望自己能够得到特殊的待遇；表现为高傲、傲慢的行为或态度。

（八）回避型人格障碍

回避型人格障碍的基本特征是社交抑制、自感能力不足和对负性评价极其敏感。主要表现为因为害怕批评、否定或排斥而回避涉及人际接触较多的职业活动；不愿与人打交道，除非确定能被喜欢；因为害羞或怕被嘲弄而在亲密关系中表现拘谨；自卑，在社交场合总是沉默，害怕别人笑话自己；因为能力不足感而在新的人际关系情况下受抑制；认为自己在社交方面笨拙，缺乏个人吸引力或低人一等；因为可能令人困窘，非常不情愿冒个人风险参加任何新的活动。

（九）依赖型人格障碍

依赖型人格障碍的基本特征是过度需要他人照顾以至于产生顺从或依附行为并害怕分离。主要表现为难以独立做出日常决定，需要他人为其大多数生活领域承担责任；因为害怕失去支持或赞同而难以表示不同意见；难以自己开始一些项目或做一些事情（因为对自己的判断或能力缺乏信心，而不是缺乏动机或精力）；为了获得他人的培养或支持而过度努力，甚至甘愿做一些令人不愉快的事情；独处时感到不舒服或无助；在一段密切的人际关系结束时，迫切寻求另一段关系作为支持和照顾的来源。

（十）强迫型人格障碍

强迫型人格障碍的基本特征是沉湎于秩序、完美以及精神和人际关系上的控制，而不惜牺牲灵活性、开放性和效率。主要表现为沉湎于细节、规则、条目、秩序、组织或日程，以至于忽略了活动的要点；过分追求完美主义，经常因为不符合自己过分严格的标准而不能完成一个项目；过度投入工作或追求业绩，以至于无法顾及娱乐活动和朋友关系，难以找到知心的朋友；对道德、伦理或价值观念过度在意、小心谨慎和缺乏弹性；不愿丢弃坏的或无价值的物品，哪怕这些物品毫无情感纪念价值；不情愿将任务委托给他人或与他人共同工作，除非他人能精确地按照自己的方式行事；对自己和他人都采取吝啬的消费方式，把金钱视作可囤积起来应对未来灾难的东西；僵化和固执，不喜欢变化、难以适应新环境。

三、心理康复方法

（一）心理治疗

人格早在幼儿时期就已逐渐开始建构发展，人格障碍的形成可谓根深蒂固，因而治疗难度较大，需要长期的心理治疗。患者想要彻底扭转人格障碍几乎是不可能的，但是通过治疗能在一定程度上修正患者的人格特征，减少其与周围环境的冲突，调节情绪，同时也能减少家属和朋友的烦恼，让患者体验一个更快乐的人生。心理治疗主要包括支持性心理治疗、精神分析治疗、认知疗法、家庭治疗等。心理治疗旨在通过与患者建立良好的治疗关系，充分倾听和理解患者，帮助其发现内心的矛盾冲突，使患者认识到自己的个性缺陷，推动患者解决问题，调整行为模式，增加其适应环境的能力，重塑健全人格。如果患者遇到困境，可进行心理危机干预。

（二）药物治疗

药物治疗难以改变人格结构，但在出现强烈应激和情绪反应时短期的少量用药将有所帮助。例如，情绪不稳定者可少量应用抗精神病药物；具有攻击行为者给予少量碳酸锂或丙戊酸钠缓释片等心境稳定剂；有焦虑表现者给予少量苯二氮䓬类药物或其他抗焦虑药物。选择性 5-羟色胺再摄取抑制药中的氟西汀对边缘型人格障碍的抑郁、焦虑和攻击症状有效。

（三）教育和训练

惩罚措施对人格障碍患者是无效的，但由精神科医生、社会工作者、律师等组成团队对患者提供长期而稳定的咨询、服务和管理是有益的。正常人格随年龄的增长会有一定的变化，有些人格障碍随年龄的增长也可能逐步缓和。例如，反社会性人格障碍在中年以后尽管仍存在人际关系冲突，但攻击行为大大减少，通过积极引导可进一步朝好的方向转化。

第8节　器质性精神障碍的心理康复

案例 11-8

张某，男，66 岁，因上腹部疼痛半年住院。入院诊断：食管癌。外科对患者实施食管癌根治术，手术顺利，术后将患者送回观察室继续治疗。术后第 3 天，患者出现情绪突然激动，躁动不安，言语混乱，要求饮水（患者禁食），拒绝治疗，欲拔除各种引流管回家，护士安抚无效。后对患者予以约束，但患者躁动更加剧烈，遵医嘱给予镇静剂后入睡。当患者再次醒来时可正常交流，能正确回答问题，对于之前的行为异常回忆不起来。

问题： 1. 张某术后的情绪行为异常是怎么回事？

2. 实施约束对于缓解张某的情绪行为异常是否有效？

一、概　　述

器质性精神障碍是指由于脑部疾病或躯体疾病引起的精神障碍。由脑部疾病导致的精神障碍称为脑器质性精神障碍，包括脑变性疾病、脑血管病、颅内感染、脑外伤、脑肿瘤、癫痫等所致的精神障碍。躯体疾病所致的精神障碍是由中枢神经系统以外的躯体疾病引起的，如躯体感染、中毒、内脏器官疾病、内分泌疾病等，精神症状只是原发躯体疾病症状的组成部分，故也称为症状性精神障碍。脑器质性精神障碍与躯体疾病所致精神障碍往往不能截然分开。

器质性精神障碍是相对于功能性精神障碍而言，这种区分只是人为的、相对的和有条件的。并不存在绝对的功能性精神障碍，所谓功能性精神障碍只是当前的科学技术水平尚未能发现脑部明显的形态改变或明确的生理、生化改变。

器质性精神障碍的患病率目前尚缺少相关调查，但由于人口老龄化趋势日渐加重，人口中老年人数增多，器质性精神障碍的患病率必将随之增高。

二、临床表现

（一）谵妄

谵妄是一组急性、一过性、广泛性的认知障碍，以意识障碍为主要特征，又称为急性脑病综合征，主要表现为意识障碍、定向障碍、记忆障碍、感知障碍、神志恍惚，注意力不能集中，对周围环境与事物的觉察清晰度下降等。睡眠觉醒周期不规律，白天嗜睡而晚上活跃。常出现恐怖性的错觉和幻觉、奇异幻想和生动梦境，可能产生历时短暂、片段的被害妄想。情绪紊乱突出，包括恐怖、焦虑、抑郁、易激惹、愤怒甚至欣快等。有时可出现危险攻击性行为或因恐怖而产生逃避行为。随着意识障碍的加深，也可能表现为精神运动行为减少，行动缓慢、重复，情绪淡漠。好转后患者对谵妄时的表现或发生的事大都遗忘。谵妄具有昼轻夜重的特点。谵妄多发生于老年病房、急诊室和重症监护病房中，与感染、内分泌代谢障碍、急性脑血管疾病、中毒、缺氧等因素都有关系。通常急性起病，症状变化大，持续数小时或数天，但如果引起谵妄的易感因素与促发因素没有改变，也可持续数周。

链接

意识障碍

意识障碍是指人对自身和环境的识别与觉察能力发生障碍。当颅脑及全身的严重疾病损伤了大脑皮质及上行网状激活系统，则出现各种不同程度或不同类型的觉醒状态及意识内容的异常。临床医师通过给予患者言语等各种刺激，观察患者反应情况判断意识障碍的程度，如喊其姓名、推摇其肩臂、压迫眶上神经、与之对话等。根据意识障碍的严重程度，可分为嗜睡、昏睡、昏迷、意识模糊、谵妄等。临床经常采用格拉斯哥昏迷量表评估意识障碍，该量表主要依据对睁眼、言语刺激的回答及命令动作的情况对意识障碍的程度进行评估。

（二）痴呆

痴呆是一种持续的、较严重的多项认知功能障碍的临床综合征。多以缓慢出现的智力减退为主要特征，伴有不同程度的人格改变，没有意识障碍。见于各种原因所致的脑器质性疾病。

痴呆大多缓慢出现，如阿尔茨海默病或继发于脑出血、脑梗死、帕金森病的痴呆，少数起病于急性脑外伤或脑缺氧。早期可表现为思维迟钝，兴趣或工作效率减退，碰到生疏或不能胜任的事情时易感沮丧或焦虑。典型的表现是记忆、理解、计算、学习和判断能力的进行性下降，联想减少，词语贫乏，语言刻板重复。由于智能的影响，还可能出现片段的被害妄想和被盗窃妄想。后期患者则呈情绪淡漠、幼稚、哭笑无常，日常生活不能自理。

（三）遗忘综合征

遗忘综合征又称为科尔萨科夫综合征，是一种选择性或局灶性认知功能障碍。主要表现为近事记忆障碍，即对新近发生的事情容易遗忘；定向障碍，即对时间、地点或人物的定向发生错误；虚构症，即以错构或虚构的内容填补既往经历中的空白部分。该综合征主要见于慢性酒精中毒或严重营养不良，是由于大脑缺乏维生素 B_1 所致，也可见于颅脑损伤伴发的精神障碍、传染病、脑肿瘤以及一氧化碳中毒和内分泌性疾病等。

（四）人格改变

人格改变是指由疾病、损伤及重大的应激事件等导致的个性特征和行为模式较前发生明显改变。器质性精神障碍中的人格改变多见于脑外伤、脑肿瘤、脑血管疾病或癫痫等，表现形式多样，如情感淡漠，对个人卫生和周围事件漠不关心，意志减退，动力缺乏；情绪不稳、易冲动、自控力下降、反社会行为或性放纵；原有个性特征的进一步突出化，如变得更加急躁、多疑、自私等。

除以上外，器质性精神障碍还可出现幻觉妄想、抑郁焦虑情绪、行为问题、睡眠障碍等。各类不同的表现可在同一患者中出现于不同的病程阶段，也可在同一患者中同时存在。

在临床工作中，如果要诊断器质性精神障碍，首先应对患者进行详尽的病史询问和完整的精神状态检查，初步识别精神综合征的类型。然后要作仔细的体格检查和神经系统检查，再结合各种实验室检查、影像学检查和神经电生理检查结果明确病因。单凭精神综合征是不可能做出器质性精神障碍的定性或定位诊断的。当怀疑患者的精神症状是器质性因素引起时，即使尚未发现肯定的阳性神经系统体征或实验室检查结果，仍需继续密切观察与检查，避免漏诊或误诊。

三、心理康复方法

（一）病因治疗

病因治疗是指针对原发脑部器质性疾病或躯体疾病的治疗。器质性精神障碍的治疗主要是尽可能寻找病因，给予相应的处理措施。例如，针对维生素 B_1 缺乏引起的遗忘综合征，可通过静脉给药或肌内注射给予维生素 B_1，后续可给予口服补充维生素 B_1，同时合理给予营养，保持水电解质平衡，患者症状可获得明显缓解。针对呼吸道感染或心力衰竭后出现的谵妄状态，减轻脑缺氧常能使谵妄状态获得迅速改善。

（二）对症治疗

对症治疗是指针对患者的精神症状给予治疗，包括药物治疗、心理治疗和环境调整等。

1. 药物治疗　对伴发焦虑、失眠症状的患者，可考虑给予短效的苯二氮䓬类药物，如阿普唑仑、劳拉西泮、奥沙西泮等；对伴发行为紊乱、攻击性、幻视、妄想的患者，可应用抗精神病药物，如利培酮、奥氮平、喹硫平、氟哌啶醇等；对伴发行动迟缓、情绪低落、言语动作减少等抑郁症状的患者，可给予选择性 5-羟色胺再摄取抑制药，如帕罗西汀、氟西汀、舍曲林等。由于脑器质病变或躯体疾病患者的脑功能下降，体内代谢过程减弱，患者对药物的耐药性降低，容易发生严重的药物不良反应或全身并发症，甚至可危及生命，因而对器质性精神障碍患者应用精神类药物时需谨慎小心，应尽量给予小剂量的短期治疗。

2. 心理治疗　针对遗忘综合征的近记忆障碍、定向障碍或痴呆综合征的认知障碍，可给予相应的神经心理训练，改善其记忆力等认知功能。针对器质性人格改变，可给予精神分析疗法或认知行为疗法，帮助患者认识人格上的缺陷，尽可能地修正自己的人格特征。

3. 环境调整　器质性精神障碍的患者容易产生强烈的不安全感，封闭和约束的环境可能进一步加重这种不安全感，导致其出现逃跑或攻击行为。因此，应在保证安全的基础上，尽可能给患者一个温馨、友好、自由的空间。

（三）支持治疗

支持治疗主要包括维持水和电解质平衡，适当补充营养，加强护理和照料，预防摔伤等意外情况等。

第 9 节　网络游戏障碍的心理康复

案例 11-9

黄某，男，20 岁，某高校大三学生，沉迷网络游戏 2 年余。他对网络的使用和游戏有强烈的渴求和冲动感，与同学交流渐渐减少，性格变得内向，时有自卑感，情绪低落，甚至与家长对抗，对学习、运动及其他事物兴趣下降，经常逃课，彻夜不归。经同学和班主任劝告，一段时间内停止网络游戏，但出现周身不适、心烦意乱、易激动、上课注意力不集中、睡眠障碍等现象，后再次沉迷网络和游戏，对他人的意见无法接受。

问题：患者沉迷网络游戏对社会功能造成了什么影响？

一、概　　述

网络游戏障碍是指持续地、反复地使用网络来参与游戏，经常与其他人一起游戏，导致学业、社交、职业等显著受损或痛苦。青少年是社会网络活动的主体，青少年的网络游戏成瘾问题已经引起了社会的高度重视。网络游戏成瘾多发在青少年身上，究其原因，可分为以下几个方面。

（一）心理因素

1. 缺乏自我控制能力　青少年未能形成完整稳定的世界观、人生观和价值观，对新鲜事物好奇与探究的欲望十分强烈。少数人经受不住其他玩家的蛊惑、宣传，在猎奇心理的驱使下，往往因为自制力薄弱而深陷其中。

2. 沟通和社交能力低　孤独感和网络游戏使用的增加呈正相关。自卑造成孤独，难以与人建立良好的人际关系。有的人因为内心压抑，通过玩游戏可以得到宣泄和释放，在虚拟世界获得满足感。

3. 存在焦虑、抑郁等心理问题　游戏成瘾是患者焦虑、抑郁症状的表现之一，患者将打游戏作为缓解焦虑、抑郁的重要手段，与“借酒浇愁”类似。

（二）个性因素

自我同一性是指青少年对自己的本质、信仰和一生中的重要方面前后一致及较完善的意识，也即个人的内部状态与外部环境的整合和协调一致。进入青年期，个体意识分化为理想自我和现实自我，要建立起自我同一性，就得是理想自我和现实自我达到统一。为此，要么努力改变现实的自我，使之与理想的自我一致，要么修正、改变理想的自我，使之符合现实的自我。网络成瘾的青少年，他们对于“我是谁，我应该是谁”的问题，有着迷惑与期盼。在网上，他们以理想的自我出现，把自己设计成理想的样子，在网络里隐藏现实中自己的过失与缺陷，按照自己所希望的形象与网友交流、互动，达到理想自我境界。这也是许多青少年沉迷于网络的主要原因之一。

（三）家庭因素

家庭因素最主要的是家庭教育方式和家庭关系。如果家长在教育孩子时采用控制型态度，采用暴力、批评的教育方式管教孩子，容易造成孩子强烈的逆反心理而沉迷于网络；家庭关系不和睦，父母与孩子之间缺乏交流，孩子在家庭中得不到父母的关爱和家庭的温暖，往往会使孩子从网络中得到新的安慰，久而久之迷恋于网络中不能自拔；农村留守儿童，父母常年在外，儿童常年缺乏父母的关爱和监督，教育处于放任状态，孩子更容易整天浏览网络而导致网瘾的发生。

二、临床表现

（一）对网络的不合理使用

网络游戏成瘾者的心理和行为被网络这一活动所支配，网络也演变为其主要的心理需要，使用网络时间和精力所占比例逐渐加大，进而导致了个体生物钟的紊乱。当无法使用网络时，会体验强烈的渴求，甚至产生烦躁和不安的情绪及相应的生理和行为反应，使用网络后情况好转。使用网络在其生活中占主导地位，注意和兴趣单一指向网络，工作、学习动机减弱，生活质量下降。

（二）情绪改变

使用网络成为成瘾者应付环境和追求某种主观体验的一种策略，通过网络活动可以产生满足感和成就感，同时可产生兴奋和紧张等情绪体验，也可以获得一些安宁，逃避甚至是麻木的效果。

（三）戒断反应

一旦停止网络游戏会出现心理和生理方面明显或严重的不良反应，包括较强的抑郁、焦虑，出现行为障碍和社交问题，乃至放弃重要的社会角色，放弃学习、生活、工作等正常的活动，影响亲子关系等。

（四）内心冲突

网络成瘾行为会导致成瘾者与周围环境的冲突，如家庭关系、朋友关系和工作关系的冲突和恶化；与学习、工作、社会活动等其他活动和爱好相比，成瘾者内心对自己的成瘾行为存在强烈的矛盾心态，既意识到过度上网的危害又不愿舍弃上网带来的各种精神满足感。

三、心理康复方法

（一）程度较轻的网络成瘾者

1. 科学安排上网时间，合理利用互联网　首先，要明确上网的目标，上网之前应把具体要完成的工作列在纸上，有针对性地浏览信息，避免漫无目的的上网。其次，要控制上网操作时间。每天上网累积时间不应超过 4 小时，连续操作 1 小时后休息 30 分钟左右；再次，应设定强制关机时间，准时下网。

2. 使用转移和替代的方式摆脱网络成瘾　用每个人所特有的其他爱好和休闲娱乐方式转移注意力，使其暂时忘记网络的诱惑。例如，可以通过打球、下棋等方法有效地转移注意力，以减少对网络的依赖。

3. 培养健康、成熟的心理防御机制　网络成瘾与个性因素有关，一定的人格倾向使个体易于成瘾，网络只是造成成瘾的外界刺激之一。因此，要不断完善自己的个性，培养广泛的兴趣爱好和较强的个人适应能力，学会合理宣泄，正确面对挫折，只有这样才会形成成熟的心理防御机制，不会一味地躲在虚拟世界中逃避失败与挫折。

（二）程度较重的网络成瘾者

1. 直接隔断与网络的联系　成瘾程度较重的人往往是在下意识的状态下上网的，对于那些明知过度上网只会加重症状而不能自制的成瘾者，可以在他们的亲戚、朋友的帮助下将其与电脑完全隔离一段时间，让他们在这段时间里培养其他的兴趣爱好或者重新安排紧张有序的生活，待到他们能够完全摆脱网络成瘾的困扰后，再针对性地帮助他们科学地安排上网时间。

2. 寻求心理治疗师的帮助　通过心理咨询或治疗，心理治疗师与网络成瘾者之间建立良好的关系。这样可以从精神上给成瘾者理解和支持，调动他们的积极性，树立治愈的信心；心理治疗师会根据成瘾者的痴迷程度，用准确、生动、专业、亲切的语言分析“电子海洛因”的危害、网络成瘾形成的原因、过程及治疗措施，逐步帮助患者摆脱网络成瘾。

链接

如何表示接纳

如何表示接纳？用非语言来表示接纳。非语言包括手势、姿势、面部表情或其他行为。例如，用不干涉的方式表示接纳（不插手孩子此刻正在做的事），用被动倾听表示接纳。另一个方面就是直接用语言来表示接纳。即不带有任何个人的判断、想法和情绪，而是把话语权交给对方，鼓励和邀请他释放自己的情绪。这个方法能减少对方的负面情绪，还能帮助解决问题。最好的方式是只表达自己的感受，而不提出解决办法，这是“面质技巧”的核心。这就是用“我—信息”来代替“你—信息”的说话方法，它包含三个方面：“行为+感受+影响”，即客观描述孩子的行为，表达自己的感受，以及这个行为带来的客观而具体的影响。

自　测　题

一、选择题

A 型题

1. 心理异常的判断标准不包括
   A. 精神疾病诊断标准　B. 统计学标准
   C. 内省经验标准　D. 社会适应标准
   E. 道德标准
2. 下列不是精神分裂症的常见临床表现的是
   A. 幻觉　B. 意识障碍
   C. 妄想　D. 自知力缺乏
   E. 情感迟钝
3. 诊断抑郁障碍病程持续时间至少为
   A. 1 周　B. 2 周
   C. 3 周　D. 1 个月
   E. 6 个月
4. 抑郁障碍患者睡眠障碍的主要特点是
   A. 入睡困难　B. 多梦
   C. 早醒　D. 睡眠感缺失
   E. 梦魇
5. 以下不是惊恐障碍特点的是
   A. 突然发作　B. 发作间期有预期焦虑
   C. 不能自发缓解　D. 部分患者有回避行为
   E. 可能出现过度换气
6. 广泛性焦虑障碍核心症状是
   A. 精神性焦虑　B. 运动性不安
   C. 躯体症状　D. 惊恐发作
   E. 神经衰弱
7. 关于人格障碍的治疗，以下说法正确的是
   A. 抗精神药物有可能改变人格结构，从而治疗人格障碍
   B. 具有攻击行为的人格障碍者，可以给予少量心境稳定剂
   C. 总体而言，人格障碍的治疗效果较好
   D. 人格障碍治疗的目的之一就是直接改变患者的不良行为模式
   E. 对于人格障碍的患者，药物治疗非常重要
8. 谵妄又称为
   A. 急性脑病综合征　B. 慢性脑病综合征
   C. 血管性痴呆　D. 老年性痴呆
   E. 遗忘综合征
9. 不属于强迫行为的是
   A. 强迫洗涤　B. 强迫检查
   C. 强迫计数　D. 强迫仪式动作
   E. 强迫回忆
10. 恐惧症的临床类别不包括
    A. 广场恐惧　B. 惊恐发作
    C. 社交恐惧　D. 特定恐惧
    E. 密闭空间恐惧

X 型题

11. 抑郁障碍的主要临床表现有
    A. 心境低落　B. 思维迟缓
    C. 意志活动减退　D. 认知功能损害
    E. 生理症状
12. 惊恐障碍的主要临床表现有
    A. 惊恐发作　B. 预期焦虑
    C. 求助行为　D. 回避行为
    E. 躯体症状
13. 心理异常的原因包括
    A. 遗传　B. 感染
    C. 化学物质的滥用　D. 颅脑和内脏器官疾病

E. 年龄和性别

14. 关于器质性精神障碍，下列说法正确的是
    A. 由脑部疾病或躯体疾病引起
    B. 器质性精神障碍的治疗要尽可能寻找病因，给予相应处理
    C. 可表现为智能减退、记忆障碍、人格改变、意识障碍
    D. 精神刺激常是主要病因
    E. 可包括脑外伤性精神障碍、躯体疾病所致的精神障碍、中毒性精神障碍等

15. 下列属于强迫思维的临床表现的是
    A. 强迫性穷思竭虑　　B. 强迫意向
    C. 强迫回忆　　D. 强迫计数
    E. 强迫怀疑

16. 恐惧症的特征包括
    A. 恐惧的程度与实际危险不相称
    B. 患者知道这种恐惧是过分的、不合理的
    C. 常有预期性焦虑
    D. 对恐惧客体和情境的极力回避
    E. 恐惧时常伴有明显焦虑和自主神经症状

二、简答题

什么是谵妄？谵妄的主要临床表现是什么？

（曾妍妍　梁桂铭　郭志华）

第12章 特殊儿童的心理康复

儿童期个体在生理和心理上处于快速发展阶段，由于大脑结构和相关功能的发展正在完善之中，大脑缺乏对自主神经和情绪活动的有效调节，极易受到体内外各种因素的影响，导致心身疾病。特殊儿童有着较健康儿童更敏感更脆弱的心理世界，其生活经历也更特殊，甚至不能像健康儿童那样正常生活和学习。因此，特殊儿童心理障碍的发生率更高。

第1节 概 述

案例 12-1

某医院儿科病房收治了一位4岁时因外伤导致骨折的患儿，该患儿从入院就诊到进入病房，一直紧紧依偎着母亲，不允许母亲离开自己。当母亲不得不离开时，该患儿便哭闹不止，拒绝进食和睡觉。医护人员对其进行检查时有抵抗行为，极不合作。

问题： 1. 该患儿出现了哪些心理反应？

2. 该患儿心理反应的影响因素是什么？

特殊儿童有广义和狭义之分。从广义上说，特殊儿童通常既包括残疾儿童，又包括天才儿童，是指在智力特征、感觉能力、神经运动或身体特征、社会行为、交际能力、多种缺陷等方面偏离常态的儿童。从狭义上说，特殊儿童是在教育情境中较为特殊，可能有特别的学习困难，需要特殊教育方案的儿童。在本章中，我们将采用狭义的概念，将特殊儿童定义为一群在生理或心理发展的某一个或多个方面明显地落后于普通儿童的发展水平，有特别的学习或适应困难，只有接受了特殊教育才能充分发展的儿童。

一、儿童的心理特征

残疾儿童的康复是极为重要的，要了解残疾儿童的心理康复，必须先了解正常儿童的心理特点。

（一）正常儿童的心理特征

正常儿童心理发展与身体的生长发育一样，是循序渐进的，有一定的阶段性和规律性，正常儿童的心理特点表现如下。

1. 智力迅速发展　儿童的好奇心强，求知欲旺盛，对周围的一切事物，特别是新鲜事物感兴趣，从出生到4岁，是儿童视觉、听觉、触觉、运动发展的关键期，这一时期他们的形象思维、视觉发展最迅速，学龄期则是儿童学习科学文化知识的奠基时期。

2. 情感纯真直率　幼儿期儿童渴望别人对自己的爱和关心，是情感发展和进行情感教育的重要时期。学龄前儿童情绪直接指导、调控着儿童的行为，决定着儿童的所作所为。学龄期儿童情感的稳定性、深刻性增强，开始懂得控制自己的情绪，知道维护集体荣誉、珍惜友谊、遵守道德等。

3. 人际关系单纯融洽　父母、老师和同伴是儿童生活中最主要的接触者。父母是孩子的启蒙老师，向儿童传授多方面的社会知识和道德准则，为孩子提供大量的练习社交行为和技能的机会，并给予相应的指导和强化。老师为儿童能够与同伴友好相处、互相关心和帮助创造交往的环境，提供语言交往的机会，丰富交往的内容，并帮助儿童树立交往的信心。在与同伴的交往中，儿童不仅发展了社交行为（如微笑、请求等），通过练习与学会社交技能，不断熟练巩固使之积极恰当，而且还会通过观察同伴的社交行为去学习、尝试新的方法，从而提高自己的社会交往能力。

4. 个性逐渐形成 儿童好模仿、可塑性强，儿童期正是性格形成发展的时期，老师、父母及其他经常生活在一起的家庭成员的言行、性格及教育方式对儿童性格的形成有着重要的影响，不良习惯也容易在此阶段养成。

（二）特殊儿童的心理特征

临床上特殊儿童涉及的疾病多种多样，多伴有不同程度的功能障碍，许多特殊儿童还伴有不同程度的残疾。由于疾病本身及其导致的残疾作为一种不良的应激源，伴随着他们的生长发育过程，因此不仅使其正常的心理发展发生变化，还可能会引发各种类型的心理问题。特殊儿童的一般心理特征表现为两种，一种是疾病本身的心理表现，另一种是心理的应激反应。

1. 疾病本身的心理表现 特殊儿童有智力障碍、交往障碍、肢体障碍、视力障碍、听力障碍等。他们本身在感知觉和智力的某个或某些方面存在问题，这些本身就是心理表现。例如，肢体障碍儿童，由于身体活动受限，行动不自由，与同龄的健康儿童相比，生活环境局限，与外界接触少，人际交流也少，影响了感知和脑功能的活动。又如，视觉障碍儿童由于视觉的受限，对于活动、自身形象等有着不正确的认识，这些都会导致其产生各种各样的心理冲突。

2. 心理的应激反应 疾病作为一种应激源，会使儿童产生各样心理反应，一般表现为自卑、孤僻、多疑、依赖及易激惹。生理上的缺陷以及功能上的一些受限，使得特殊儿童在日常生活、学习、社会活动、家庭、康复治疗中都会遇到各种困难。与正常儿童相比，他们始终觉得自己与众不同、低人一等，缺乏生活的信心和勇气。社会的偏见、不公平的待遇及世人异样的眼光，使得他们产生自卑情绪。同时，生理及功能上的受限，也会使得儿童活动的范围非常局限，且在多个场合受到歧视，他们不得不经常待在家里，游离于普通儿童之外，无法通过交流使自己的情绪得到及时的宣泄，久而久之，便产生了孤独感，喜欢独处。此外，特殊儿童还可能出现多疑的表现，对人际活动产生偏见和误解，仅根据感性认识和事物表象做出推断，当周围事物出现时，不管与自己有无联系，都会表现一律反感等情绪，并通过面部表情和身体语言充分流露出来。特殊儿童还可能出现依赖性强的表现。特殊儿童在成长的过程中不可避免地要接受身边亲人或看护者的照顾，有些特殊儿童在家庭受到过多的照顾，养成依赖的习性，如视力障碍儿童，即使是一些力所能及的事，也不愿意做，而是一味地依附于他人，自主自立能力很差。最后，特殊儿童还可能易激惹，病残儿童长期受疾病的困扰，生活又常常遭遇失败的经验，情绪不稳定，在受到不公正对待的时候，容易出现激动、举止冲动、打人、态度生硬、乱发脾气、不听劝告等行为。

链接

儿童神经发育障碍

特殊儿童中有很大一部分是儿童神经发育障碍。神经发育障碍是一组在发育阶段起病，并以引起个体社交、学业或职业功能损害的发育缺陷为特征的疾病。在《精神障碍诊断与统计手册》（第 5 版）中，神经发育障碍主要包括智力障碍、交流障碍、孤独症（自闭症）谱系障碍、注意缺陷多动障碍、特定学习障碍、运动障碍和其他神经发育障碍。《精神障碍诊断与统计手册》（第 5 版）中的神经发育障碍更加关注发育技能缺陷疾病。

二、影响特殊儿童心理适应的因素

（一）自身因素

1. 年龄因素 儿童心理发展所处阶段的不同与疾病的易感性有关，幼儿的心理问题往往由受惊引起，而年长儿童则常常因疾病与家庭、学校环境发生矛盾所致。

2. 生理因素　特殊儿童可能因疾病本身而产生不适、疼痛、功能障碍等，影响儿童的日常生活和交往。有些疾病使儿童焦虑、恐惧，有些使儿童感到羞辱、孤立、窘迫、自卑，从而产生抑郁、攻击行为、社会退缩等不良情绪和行为。

3. 人格因素　神经质得分高的特殊儿童情绪可能不稳定，表现为多愁善感、易激惹、好胜心强、多处于紧张状态。一旦愿望未能实现，则容易产生愤怒、敌对、抑郁、羞愧等情绪。

4. 康复治疗　特殊儿童往往需要长期康复治疗，与家人沟通活动上反应性少，可造成人际关系障碍和社会适应不良。

（二）家庭因素

家庭心理准备不足，对特殊儿童的教育不知所措，要么百般宠爱，要么放任不管，有些则过分严厉，缺乏塑造培养意识。家庭经济状况不好、主要家庭成员不全、父母离异、父母关系不和等，会导致儿童缺乏关心，没有良好的成长环境，这些都会影响特殊儿童的心理健康。

（三）社会因素

虽然目前社会对特殊儿童越来越重视，但是，针对特殊儿童的服务和设施还不能满足需要，很多特殊儿童不能得到应有的教育，他们对今后的生活和前途有强烈的不安感。人与人之间的交往日益广泛，各种社会传媒的作用越来越大，生活紧张事件增多，这些现象都会加重特殊儿童的内心矛盾和心理负担，影响其身心健康。

（四）学校因素

儿童期是学习知识的最佳时期，每个适龄儿童都要上学，特殊儿童也不例外。无论是在特殊学校还是普通学校，学习负担过重、教育方法不当、师生情感对立、同学关系紧张均不利于特殊儿童的心理健康发展。

第 2 节　常见特殊儿童的心理康复

案例 12-2

患儿，男，8 岁，小学二年级学生。他攻击性强、冲动、任性，学习缺乏耐心，经常因不满与同学发生冲突。上课时，他很难静下心来听讲，常玩弄手指和学习用品，还经常随意离座走动，或者老师在台上讲，他在座位上不停地讲，或是发出怪声。患儿做事难以长久集中注意力，写作业时拖沓，学习成绩差。

问题：1. 该患儿目前症状主要有哪几个方面？

2. 该患儿的心理康复怎么开展？

一、精神发育迟滞儿童的心理康复

精神发育迟滞又称作精神发育不全、弱智、智力残疾、智力低下，是在发育期间（<18 岁）出现的、构成智力整体水平（如认知、语言、运动和社交能力）的技能损害为特征的精神发育受阻或不全现象。可单独发生，也可伴有其他精神或躯体疾病。

精神发育迟滞的主要临床症状是智力低下，社会适应能力差，可伴有一些精神症状和躯体疾病。但是，不同类型、不同程度的精神发育迟滞表现各异。一般根据智力水平、适应能力、缺陷程度、训练后达到的水平将精神发育迟滞分为轻度、中度、重度、极重度四级。

（一）精神发育迟滞患儿的心理特征

与同龄、同性别正常儿童相比，精神发育迟滞患儿的心理发展主要表现在发展的起点迟、速度慢、达到的水平低。

1. 认知障碍 患儿的感知觉迟缓给人以迟钝感，绝对感受低，如对冷热温度感、疼痛等感觉迟钝，易造成伤害；对视觉、听觉、味觉等感觉都存在不同程度的障碍；归纳、推理与概括能力方面受到限制，不善于运用适当的思考策略进行抽象材料的学习，对抽象概念、类化及迁移的能力较差。

2. 行为障碍 患儿由于情绪不稳定，极易受外界环境、生理需求所支配，常表现固执、刻板、灵活性差等行为特点。有些患儿不愿接受新事物或环境的稍微变化，经常出现与年龄不相符的幼稚行为。

3. 情绪障碍 患儿由于社会适应能力困难，学习、生活和人际沟通等能力低下，经常面临失败或挫折，表现出焦虑、敏感、自卑、易哭等情绪，以及退缩、依赖等行为。

4. 意志障碍 患儿的意志水平发展低下，动机形成缓慢。主要表现为依赖性强、主动性差，缺乏自制，固执，常因琐事或欲求表现出争抢等行为，同时也极易受暗示，常容易接受他人的意见或被他人随意驱使。

5. 精神障碍 患儿由于多种因素导致脑功能受损，智力低于正常同龄孩子水平，可能产生冲动、偏执、妄想等问题。

（二）精神发育迟滞患儿的心理康复原则

此类患儿应做到早发现、早诊断、早干预。应根据患者的不同境况及程度和特点因人施策，有针对性地进行有效的心理行为指导和功能训练，主要包括特殊形式的教育、对家庭的支持和指导、异常行为的矫正、智力开发训练、日常生活能力训练。具体治疗方法见表 12-1。

表 12-1 常见心理行为问题可参考选用的干预方式

	行为治疗	游戏治疗	分析性心理治疗	认知疗法	沙盘治疗	感觉统合训练	家庭治疗	集体治疗	药物治疗	其他可选择干预方式
精神发育迟滞	√	√	√						如有必要	教育训练
注意缺陷多动障碍	√			如有必要		√	√		√	
情绪障碍	√	√	如有必要	如有必要	√				如有必要	
孤独症谱系障碍	√	√		如有必要		如有必要			如有必要	教育训练

二、注意缺陷多动障碍儿童的心理康复

注意缺陷多动障碍主要表现为与年龄不相称的注意力分散，注意广度缩小，不分场合的过度活动，情绪冲动并伴有认知障碍和学习困难，智力正常或接近正常。注意力不集中、冲动和活动过多是注意缺陷多动障碍的三大症状。不同的个体，三大症状的轻重不同。

（一）注意缺陷多动障碍患儿的心理特征

1. 注意缺陷方面 患儿难以注意到细节，粗心大意，无法持续注意于较枯燥重复的内容，注意力分散，别人对他讲话时心不在焉，没耐心听完指令或吩咐，需要不停地提醒日常生活的事情，丢三落四，没有时间观念。

2. 多动方面 患儿跑来跑去，爬高爬低，不怕危险，精力旺盛，不觉得累，坐不住甚至于离开座位，坐时身体扭来扭去、动来动去或玩弄手指，在玩时比较吵闹，需要提醒他小声点。这些孩子动作比较粗鲁，运动协调不佳，常会有意无意地碰触别人，肢体动作多，容易惹人厌或被误会打人。爱讲话，甚至在不该说话时讲个不停。

3. 冲动方面 患儿没有耐心，不管别人多忙或别人在谈话，他会打断别人或是插嘴。别人对他说话时他也会没有耐心听别人讲完，会抢着接话或急着回答。对于很多事情可能会好管闲事、热心过度，

常会替别人出主意，当别人不听他的意见时就会产生冲突或不愉快。不愿意排队买东西或玩，比较难与他人轮流替换，即使不得不排队，他也会表现出比较不耐烦或不高兴的样子。

4. 学习困难　注意缺陷多动障碍患儿与同龄儿童相比，在阅读、书写、操作、计算等能力方面有明显落后，学习效率低。

5. 人际关系紧张　由于患儿的冲动任性、约束性差等，易给他人或自身造成麻烦行为，不被他人喜欢，难以与同伴、老师及父母相处，长此以往，导致沟通能力缺陷，与他人形成不同程度的隔离。

6. 情感问题和行为异常　由于患儿注意障碍、活动过度、冲动任性等特点，一旦受到挫折就会烦躁不安、哭闹、发脾气等。有时为了逃避责难和惩罚，会抢先通过开玩笑、扮小丑、哄骗、说谎等方式来掩饰和否认。甚至有的患儿在家对抗父母的指令，在学校违反校规校纪，出现离家出走、自伤、违抗性、攻击性和反社会性等品行障碍，甚至构成少年犯罪。

（二）注意缺陷多动障碍患儿的心理康复原则

注意缺陷多动障碍患儿经诊断后，根据患者的年龄和症状的严重程度等综合考虑是否使用药物治疗。同时，开展以家庭和学校为中心的干预。具体包括改善儿童的环境，加强儿童的行为管理，进行注意力训练、社交训练等。干预原则同样是早发现、早诊断、早干预。具体治疗方法见表 12-1。

三、情绪障碍儿童的心理康复

儿童情绪障碍是以焦虑、恐惧和强迫症状为主要表现的一组疾病，既包括了特发于儿童期的情绪障碍，如儿童分离焦虑障碍、儿童恐惧性障碍、儿童社交焦虑性障碍、同胞竞争性障碍，也包括了在儿童期出现的各种类型成年期的神经症、癔症和应激相关障碍。

（一）情绪障碍患儿的心理特征

1. 焦虑现象　焦虑主要表现有焦虑情绪、不安行为和自主神经系统功能紊乱等三方面的症状。小儿在情绪上多表现为烦躁、哭泣或吵闹，无论在饥饿或饱餐、寒冷或温暖、倦怠或清醒之时均哭闹，难以安抚和照料，不易抚养。大一些的儿童常表现为害怕、恐惧，或有大祸临头的不祥感觉，在行为上表现为胆小，不愿意离开亲人，惶恐不安，哭泣，拒绝上学。有自主神经系统功能紊乱症状，以交感神经和副交感神经兴奋症状为主，多有呼吸急促、闭气、胸闷、心慌、头晕、头痛、出汗、恶心、呕吐、腹痛、口干、四肢发冷、腹泻、便秘、尿急、尿频、失眠、多梦等症状。

2. 恐惧现象　恐惧是正常儿童心理发展过程中普遍存在的一种情绪体验，是儿童对周围客观事物一种正常的心理反应。许多恐惧不经任何处理，随着年龄增长均会自行消失。

3. 强迫现象　仪式和重复性行为在年幼儿童中十分普遍，随着年龄增长该行为逐渐消失，不应视为病态。与成人类似，儿童期强迫障碍是以强迫观念和强迫动作为主要症状，伴有焦虑情绪和适应困难的一种心理障碍。

（二）情绪障碍患儿的心理康复原则

以综合治疗为原则，以心理治疗为主，辅以药物治疗。首先了解并消除引起情绪障碍的原因，改善家庭与学校环境，创造有利于患儿的适应过程与环境，减轻患儿压力，增强患儿自信。对于 10 岁以上的患儿给予认知疗法可取得良好效果。放松疗法可使生理性警醒水平降低，以减轻紧张、焦虑情绪，但年幼患儿对此疗法的理解与自我调节有困难，不易进行，而游戏和音乐疗法可取得一定疗效。对于有焦虑倾向的父母，要帮助他们认识到本身的个性弱点对患儿产生的不利影响，他们必须同时接受治疗。对于严重的焦虑症患儿，应予以抗焦虑药物治疗，如应用丁螺环酮、苯二氮䓬类药物（如地西泮、劳拉西泮、阿普唑仑）及抗抑郁药（如多塞平、西酞普兰、舍曲林等）。

四、孤独症谱系障碍儿童的心理康复

孤独症谱系障碍也称作孤独症或自闭症，是一类起病于幼儿期，以社会交往障碍、沟通障碍和局限性、刻板性、重复性行为为主要特征的心理发育障碍。

（一）孤独症谱系障碍患儿的心理特征

1. 社会交往障碍　孤独症谱系障碍患儿在社会交往方面存在质的缺陷，他们不同程度地缺乏与人交往的兴趣，也缺乏正常的交往方式和技巧。具体表现随年龄和疾病严重程度的不同而有所不同，以与同龄儿童的交往障碍最为突出。①婴儿期，患儿回避目光接触，对他人的呼唤及逗弄缺少兴趣和反应，没有期待被抱起的姿势或抱起时身体僵硬，不愿与人贴近，缺少社交性微笑，不观察和模仿他人的简单动作。②幼儿期，患儿仍然回避目光接触，呼之常常不理，对主要抚养者常不产生依恋，对陌生人缺少应有的恐惧，缺乏与同龄儿童交往和玩要的兴趣，交往方式和技巧也存在问题。患儿不会通过目光和声音引起他人对其所指事物的注意，不会与他人分享快乐，不会寻求安慰，不会对他人的身体不适或不愉快表示安慰和关心，常常不会玩想象性和角色扮演性游戏。③学龄期，随着年龄增长和病情的改善，患儿对父母、同胞可能变得友好而有感情，但仍然不同程度地缺乏与他人主动交往的兴趣和行为。虽然部分患儿愿意与人交往，但交往方式和技巧依然存在问题。他们常常自娱自乐，独来独往，我行我素，不理解也很难学会和遵循一般的社会规则。④成年期，患者仍然缺乏社会交往的兴趣和技能，虽然部分患者渴望结交朋友，对异性也可能产生兴趣，但是因为对社交情景缺乏应有的理解，对他人的兴趣、情感等缺乏适当的反应，难以理解幽默和隐喻等，较难建立友谊、恋爱和婚姻关系。

2. 交流障碍　孤独症谱系障碍患儿在言语交流和非言语交流方面均存在障碍，其中以言语交流障碍最为突出，通常是患儿就诊的最主要原因。言语交流障碍包括言语发育迟缓或缺如，言语理解能力受损，言语形式及内容异常，语调、语速、节律、重音等异常，言语运用能力受损。非言语交流障碍包括患儿常拉着别人的手伸向他想要的物品，但是其他用于沟通和交流的表情、动作及姿势却很少。他们多不会用点头、摇头，以及手势、动作表达想法，与人交往时表情常缺少变化。

3. 兴趣狭窄和刻板重复的行为方式　孤独症谱系障碍患儿倾向于使用僵化刻板、墨守成规的方式应付日常生活。具体表现如下：兴趣范围狭窄、行为方式刻板重复、对非生命物体的特殊依恋、刻板重复的怪异行为。除以上核心症状外，患儿还常存在自笑、情绪不稳定、冲动攻击、自伤等行为。

4. 其他方面　部分患者可能合并睡眠障碍、精神发育迟滞、注意障碍、抽动、癫痫、脑瘫、感觉系统损害等。

（二）孤独症谱系障碍患儿的心理康复原则

孤独症谱系障碍儿童的康复原则主要包括尽早干预、科学干预、个性化干预、综合干预。具体治疗方法见表 12-1。

1. 尽早干预　孤独症儿童越早干预效果越好。发现儿童存在问题或即便有可疑症候也应立即开始早期干预，对于诊断不明者可边干预边确诊，避免贻误有效时机。2 岁以前的早期干预应定期接受专业机构和专业人员指导，在自然情境下以儿童家庭为中心，围绕儿童所能做的活动开展。整个早期干预应在专业人员指导下进行，确保一定的干预时长和强度。

2. 科学干预　应遵循儿童发育的特征与规律，结合儿童自身的发育水平进行有效干预，既不宜落后于其发育年龄，也不应过多超越。应注重儿童整体功能的发育，不应只关注儿童某一领域的功能，同时依据《国际功能、残疾和健康分类》（儿童和青少年版），要考虑到环境因素及个人因素的影响。

3. 个性化干预　针对每个孤独症儿童的发育水平、障碍程度、功能高低、存在的具体问题及家庭的实际情况，明确干预目标，制订干预计划，有针对性地选择干预内容、干预形式及干预方法。干预计划制订和实施过程中，专业人员应与家长密切配合、共同协作。

4. 综合干预　干预内容应包括生活自理、交流、社会适应、语言、行为、情绪、运动等各个方面，应有医学、教育、心理、社会等多学科专业团队共同参与。不同的干预方法应有机融合，不同的干预形式应有效衔接，并灵活整合或拆分实施。机构康复与家庭康复、社会适应紧密结合。

五、特殊儿童的心理康复方法

对明确诊断伴有心理问题的儿童，要及早进行干预。心理康复的方式可以分为单独心理治疗、家庭心理治疗和集体心理治疗，根据治疗手段的不同可以分为行为治疗、游戏治疗、分析治疗、认知疗法等。不同的干预技术实施者也不相同，精神科医师、心理咨询师、特教老师、家长在进行专业培训后都可参与到干预过程中。分析性心理治疗、认知疗法、家庭治疗、集体治疗等可由有经验的精神科医师、心理咨询师进行；行为治疗、游戏治疗可以由老师、家长等共同参与实施。对儿童的精神心理干预，多采用综合方式实施。在进行干预之前，干预人员要根据儿童的年龄、症状、诊断等选择相应的干预方式。

医者仁心

儿童精神病学专家陶国泰教授

陶国泰（1916—2018），我国儿童精神卫生事业的创始人和带路人，被誉为“中国儿童精神医学之父”。他发表了我国第一篇儿童孤独症论文，提出了我国儿童孤独症防治原则，并最早在国内开展了儿童孤独症的康复研究。他曾在接受媒体采访的时候说过：“治疗孤独症从来就没有特效药，每次面对患儿父母期盼的眼神，我非常想帮他们，但我开不出处方。”他在报纸上发表过很多的科普文章，曾在《健康报》的整个版面写下《重视儿童孤独症的防治》，里面讲到有30万孤独症儿童在呼唤、在等待家长和社会有关方面的重视。随着治疗方法越来越清晰，他也一直积极呼吁，孤独症要尽可能早发现，早训练，因为这可能改变一个孩子的命运。

自 测 题

一、选择题

A 型题

1. 下列哪些因素不是影响特殊儿童心理适应的因素
   A. 年龄因素　B. 康复治疗
   C. 人格因素　D. 家庭因素
   E. 性别因素
2. 以下哪项直接指导、调控着学龄前儿童的行为，决定着儿童的所作所为
   A. 智力水平　B. 教育水平
   C. 家庭环境　D. 家长性格
   E. 儿童情绪
3. 以下哪项不属于特殊儿童
   A. 脑瘫　B. 精神发育迟滞
   C. 孤独症谱系障碍　D. 留守儿童
   E. 情绪障碍

X 型题

4. 孤独症谱系障碍儿童心理康复的原则包括
   A. 尽早干预　B. 科学干预
   C. 个性化干预　D. 综合干预
   E. 确诊后再干预
5. 以下哪些是儿童常用的心理治疗方法
   A. 行为治疗　B. 游戏治疗
   C. 感觉统合训练　D. 认知疗法
   E. 沙盘治疗
6. 特殊儿童的一般心理特征包括
   A. 自卑　B. 孤僻
   C. 多疑　D. 依赖
   E. 易激惹

二、简答题

1. 简述特殊儿童的一般心理特征。
2. 简述不同类型特殊儿童的心理特征。

（杜巧新）

实 训 指 导

实训指导1　心 理 测 验

【实训目的】

1. 掌握焦虑自评量表（SAS）、抑郁自评量表（SDS）的操作方法和记分方法。
2. 学会分析量表数值的临床意义。

【实训准备】

1. 学生：衣着整齐规范，预习 SAS、SDS 的测评方法。
2. 工具：SAS、SDS、计算器。
3. 房间：房间应安静、整洁、安全、温度适宜。

【实训学时】1 学时。

【实训方法】

（一）焦虑自评量表

1. 教师准备 SAS，并讲解测量的基本要求、评分方法、计算方法和记录方法。
2. 学生自我评定，独立阅题、答卷、记分和记录。
3. 教师巡回指导，提醒学生相关注意事项，指导解释结果。
4. 学生写出 SAS 的自我分析结果。

（二）抑郁自评量表

1. 教师准备 SDS，并讲解测量的基本要求、评分方法、计算方法和记录方法。
2. 学生自我评定，独立阅题、答卷、记分和记录。
3. 教师巡回指导，提醒学生相关注意事项，指导解释结果。
4. 学生写出 SDS 的自我分析结果。

【实训评价】

1. 学生在进行心理测验的过程中是否能够符合测量的基本要求。
2. 学生是否能够准确评估自身的心理健康状况。

实训指导2　心理治疗技术

【实训目的】

1. 掌握支持性治疗的主要技术、适应证和禁忌证。
2. 掌握认知疗法中自动思维的识别和纠正技术。

【实训准备】

1. 学生　衣着整齐规范，熟悉心理治疗基本技术的理论知识和操作技术。
2. 工具　笔、记录用纸。
3. 房间　房间应安静、整洁、安全、温度适宜。

【实训学时】1 学时。

【实训方法】

（一）支持性治疗

1. 教师与一名学生进行角色扮演，教师扮演治疗师，学生扮演患者，示范如何进行支持性治疗。

扮演完毕，教师对访谈过程中的关键要点进行分析。

2. 学生 2 人一组进行角色扮演，一人扮演治疗师，一人扮演患者，教师巡回指导。

（1）患者倾诉自己的问题和困惑。

（2）治疗师使用肯定、鼓励、表扬和保证等支持性心理治疗技术对患者进行干预。

（3）治疗师对整个访谈过程作一个总结，帮助患者回顾这次访谈的要点，使患者对自己的情况有更加清楚的认识。

3. 教师对巡回指导过程发现的问题予以进一步的解释和指导。

（二）认知疗法

1. 教师与一名学生进行角色扮演，教师扮演治疗师，学生扮演患者，示范如何进行认知疗法。扮演完毕，教师对访谈过程中的关键要点进行分析。

2. 学生 2 人一组进行角色扮演，一人扮演治疗师，一人扮演患者，教师巡回指导。

（1）患者倾诉自己对某个生活事件的不良情绪。

（2）治疗师帮助患者识别其不良情绪背后的自动思维。

（3）治疗师帮助患者用新的思维替代旧的自动思维，从而改善其情绪。

3. 教师对巡回指导过程发现的问题予以进一步的解释和指导。

【实训评价】

1. 学生是否能够采用肯定、鼓励、表扬和保证等技术对患者进行心理支持。

2. 学生是否能够采用识别和纠正自动思维的技术帮助患者改善不良情绪。

实训指导 3　冠心病患者的心理康复

【实训目的】

1. 熟悉冠心病患者心理康复的意义。

2. 掌握冠心病患者心理障碍的原因及表现。

3. 掌握冠心病患者心理康复的方法。

【实训准备】

1. 学生　衣着整齐规范，熟悉冠心病患者心理康复的理论和方法。

2. 教师　准备冠心病患者的病历。

3. 工具　笔、记录用纸。

4. 房间　房间应安静、整洁、安全、温度适宜。

【实训学时】1 学时。

【实训方法】

1. 理论复习　教师带领学生复习冠心病患者心理障碍的原因、临床表现、心理康复的意义和心理康复的措施。

2. 案例展示　教师展示临床案例，鼓励学生提问，进一步向学生补充关于案例的资料。

3. 案例讨论　学生 4 人成组对该案例进行评估和制订治疗计划。选出其中 3 组派代表汇报讨论的结果。

4. 案例指导　教师对学生讨论的结果予以点评、指导和总结。

5. 角色扮演　学生 2 人一组，练习渐进性肌肉放松技术在冠心病患者心理障碍中的应用。教师巡回指导。

【实训评价】

1. 学生是否能对冠心病患者的心理问题进行评估和制订治疗计划。

2. 学生是否能针对冠心病患者的焦虑情绪进行放松训练。

实训指导4　脊髓损伤患者的心理康复

【实训目的】

1. 熟悉脊髓损伤患者心理康复的意义。
2. 掌握脊髓损伤患者心理障碍的原因及表现。
3. 掌握脊髓损伤患者心理康复的方法。

【实训准备】

1. 学生　衣着整齐规范，熟悉脊髓损伤患者心理康复的理论和方法。
2. 教师　准备脊髓损伤患者的病历。
3. 工具　笔、记录用纸。
4. 房间　房间应安静、整洁、安全、温度适宜。

【实训学时】1学时。

【实训方法】

1. 理论复习　教师带领学生复习脊髓损伤患者心理障碍的原因、临床表现、心理康复的意义和心理康复的措施。
2. 案例展示　教师展示临床案例，鼓励学生提问，进一步向学生补充关于案例的资料。
3. 案例讨论　学生4人成组对该案例进行评估，分析患者目前处于脊髓损伤后心理变化的哪一阶段，制订治疗计划。选出其中3组派代表汇报讨论的结果。
4. 案例指导　教师对学生讨论的结果予以点评、指导和总结。
5. 角色扮演　学生2人一组，针对患者该心理变化阶段的特点，选用恰当的心理干预策略对其进行干预。

【实训评价】

1. 学生是否能对脊髓损伤患者的心理问题进行评估和制订治疗计划。
2. 学生是否能针对脊髓损伤患者的心理变化阶段选择恰当的干预策略。

主要参考文献

北京高血压防治协会，北京糖尿病防治协会，北京慢性病防治与健康教育研究会，等，2020. 基层心血管病综合管理实践指南.中国医学前沿杂志（电子版），12（8）：1-73.

邓猛，2011. 视觉障碍儿童的发展与教育. 北京：北京大学出版社.

郝伟，陆林，2018. 精神病学. 8 版. 北京：人民卫生出版社.

贺丹军，2012. 康复心理学. 2 版. 北京：华夏出版社.

贺荟中，2018. 听觉障碍儿童的发展与教育. 2 版. 北京：北京大学出版社.

胡佩诚，2006. 心理治疗. 北京：中国医药科技出版社.

胡向阳，2012. 听障儿童全面康复. 北京：北京科学技术出版社.

江开达，2009. 精神病学高级教程. 北京：人民军医出版社.

李建军，2009. 综合康复学. 北京：求真出版社.

李静，宋为群，2020. 康复心理学. 2 版. 北京：人民卫生出版社.

刘松怀，祁长凤，冯金彩，2001. 不同心理阶段脊髓损伤患者的心理治疗. 现代康复，5（11）：12-15.

陆建霞，苏红，刘洁，2020. 康复心理学. 武汉：华中科技大学出版社.

陆林，2018. 沈渔邨精神病学. 6 版. 北京：人民卫生出版社.

美国精神医学学会，2016. 精神障碍诊断与统计手册. 5 版. 张道龙，等译. 北京：北京大学出版社.

庞爱莲，樊召锋，2012. 行为治疗. 北京：开明出版社.

孙萍，2019. 康复心理学. 北京：中国医药科技出版社.

王少石，周新雨，朱春燕. 2016. 卒中后抑郁临床实践的中国专家共识. 中国卒中杂志，11（8）：685-693.

韦小满，蔡雅娟，2016. 特殊儿童心理评估. 2 版. 北京：华夏出版社.

许又新，1993. 心理治疗入门. 贵阳：贵州教育出版社/贵州科技出版社.

姚树桥，2018. 心理评估. 3 版. 北京：人民卫生出版社.

姚树桥，杨艳杰，2018. 医学心理学. 7 版.北京：人民卫生出版社.

张宁生，李玉影，2018. 听力障碍儿童心理与教育. 郑州：郑州大学出版社.

张艳玲，张缨，2012. 低视力个体的心理特征及康复. 中华眼视光学与视觉科学杂志，14（11）：702-704.

中华医学会糖尿病学分会，2021. 中国 2 型糖尿病防治指南（2020 年版）. 中华糖尿病杂志，13（4）：315-409.

周郁秋，2019. 康复心理学. 3 版. 北京：人民卫生出版社.

朱红华，温优良，2017. 康复心理学. 2 版. 上海：复旦大学出版社.

自测题选择题参考答案

第 1 章

1. E　2. B　3. E　4. ABCDE　5. ABCDE　6. ABCDE

第 2 章

1. A　2. A　3. E　4. E　5. ABCDE　6. ABCDE　7. CE　8. ABCD　9.ABCD

第 3 章

1. A　2. C　3. ABC　4. ABCDE

第 4 章

1. B　2. C　3. D　4. D　5. D　6. ABCD　7. ABCE

第 5 章

1. B　2. C　3. ABCE　4. ABCD　5. ABCDE

第 6 章

1. D　2. C　3. B　4. A　5. B　6. ABCE　7. ABCDE　8. ABCDE

第 7 章

1. B　2. E　3. A　4. D　5. ABCDE　6. BE　7. ACE　8. ACDE

第 8 章

1. C　2. B　3. B　4. D　5. B　6. A　7. ABCD　8. ABCDE　9. ABCD

第 9 章

1. B　2. E　3. C　4. E　5. ABCD　6. ABCD　7. ABCD

第 10 章

1. B　2. E　3. BD　4. ABCD　5. ABCDE

第 11 章

1. E　2. B　3. B　4. C　5. C　6. A　7. B　8. A　9. E　10. B　11. ABCDE　12. ABCD　13. ABCDE　14. ABCE　15. ACE　16. ABCDE

第 12 章

1. E　2. E　3. D　4. ABCD　5. ABCDE　6. ABCDE